道德经

全本全注全译

〔春秋〕老子/著

陈徽/译注

上海古籍出版社

图书在版编目（CIP）数据

道德经：全本全注全译/（春秋）老子著；陈徽译注.—上海：上海古籍出版社，2023.1
ISBN 978-7-5732-0516-2

Ⅰ.①道… Ⅱ.①老… ②陈… Ⅲ.①道家②《道德经》-译文③《道德经》-注释 Ⅳ.①B223.1

中国版本图书馆 CIP 数据核字（2022）第 209333 号

道德经（全本全注全译）

［春秋］老子 著

陈 徽 译注

上海古籍出版社出版发行

（上海市闵行区号景路 159 弄 1-5 号 A 座 5F 邮政编码 201101）

（1）网址：www.guji.com.cn
（2）E-mail：guji1 @ guji.com.cn
（3）易文网网址：www.ewen.co

常熟市人民印刷有限公司印刷

开本 635×965 1/16 印张 19.5 插页 3 字数 215,000
2023 年 1 月第 1 版 2023 年 1 月第 1 次印刷
印数：1—11,000
ISBN 978-7-5732-0516-2

B·1285 定价：48.00 元
如有质量问题，请与承印公司联系

目录

此本的绝大部分文字与今本《老子》相近或相同，不分《道经》与《德经》，也不分章。2009年，北京大学入藏了一批西汉竹简，其中就包括《老子》。这是目前所见保存最完整的出土《老子》文本。据推测，它的抄写年代应主要在汉武帝后期，下限不晚于宣帝。全书分《老子上经》（相当于《德经》）和《老子下经》（相当于《道经》），也是《上经》在前、《下经》在后。值得注意的是：这一抄本已有分章，全书共分七十七章。

以上都是先秦、西汉的简帛古本，未经后世窜乱改动，对于我们理解老子思想具有极其珍贵的文献价值。但它们长期深埋于地下，不为世人所知。真正在思想史上留下印记的，是其他传世本。较为重要的有汉代的河上公《道德经章句》、严遵《老子指归》、三国魏王弼的《老子道德经注》和唐代傅奕校定的《道德经古本篇》。其中，又以河上公本和王弼本（又称"通行本"）对后世的影响为大。

三

老子思想的最高范畴是"道"。"道"代表了大化流行、天地万物生生不息的总体存在。作为对生生之体的概括，"道"也被赋予了价值、意义和信仰的意味，成为老子、道家乃至中国古典思想的根本性范畴。书中所推崇的"虚""静""无为""自然""柔""弱"等，不仅内涵彼此相通，而且也都是达到或守护这种生生不息状态的重要方式。通过化解执着之心，破除僵化的观念、规范或制度，消弭外在的干预，从而为个人生命与社会发展留出空间，使它们保持长久的生命力。

《老子》意旨深远、含蕴丰富，不是这里简单的几句话所能概括的。其中滋味，还要留待读者自行在经文中体会。

四

2017年，拙著《老子新校释译——以新近出土诸简帛本为基础》由上海古籍出版社印行。此书以王弼本为底本，根据上述新近出土的诸简帛本《老子》以及王弼《注》、汉代其他古本等对经文做了系统的订正，并疏通、阐发各章义理和宗旨。然而，此书的考订颇为繁琐，不利于非专业学者阅读。有鉴于此，海滨兄嘱咐我基于此书作一简本，以利于普。感其美意，于是删繁削冗，而有此"简明"本。

覆核前书，其中尚有少许文字、标注等错误，本书有所涉及者均予以改正。同时，在"翻译"中，对于二十七章"不善人，善人之资。不贵其师，不爱其资"、三十四章"万物皆恃之而生而不始"的解释，本书也有所修订。其余的译文、释义，大体同于前书。

关于本书的撰作情况，略作说明如下：

一、考虑到王弼本的通行性，本书各章经文皆以王弼本（简称王本，实则当称"今王本"①）为底本校正而成。

二、对于新近出土的诸本《老子》，即长沙马王堆汉墓帛书《老子〈甲〉》与《老子〈乙〉》、北京大学藏西汉竹书《老子》、郭店楚墓竹简《老子》，本书分别简称为帛甲本、帛乙本、汉简本和郭店简本。前二者合称曰

---

① 之所以当称作"今王本"，是因为今存之王弼本已有所失真。核以王《注》，可知今本经文有诸多错讹。此状系后人误抄或改动所致，非王本原即如此。本书所据王本经、注之文，以清光绪元年浙江书局华亭张之象本为底本，并参校明正统《道藏》本王弼《道德真经注》、俞樾《老子平议》、易顺鼎《读老札记》、陶鸿庆《读老子札记附王弼注勘误》、楼宇烈《老子校释》等书订正而成。

帛书，前三者合称曰西汉简、帛，四者总称曰诸简、帛。

三、帛书《老子》原无分章；汉简本虽有分章，其章数与王本稍异；郭店简本的章次与王本则出入很大。为方便论说，本书引述、辨析诸简、帛本之文亦皆从王本分章。书中所引王《注》之文，皆已据陶鸿庆、易顺鼎、俞樾、楼宇烈等说予以订正。又，书中所引《说文》之文，亦皆已据段玉裁《说文解字注》予以订正。

四、对于王本因避讳而改作"国""常""开"的"邦""恒""启"等字，以及因以义抄经而改作"不""处"的"弗""居"等字，因不害文义，为尊重习读，一般仍循其旧。

五、在"翻译"中，本书根据需要，有时在括号内稍补文字，以全其义。

六、为避免文繁，本书引述古今学者观点时未一一注其出处，唯于书末"参考文献"下列明诸说所出之典籍。

《道德经》文字简奥，义理深邃。本书有所论也是一孔之见，倘得方家指正，则幸甚。

若无海滨兄之命，便不会有本书。而卓聪君对于本书文字的审订，尤付心力。兹并致谢！

陈徽　于沪上浮明斋

道德经　上篇

周王室的衰败，遂自去隐逸。西行至函谷关（一说散关），应守关官吏尹喜（不少学者认为："关令尹喜曰"，应作"关尹，喜曰"。"关尹"为人名，"令"为衍文，"喜"即喜悦）的要求，写下了《道德经》。

二

《道德经》，也称《老子》。今本分为上、下二篇，共计八十一章。根据上引《史记》的记载，《老子》应为老聃自作。但以先秦著作流传编次的一般情况来看，问题又没有这么简单。今天所能见到的先秦古书，多非某一位特定的作者自撰，而是由许多独立流传的文本结集编定所成。比如《论语》，便是由孔门后学各自记录的孔子言行等汇编而成。由此观之，或许可以认为《老子》也是如此编辑成书的。今本《老子》各章，应该不全为老子手著。他的弟子在研习、传播老师学问的过程中，也间有附益、扩充，形成了不同的《老子》文本。它们又逐渐融合，形成一种基本稳定的文本，最终有了后来传世的《老子》。即便如此，我们仍旧可以认定：《道德经》反映了老子和他所代表的道家学派的思想面貌。

1973年，在湖南长沙马王堆汉墓出土了帛书《老子》，分甲、乙二本。这两个本子的抄写年代有所不同，帛甲本抄写于刘邦称帝前，帛乙本抄写于汉惠帝在位前。二本均有一些讹误与残缺，且均是《德经》在前、《道经》在后，不过其内容与今本《老子》已无根本性的区别。1993年冬，在湖北省荆门市郭店一号楚墓又出土了一部竹简《老子》抄本。据考证，该墓的年代在战国中期偏晚，约公元前四世纪中叶。这个抄本是迄今所见最早的《老子》文本，分甲、乙、丙三组，共1 700余字，篇幅约为今本的五分之二。

前　言

一

　　关于老子的姓名、生平和著述，前人已有非常多的讨论。这里只根据《史记·老子韩非列传》做一个简单的介绍：

> 　　老子者，楚苦县厉乡曲仁里人也，姓李氏，名耳，字聃，周守藏室之史也。孔子适周，将问礼于老子。……老子修道德，其学以自隐无名为务。居周久之，见周之衰，乃遂去。至关，关令尹喜曰："子将隐矣，强为我著书。"于是老子乃著书上下篇，言道德之意五千余言而去，莫知其所终。

这是关于老子最早、也是较为可信的记载。从中我们可以知道：老子名叫李耳，是楚国苦县人。苦县治所在今河南省鹿邑县（不过，也有学者指出：《史记》所谓"楚苦县厉乡曲仁里人也"，是经过后人改动了的，其原作："楚相县人也。""相"在春秋时曾为宋共公的都邑，后为楚所侵占，从而成为"楚相县"。春秋之"相"地，在今安徽省涡阳县），厉乡在鹿邑县东，曲仁里是厉乡下的一个居住单位。他担任过周朝的史官，管理王室藏书。既然孔子曾向老子"问"过礼，二人应该同时，而老子年龄为长。老子目睹了

一 章

道可道， 非常道[一]。 名可名， 非常名[二]。

无名万物之始[三]， 有名万物之母[四]。

故常无欲[五]， 以观其妙[六]； 常有欲， 以观其所徼[七]。

此两者同出， 异名同谓[八]。 玄之又玄， 众妙之门[九]。

【注释】

[一] 道可道，非常道：首"道"与第三个"道"皆为名词，谓恒久之
"道"；次"道"为动词，谓言、说。

在《道德经》思想的众多范畴中，"道"处于"最高"或"根
本"的地位。说它为"最高"，是因为没有其他事物"高"乎其
上、出乎其右，即一切其他事物皆为"道"所统摄或规定；说
它为"根本"，是因为一切其他事物皆是基于"道"而产生与存
在的。欲正确理解《道德经》所言之"道"，需结合"道"字的
本义来看。"道"本谓行走。人或鸟兽在其"行走"时必会留下
"踪迹"，众迹汇聚，是为"路"或"道路"。然而，相应于其原
始之"行"义，"道"之"路"义已属第二层。

"道"之作为"行"，究竟意味着什么？就人类社会而言，此

"行"表现为人伦日用、充满生机的生存实践；对于其他事物而言，此"行"表现为花红柳绿、鸡鸣犬吠、"鸢飞戾天，鱼跃于渊"（《礼记·中庸》）的生生流行之状。合而言之，"道"便指大化流行、天地万物生生不息的总体存在。作为《道德经》思想根本范畴的"道"，亦可作如是观。故"道"即生生之体，或可曰"道"即生生。对于"道"的这种寓运化和生生为一体的独特内涵，《道德经》曰："有物混成，先天地生。寂兮寥兮，独立而不改，周行而不殆，可以为天下母。吾不知其名，字之曰道，强为之名曰大。"（二十五章）"先天地生"者，乃谓大化流行先于任何具体事物的存在，天地万物皆基于"道"而产生；"周行而不殆"者，乃谓"道"之化生遍及诸物、无有止息；"名曰大"者，乃谓天地万物既以"道"为存在前提，它们便皆"小"于或"低"于"道"。作为对生生之体的概括，"道"也被赋予了价值、意义和信仰的内涵，成为《道德经》、道家乃至中国古典思想中的根本性范畴。复次，"道"的运行还具有条理性，是为"道"之"理"或"道理"，亦即今所谓事物法则或宇宙规律。然"理"不等同于"道"，且无"道"则无"理"。在《道德经》中，与"道理"相对应的概念为"常"。"理"或"常"具体表现为"反复"或"复归"，故《道德经》又曰："反者道之动。"（四十章）对于具体事物而言，"反复"或"复归"意味着事物的存在具有返回其原初状态的趋势。最后，具体事物往往有形、色、声、味等属性表现，"道"则不可以形、色、声、味等进行描述，可谓无形无色、无声无味（这并不意味着"道"是纯粹的空无或不存在）。如十四章云："视之不见名曰夷，听之不闻名曰希，搏之不得名曰微。三者不可致诘，故混而为一。一者，其上不皦，其下不昧，绳绳不可名，复归于无物。是谓无状之状、无物之象，是谓惚恍。"

相应于生生之"道"，语言亦为一"物"，是"道"之"凝聚"。任何言说或思议只有以"道"为基础方得可能，它们皆"低"于"道"。故"道"不可言说，亦不可思议。且一般而言，言说皆须假以概念（即"名"），而任何概念皆有其限定性或指向性。当有限性的言说面对无限性的生生之"道"时，自然是"无话可说"。可"道（言说）"之"道"，乃非恒久之"道"。

[二] 名可名，非常名：首"名"与第三个"名"皆作名词，谓恒久之"名"；次"名"为动词，谓命名。

恒常之"名"何以不可命名？命名是对事物的一种界定，界定就是基于某种标准、角度或立场来概括、展现所命名对象的相应属性、功能或特点等。界定即限制，它对于对象既有所揭示又有所遮蔽。而且，越是具体或精确的命名，它对于对象的遮蔽也就越发严重。而越是浑然的或让人"看不清"的事物也就越难命名。"名可名，非常名"二句，乃是承上文"道可道，非常道"之义而发。对于"先天地生"的"混成之体（生生之体）"（二十五章），我们无可命名或言说。因为，此"体"是任何事物包括言说与思议展开的前提，任何言说或思议皆"跳"不出此"体"之"外"而展开。这意味着："混成之体"之于语言或思议，始终是晦暗不明的。但"混成之体"毕竟深切于天地万物的存在，人们必须"面对"它、体悟它，并据此而"演绎"自己的生存实践。尽管"不知其名"，也要勉强而为，"字之曰道""名之曰大"（二十五章）。"道"或"大"均是对晦暗的生生之体的命名。虽然有此命名，"道"或"大"的内涵却显得空洞而含混，缺乏寻常之"名"的充实性与指向性。不过，也正是由于这种空洞性与含混性，才使得"道"之"名"不会因为流俗之变而"过时"，从而成为"常名"。相反，那种越是"言之有物"的命名就越不能呈现对象的丰富内容，也就越容易随着流俗之变而"过时"。

［三］无名万物之始："无名"，没有名字或未得命名，谓事物如其所是。"万物"，今王本作"天地"，此据西汉简、帛本与王《注》正。"始"，谓事物的本来面目或本来状态。

此句义为：万物因其"无名"，故未为名所遮蔽，如其所是。

［四］有名万物之母："母"，喻养育或抚养。此句义为：制名立教，是为了"抚育"万物。

"名"之设立，不仅是为了方便与事物打交道，亦可能是为了"抚育"万物。此种"名"，即属名教。礼、乐、刑、政者，皆名教也。名教之设，意味着人以自己的实践参与到生生大化中，从而影响甚至决定着事物的存在。因此，名教的设立是为了"赞助"万物的化育，其界限是不遮蔽、障碍事物的存在。《道德经》曰"无为"、曰"道法自然"，皆是为此目的与界限而发。不过，"有名"并非与《道德经》的"无为"之说相矛盾："无为"非谓绝对的无所作为，而是指顺应事物本性的有所作为。二章曰："是以圣人处无为之事，行不言之教。""无为之事"亦属事，"不言之教"也是教。

［五］无欲：既可谓"清空"欲望的涵养工夫，亦可曰"无欲"的境界（即虚无之境）。

人生在世，"欲"不可少，且自然而然地生成与变化。欲望的满足和再生构成了人生在世的基本状态。任何欲望皆有其指向性，并因而于相应之物有所遮蔽。为了消除这种遮蔽性，则需做"无欲"的工夫。"无"既有"虚"义，亦有"亡"即逃跑或丧失之义。作为修道工夫，"无欲"是指"清空"内心的欲望，将其"放在"一边。唯有如此，方能静心观物，以达其本来面目。待到工夫至乎其极，亦可曰"无欲"。此时，心与物一，尽睹物眇，而达道妙。由此而行，自然能因物所是、助其所成，尽彰化育之功。

［六］以观其妙："观"，观照、体察。"其"，谓"无欲"。"妙"，本作"眇"，微眇、精微。"以观其妙"，义为"以观无欲之眇"，即观照、体察无欲之境的微眇、精微之处。

此二句（"故无欲以观其妙，常有欲以观其所徼。"）以"故"字总领全文，表明其义与上文"无名万物之始，有名万物之母"之间具有因果关系。命名也是"欲"的表现或结果，故"无名"即属于"无欲"，"有名"则属于"有欲"。"无欲""无名"可谓以虚、无之心视物，无意无必；"有欲""有名"则谓于物有意欲期待和选择取舍。因此，相应于"无名"指万物未被命名时的如其所是的状态，"观无欲之妙"亦可曰以虚、无之心如其所是地观照万物，领会其隐晦而不可名之状（"妙"）；相应于"有名"指制名立教以"抚育"万物，"观有欲之所徼"则谓用心体察人生在世之"欲"的种种表现（即"徼求"和"归趣"等），这是创设适宜名教的基本前提。前句（即"常无欲"云云）是说虚心观物、静心体道，后句（即"常有欲"云云）是说因应万物、以察其验。

[七] 以观其所徼："其"，谓"欲"。"所徼"，王本原无"所"，此据西汉简、帛本及经义补。"徼"本谓巡察。结合上下文，"徼"在此义为"徼求"或"归趣"。"所徼"，谓意欲的指向。

[八] 此两者同出，异名同谓："此两者"，谓"无欲"和"有欲"。"同出"，谓同出于人心。"同谓"，谓共同指向着道。

按：在世传各本中，此二句皆作"此两者同出而异名同谓之玄"，读为"此两者同出而异名，同谓之玄"。此据西汉简、帛本正。

关于"此两者"之所指，历来学者看法不一。举凡本章中诸如"道"与"名"、"常道"与"可道"、"无名"与"有名"、"无欲"与"有欲"、"无"与"有"、"始"与"母"、"妙"与"徼"等相对范畴，学者皆已讲遍。河上公认为："此两者"指"无欲"与"有欲"。结合西汉简、帛本及上下文义，其说当是。原因在于：首先，"此两者"之"此"，当是承接上文"常无欲"和"常有欲"之说而来。否则，"此"字在此便显得突兀。其次，"此两者同出，异名同谓"，表明"无欲"和"有欲"同出于人心，两者虽有分别（即"异名"），然皆是生生之道的展开，故可曰共同指向着生生之道（即"同谓"。"谓"在此义为指谓，亦即指向）。

[九] 玄之又玄，众妙之门："玄"，暗昧、深远。"众妙"，众物存在之眇，喻天地万物的暗昧之状。其中，又自有其存在之妙。此二句

义为：尽管"常无欲""常有欲"微眇难言，却又是通达生生之眇与存在之妙的基本门径。

"无欲""有欲"何以皆谓之"玄"？曰：作为工夫或境界，"无欲"固然会让人感到微眇难言，即便是对于"生生之欲"，人们同样也难以"看清楚"，以致觉得它玄眇或暗昧，不易"把捉"。"门"是连接、沟通"内"与"外"的基本"通道"。无论是领会存在之"妙"，抑或是通过自己的实践"赞育"万物，皆须以"达欲"为基本门径。

【翻译】

"道"若能被言说，便不是恒久之"道"。"名"若能被命名，便不是恒久之"名"。

"无名"是万物（如其所是）的本来状态，"有名"是为了辅助万物的化生。

因此，以"常无欲"而观照虚无之境的微眇存在，以"常有欲"而体察欲望的指向与归趣。

"无欲"和"有欲"来源相同（即同出于心）。二者尽管有别（即"异名"），却共同指向着生生之道（即"同谓"）。它们暗昧而深远，是（通达）众多奥妙的基本途径。

【解义】

本章文字简奥玄秘，向来难解，以致歧说纷纷。若细审其文，所谓道与名、始与母、无名与有名、无欲与有欲以及眇或妙等，其实已尽涵其他诸章之旨。故就义理而言，本章可谓是关于《道德经》整体思想的精微概括。

二　章

天下皆知美之为美，恶已^[一]；皆知善之为善，斯^[二]不善已。故有无相生，难易相成，长短相形^[三]，高下相倾^[四]，音声相和^[五]，先后相随^[六]。

是以圣人处无为之事，行不言之教^[七]，万物作焉而不始^[八]，为而不恃^[九]，成功而弗居^[十]。夫唯弗居，是以不去^[十一]。

【注释】

[一] 天下皆知美之为美，恶已："恶已"，王本原作"斯恶已"，此据诸简、帛本正。"恶"，本谓过失，亦有丑义，此谓丑，与前句"美"字对言。"已"，通作"矣"，语助（后"已"同）。

关于此句及下文数句之义，可结合二十八章"朴散则为器"来看。"朴（樸）"本谓未析之木，《道德经》常以之喻事物的原初状态。"朴"意味着道的自然呈现，是事物如其所是的存在，本无所谓美丑、善恶（此"恶"取今"不善"义）、是非等可言。所谓美丑、善恶者，皆是基于某种标准而成。标准之于事物，乃

尽涵其他诸章之旨。故就义理而言，本章可谓是关于《道德经》整体思想的精微概括。

二　章

天下皆知美之为美，恶已[一]；皆知善之为善，斯[二]不善已。故有无相生，难易相成，长短相形[三]，高下相倾[四]，音声相和[五]，先后相随[六]。

是以圣人处无为之事，行不言之教[七]，万物作焉而不始[八]，为而不恃[九]，成功而弗居[十]。夫唯弗居，是以不去[十一]。

【注释】

[一] 天下皆知美之为美，恶已："恶已"，王本原作"斯恶已"，此据诸简、帛本正。"恶"，本谓过失，亦有丑义，此谓丑，与前句"美"字对言。"已"，通作"矣"，语助（后"已"同）。

关于此句及下文数句之义，可结合二十八章"朴散则为器"来看。"朴（樸）"本谓未析之木，《道德经》常以之喻事物的原初状态。"朴"意味着道的自然呈现，是事物如其所是的存在，本无所谓美丑、善恶（此"恶"取今"不善"义）、是非等可言。所谓美丑、善恶者，皆是基于某种标准而成。标准之于事物，乃

属外力所设，故其于事物，或有所伤，使事物成为具有某种特定功能或属性的器物。进而言之，若"朴"散而为"器"，而"器"又分美丑、善恶等，则天下必将逐美器、善器而忘"朴"。往而不返，诸害生矣。故《庄子》曰："是非之彰也，道之所以亏也。道之所以亏，爱之所以成。"（《齐物论》）

[二] 斯：则、乃。

[三] 长短相形："形"，王本原作"较"。此据诸简、帛本正。

[四] 高下相倾："倾"，义犹上文"生""成""形"。此句义为："高""下"之物并立，则生倾侧不正之状。

[五] 音声相和："和"，"相应也"（《说文》），引申有协调、调和等义，此取其本义。

　　古人以"声"为质，以"音"属文。单一的某种声调只可归为"声"，各种声调错综交杂、协调成韵，才能称为"音"。二者之间犹如单一的色彩与众色调和所成之画的关系。

[六] 先后相随："先"，王本原作"前"，此据诸简、帛本正。"随"，谓伴随。

[七] 是以圣人处无为之事，行不言之教："处"，居处，在此义犹《礼记·大学》"止于至善"之"止"。"圣人处无为之事"，谓圣人行事止之于"无为"。

　　《说文》："处，止也。""止"与"行"相对，意味着行为的中止或停止。而作为"处"之"止"，则意味着某种价值取向或言行持守，非谓随意而止。正如"处士"之"处"：处士之所以不仕而"甘其处"，乃是基于自己的某种生命态度和价值操守。经文此"处"，义犹《大学》"止于至善"或"为人君止于仁，为人臣止于敬，为人子止于孝，为人父止于慈，与国人交止于信"之"止"。故"圣人处无为之事"，谓圣人行事（喻治世）止之于"无为"，即以"无为"为宗。"行不言之教"，则曰圣人以"不言"之法行教。"无为之事"亦属"事"，"不言之教"也是"教"。"无为""不言"并非谓消极宿命或绝对的无所作为，而是与"有为""有言"相对，是"道法自然"的体现。至于"无为"的表现与功效，则如本章下文所示。

[八]万物作焉而不始："作"，兴起、产生。此"作"义犹十六章"万物并作"之"作"，皆谓生长化育。"始"，今王本作"辞"，此据郭店简、帛书二本及经义正。"不始"，谓不造作生事，喻无为。"不始"及下文数句的主语，皆为"圣人"。

[九]为而不恃：王本原作"生而不有，为而不恃"，此据诸简、帛本与王《注》正。"恃"，持有、享有。此句义为：圣人有所作为而不享有其成。

[十]成功而弗居：王本原作"功成而弗居"，此据诸简、帛本正。"成"，完成、成就。"功"，事业、事功。此句义为：成就事业却不居其功。

[十一]夫唯弗居，是以不去："去"，本谓离开，引申有舍弃、丧失等义。"不去"，谓不丧失。

王《注》："使功在己，则功不可久也。"说得经义。

【翻译】

天下（如果）都知道美之所以为美，丑便产生了；（如果）都知道善之所以为善，不善便产生了。所以，有和无是相互生成的，难和易是相互成就的，长和短是相互显示的，高和下是相互呈现的，音和声是相互应和的，先和后是相互伴随的。

所以，圣人以"无为"作为做事的原则，以"不言"作为教化的方法，任万物自化而不造作生事，有所作为而不享其成，成就事业却不居其功。唯有不执着于功业，才不会丧失它。

【解义】

本章对比了"有为"之过与"无为"之效。"有为"，则"朴散"为"器"。于是有美丑之别、善恶之辨，事物分裂，彼此对待。"有为"来自浑然之心的离析，其结果又会加重此心的离析：择善逐美，驰骋于外，不能复本。但"无为"又非谓绝对的无所作为，消极"不动"。圣人亦需"处事"与"行教"，以己之"作""为"辅助万物之化。只不过圣人心地"素朴"，一任自然，于事于功皆无意必和执着。正因为圣人能如此，其功才广大（"万物作焉"），其业才常在（"不去"）。因此，《道德经》之"有为"既可曰"有为之无为"，亦可曰"无为之有为"。曰其为"有为"，是因为它并非意味着绝对的无所作为，消极"自闭"；曰其为"无为"，是因为它顺物之性、一任自然，虽有所作为，却又"无所事事"。对于这种"有为"或"无为"的内涵，可概之曰：为而不执、行而不滞。

今学者解本章，常据"矛盾双方对立统一规律"发论，颇显不经。

三　章

不尚贤[一]，使民不争。不贵难得之货[二]，使民不为盗。不见可欲[三]，使心不乱[四]。

是以圣人之治：虚其心、实其腹、弱其志、强其骨[五]，常使民无知无欲[六]，使夫知不敢。弗为也[七]，则无不治[八]。

【注释】

[一] 不尚贤："尚"，尊崇、崇尚。"贤"，本义为多财，引申有多、贤能等义。"不尚贤"，谓不尊崇贤能之人。

　　　释德清曰："盖尚贤，好名也。名，争之端也。"

[二] 不贵难得之货："贵"，珍惜、宝爱。"难得之货"，指珍贵的财物。

　　　释德清曰："贵难得之货，好利也。利，盗之招也。"

　　　河上公曰："言人君不御好珍宝，黄金弃于山、珠玉捐于渊也。上化清净，下无贪人。"直指本章清静无为的治世之旨。

[三] 不见可欲："见"读"现"，此谓炫示。"可欲"，谓可欲之物。

[四] 使心不乱：今王本作"使民心不乱"，此据汉简本与王《注》正。"心"，谓民心。"乱"，迷乱、惑乱。

　　　民乱始于其心乱，其心若不乱，自无民乱。

[五] 虚其心、实其腹、弱其志、强其骨："虚其心"，谓消弭民众的思

虑、欲望之心；"实其腹"，谓使民众饱于饮食而无他思慕；"弱其志"，谓弱化民众的竞争之志；"强其骨"，谓强健民众的体魄。在此，"腹""骨"皆喻质朴之性，而"心""志"皆喻求知、求欲等意识或冲动。

经文"虚"与"实"相对、"弱"与"强"相应。在一"虚"一"实"、一"弱"一"强"中，圣人的"无为"之治遂得展开。

［六］常使民无知无欲："无知无欲"，谓无分别之知、无贪得之欲。

此句义承上文"不尚贤""不贵难得之货""不见可欲"，以及"虚其心、实其腹、弱其志、强其骨"之说，故王《注》曰："守其真也。"

［七］使夫知不敢。弗为也：王本原作"使夫智者不敢为也"，此据帛乙、汉简二本及经义正。"敢"，本谓进取，此喻有为。"弗为也"，义犹无为，此三字当与下文"则无不治"连读。

"使夫知不敢"，乃谓圣人使民知道"不敢"。"不敢"，即不进取、无所作为。所谓"使夫知不敢"，其义既承上文"常使民无知无欲"之说，又与下文"弗为也则无不治"义相贯通。

［八］则无不治：王本原作"为无为则无不治"，此据帛乙、汉简二本正。本句当与上文"弗为也"连读。

【翻译】

不尊崇贤能，使民众不争名夺誉；不珍爱稀罕的财物，使民众不做盗贼；不炫示易激发贪欲的东西，使民心不惑乱。

所以，圣人（以如下的方法）治理民众：消除其思欲之心、填饱其肚皮、弱化其志向、强壮其筋骨，恒久地消除民众的分别之知和贪得之欲，使他们认识到不要有所作为（的道理）。"无所作为"，于是无所不治。

【解义】

　　本章主要论"无为"之治的表现与功效。"无为"既是言治法，也是说境界。与儒家论治重教化、开民智以导情化俗、成就风教之美的主张不同，《道德经》论"治"则重在"弗为"与"抱朴"（十九章），不启民智、不开民心，以呵护其身心"淳淳"（五十八章："其政闷闷，其民淳淳。"）的混沌状态。本章展现了文明教化、物质开发等"有为"之行对于世道人心可能带来的侵蚀或宰制，颇有警示性。

　　学者或据本章"使民无知无欲"及六十五章"古之为道者，非以明民，将以愚之。民之难治，以其智也"等说，认为《道德经》论治以愚民为务。说失平正。

四　章

道冲而用之又不盈[一]，渊兮似万物之宗[二]。

挫其锐，解其纷，和其光，同其尘[三]。

湛兮似或存[四]。吾不知其谁之子[五]，象帝之先[六]。

【注释】

［一］道冲而用之又不盈："冲"，通作"盅"，既谓虚、无，亦有"和"义。"用"，运行，喻生生。"又不盈"，今王本作"或不盈"，此据帛乙、汉简与王《注》正。"不盈"，义犹无穷。

"冲"释作"虚"，其义正与后文"盈"字对应。不过，经文"冲"在此不仅仅训"虚"，亦有"和"义。四十二章曰："万物负阴而抱阳，冲气以为和。""和"则万物生生不已。故"虚"非谓绝对的"空无"，而是"和"的展现。或曰：唯"和"方能"虚"（反之亦然，唯"虚"方能"和"），方能浑然不可测（即后句"渊"之义），为万物之"宗"。唯因冲和至虚，道才展现出下文所说的"挫锐""解纷""和光""同尘"之功。

［二］渊兮似万物之宗："渊"，浑然不测状。"宗"，"尊也，祖庙也"（《说文》），象征着一个族群之所由来，此喻事物的本原。

"渊"指盘旋之水。水之所以盘旋而流，一为其深，二为其急。同时，因为裹有泥沙等杂物，盘旋之水往往混浊不清。故"渊"在此不仅谓"深"，而更有混沌、众物汇聚之义。如是，其方与后文" 似万物之宗"以及十四章"故混而为一""是谓无状之状、无物之象，是谓惚恍"之说相应。

所谓"万物之宗"，既是曰道为万物之至尊者，亦是言道为万物由之而来的本原。吴澄曰："宗，犹'宗子'之'宗'。宗者族之统，道者万物之统，故曰'万物之宗'。"

［三］挫其锐，解其纷，和其光，同其尘：此四句在五十六章中重出。

"挫"，"摧也"（《说文》），此喻消磨。林希逸曰："言其磨耆而无圭角也。""锐"，锋芒也。"挫其锐"，义为消磨锋芒。王《注》于本章曰："锐挫而无损。"其于五十六章云："含守质也。""含守质"即曰抱体不发，有隐忍包涵之义。二说可互看。

"解"，消解、解除。"纷"，杂乱、争执。"解其纷"，谓消除纷乱。王《注》于本章曰："纷解而不劳。"其于五十六章云："除争原也。"二说义互补。

"和"，协调、调和。"光"，此谓耀眼、炫目。"和其光"与五十八章"光而不耀"义通，皆喻隐而不彰、藏而不露之境。王《注》于本章曰："和光而不污其体。"其于五十六章云："无所特显，则物无所偏争也。"二说义亦互补。

"同"，共同、一起。"尘"，此谓庸俗、污垢。"同其尘"，谓与世俗或庸众协同，与"和其光"义近。王《注》于本章曰："同尘而不渝其真。"其于五十六章云："无所特贱，则物无所偏耻也。"二说亦当互看。

［四］湛兮似或存："湛"，本谓沉没，此喻"无"，义与后文"存"字相对。"或"，通作"又"。"存"，有。"似或存"，即似又存。

此句是言道之"象"，即："湛""存"或"无""有"皆是从象状上言道，乃谓道若无若有、若亡若存。二十一章曰："道之物，惟恍惟惚。""窈兮冥兮。"亦是此意。

［五］吾不知其谁之子：王本原无"其"，此据帛乙、汉简二本补。"吾"，老子自谓。"其"，谓道。此句义为"吾不知道所从生"（河上公、范应元语）。

［六］象帝之先："象"，似也。"帝"，义犹"天地"。

关于"帝"之所指，注家或曰"天帝"，或曰"天之主宰"，或曰"泰帝"。说虽不同，实则皆视"帝"为先于万物而在者。在古人的生存视野里，"天地"先于、大于一切其他诸物。故"帝"在此可解作"天地"。《道德经》在此实是说：相对于"天地"，道更为原始。

【翻译】

道冲和至虚，其生生之功无有穷尽。它浑然不测，是万物产生的本原。

消磨锋芒，解除纷乱，不显不炫、隐而不彰，混同尘世、与俗同流。

（道）若无若有、若亡若存。"我"不知它从何而生，似乎比天地更原始。

【解义】

本章从总体上（或曰"从本根上"）言"虚"之用，故文字的重心亦落在"虚"上。如"冲""湛"等，皆与"虚"相通。而"虚"者，本已含有"和"义。至于"挫锐""解纷""和光""同尘"等，亦皆是"虚""和"之功的表现。"象帝之先"之说也表明：唯其冲虚平和（可喻阴阳和合混沌之气），道才成为天地万物的生生之源。

五 章

天地不仁^[一]， 以万物为刍狗^[二]； 圣人不仁， 以百姓为刍狗。
天地之间， 其犹橐籥^[三]乎？ 虚而不屈， 动而愈出^[四]。
多闻数穷^[五]， 不如守于中^[六]。

【注释】

[一] 天地不仁："仁"，"亲也"（《说文》）。"不仁"，义为无所谓仁或
不仁。此句义为：天道自然，其化育万物无所谓仁或不仁。

同样，圣人法天道、任自然，顺物之性、因民之情，其养民理物
亦无所谓仁或不仁，故下文曰"圣人不仁"。正因为天地或圣人
"不仁"，万物才得以化育流行、生生不息。进而言之，天地或圣
人之所以"不仁"，乃在于其能"虚无"其"心"，无所执着。下
文曰"橐籥"、曰"虚而不屈"，皆是为了彰显"虚无"之德的不
竭化育之功。

王《注》："天地任自然，无为无造，万物自相治理，故不仁也。
仁者必造立施化，有恩有为。造立施化，则物失其真。有恩有
为，则物不具存。物不具存，则不足以备载矣。"

[二] 以万物为刍狗："刍"本谓割草，引申有草之义。"刍狗"，即草
狗。此句义为：天地自然运化，故视万物犹平淡无奇的"刍狗"。

林希逸曰："刍狗之为物，祭则用之，已祭则弃之，喻其不着意

而相忘尔。以精言之，则有'所过者化'之意，而说者以为视民如草芥，则误矣。"

[三] 橐籥："橐"，皮制的鼓风益火之器。"籥"，竹制的管状乐器。因"橐"与"籥"皆中空，《道德经》借之以喻"虚""无"。

[四] 虚而不屈，动而愈出："屈"，竭、尽。关于此二句之义，其重心落在"虚"字上。天地唯因其"虚"，方能无意无造，任自然而运无为，生生无穷。

河上公曰："言（橐、籥）空虚无有屈竭时，动摇之，益出声气也。"王《注》："橐籥之中空洞，无情无为，故虚而不得穷屈，动而不可竭尽也。天地之中，荡然任自然，故不可得而穷，犹若橐籥也。"说皆可参。

[五] 多闻数穷："多闻"，王本原作"多言"，此据西汉简、帛等本及经义正。"闻"，谓闻见之知。"数穷"，义为必至于穷尽或困顿。结合后文"穷"字，"数"在此当谓"理数"或"势数"，表示某种必然性。

[六] 不如守于中：王本原无"于"字，此据西汉简、帛本补。"守"，持而不失。"中"，谓心。"守于中"，喻不离虚无。

在《道德经》中，"守"字颇为常见。除了本章的"守于中"之说外，其他如九章曰"莫之能守"、十六章曰"守静笃"、二十八章曰"守其雌，……守其黑，……守其辱"、五十二章曰"复守其母"和"守柔曰强"等。在《道德经》中，"守"有修养工夫的意味。所谓"守于中""守静笃""守其雌""守其母""守柔"等，皆是言"持而不失"的工夫。

【翻译】

天地无所谓仁或不仁，对待万物犹如对待（平淡无奇的）刍狗一样，（一任自然）；圣人无所谓仁或不仁，对待百姓也犹如对待（平淡无奇的）刍狗一样，（任其自化）。

天覆地载，其间"空虚"，这难道不像橐籥或籥管吗？橐、籥因为中间空虚，所以成为气、声的不竭之源。越是运作它们，气、声也越发源源不断地产生。

（倘若逐物于外），以增益闻见之知为务，则必至于困顿不继之地。不如持守于心，（含蓄无为）。

【解义】

本章基于天地自然运化和圣人无为而治之例，进而引出了"主虚"之论。"虚"者，无执之谓，无执则能自然。河上公以《虚用》命名本章，得其旨也。在《道德经》看来，天地之运"虚"而自然，亦自然而"虚"，故能无为无造、任物自成。万物之所以生生不息，皆由此自然或"虚无"而来。七章曰："天长地久。天地之所以能长且久者，以其不自生，故能长生。"同样，圣人治事理物也应"虚无"己心，尊重事物的本性，因任自然，不将一己之欲念、标准、好恶等强加于事物之上。如此方能"赞天化育"而"无不治"（三章）。

就心性而言，心本"虚无"，本无所谓仁义、美丑、善恶等观念或标准。倘其逐物于外，囿于见闻，则将析物为知、离散大道。在此过程中，心便由"虚"至"实"、由"无"至"有"，丧失其空乏无执的本然状态。由是，便须"复归"。"复归"即是"在心上"做"虚无"

的工夫，破除其知、欲之念，由"有"返"无"、由"实"返"虚"，"返回"其"空无所知"亦"空无所执"的"虚无状态"。唯有如此，心才能包容众物，任其自然。

　　本章之义承接上章（四章）。上章从道之体的角度言"虚"，本章则是从道之用的角度论"虚"，且明确指出了"虚"与自然之间的内在关系："虚"展现为自然，自然亦表现为"虚"，二者互为蕴含。

六　章

谷神[一]不死[二]，　是谓玄牝[三]。
玄牝之门[四]，　是谓天地之根[五]。
绵绵若存[六]，　用之不勤[七]。

【注释】

[一]谷神："谷"，本谓河谷。河谷中央空、虚，有包容之象，故《道德经》常用"谷"比拟或象征"虚""无"。"神"，谓神妙不测，义犹《易传·系辞上》"阴阳不测之谓神"之"神"。"谷神"，谓空虚的神妙之功。

[二]不死：义犹五章"虚而不屈"之"不屈"、四十五章"其用不穷"之"不穷"，谓没有穷尽。

"不死"与本章尾句"不勤",正相呼应。所谓"谷神不死",乃曰"虚无"之功神妙莫测,无穷无尽。

[三] 是谓玄牝:"玄","幽远也"(《说文》),此谓至、极。"牝",本谓雌性的禽兽,喻母。"玄牝",谓至极或根本之"母",喻天地万物的生生之源。

王《注》:"处卑守静,不可得而名,故谓之玄牝。"释德清曰:"且能生天生地,万物生生不已,故曰'是谓玄牝'。牝,物之雌者,即所谓'万物之母'也。"说皆是。

[四] 玄牝之门:所谓"玄牝之门",非是指"玄牝"与"门"之间是领属关系,二者所指相同,皆谓"虚无":"玄牝"是强调"虚无"的化生性,"门"则谓天地万物皆是经由"虚无"而生,亦即皆以"虚无"为本根。故"玄牝之门",义为"玄牝"之作为(化生之)"门"。

[五] 是谓天地之根:今王本无"之"字,此据西汉简、帛本与王《注》补。"根",本谓草木之根,引申有事物的起源、本始等义。

在古人的生存视野里,万物皆为"天地"所覆载,故言"天地"往往即含万物整体而论。所谓"玄牝之门,是谓天地之根",义为:作为"虚无"的"玄牝"是天地万物的生生之源。

苏辙曰:"谓之谷神,言其德也;谓之玄牝,言其功也。牝生万物,而谓之玄焉,言见其生之而不见其所以生也。玄牝之门,言万物自是出也。天地根,言天地自是生也。"所谓"自是出""自是生"之两"是",皆是指"谷"所象征的

"虚无"。

[六]绵绵若存:"绵绵",微眇、不绝貌。微眇则不可见,故承文曰
"若存";不绝则无穷,故后句曰"不勤"。

王《注》:"欲言存邪,则不见其形;欲言亡邪,万物以之生。故
绵绵若存也。"

[七]用之不勤:"用",谓化育之功。"勤",穷、尽。

有学者训"勤"为"劳",或为"病"。其实,"用之不勤"即曰
"生生不已"。因此,释"勤"为"尽"似更合本章义理。

【翻译】

"虚无"的功用神妙莫测、无有穷尽,可以称其为"玄牝"。

"玄牝"作为天地万物由之而生的"门户",可以叫做"天地
之根"。

"虚无"之"状"连绵不绝,却又微眇无形。其化育万物之功,无
有穷尽。

【解义】

本章重在言"虚无"的化育之功:"虚"则容物,亦能顺物,
故能化育万物、生生不已。此功神妙不测,故曰"神"。从本根上
看,"虚"是道的本然状态。本然的展开即为自然。因此,本章
表面上是说"虚"之生物绵绵不绝,实则曰万物自然化育、绵绵
不绝。

七　章

天长地久。

天地之所以^[一]能长且久者，以其不自生^[二]，故能长生。

是以圣人后其身而身先，外其身而身存^[三]。非以其无私邪？故能成其私^[四]。

【注释】

[一] 之所以：王本原作"所以"，此据西汉简、帛本补"之"。

[二] 不自生：义为对于"生"无意无为、虚而自然。

　　天地以其"不自生"而得"长生"，恒久存在。相反，"自生"则会伤"生"。五十章曰："出生入死。生之徒十有三；死之徒十有三；而民生生，动皆死地之十有三。夫何故也？以其生生也。"彼章"生生"，义为"自生"。"民生生"而"动皆死地"者"十有三"，可见"自生"或"生生"之害。

　　王《注》："自生则与物争，不自生则物归也。"此说从虚而能容的角度解"不自生"，既彰"天地"的"聚拢"万物之功，又启下文"圣人后其身而身先"之意，甚善。

[三] 是以圣人后其身而身先，外其身而身存："后其身"，谓谦卑居下（即不与人争）；"身先"，谓为人所尊崇；"外其身"，谓置身于度外；"身存"，谓长久地在世。

此文义承上文，以人道合天道：上文既言天道"虚无"，"自然"而得"长生"，此文则谓圣人应事接物亦当虚而自然。如是，方得"身先""身存"之效。范应元曰："圣人谦下，不与人争先，而人自然尊之。圣人无争，不与物为敌，而物莫能害之。"

[四] 非以其无私邪？故能成其私："私"，谓身。王《注》："无私者，无为于身也。身先身存，故曰能成其私也。"

此二句颇易致人误解。其流行之最者，即谓圣人以"无私"而成就其"私"。如此，"无私"乃至"虚无"之道便沦为权诈之术，其旨遂失。欲达文义，须正确理解"私"字。林希逸曰："此一'私'字，是就身上说来，非公私之'私'也。若以'私'为公私之'私'，则不得谓之无容心矣。"故"无私"即谓"无身"。吴澄亦云："无私，谓后其身、外其身。成其私，谓身先身存。圣人非欲成其私也，而自有身先身存之效。假设众人有心成其私者言之，则为能成其私也。"

【翻译】

天地恒久地存在。

天地之所以能恒久地存在，是因为对于"生"无意无为，所以能恒久地存在。

所以，圣人虽然谦卑处下，却为众人所尊崇。他虽置身于度外，却能长久地在世。难道这不是因为他"无身"吗？所以他能"身先身存"。

【解义】

　　本章重在言自然或无为之功。就境界而言，"不自生""后其身"和"外其身"等皆是自然或无为的展现。之所以能如此，乃在于天道、圣道皆以"虚"为根。从工夫论的角度看，"不自生""后其身"和"外其身"亦可谓由"实"归"虚"、由"有"归"无"的修养过程。

八　章

上善若水[一]。

水善利万物而又静[二]，处众人之所恶[三]，故几于道[四]。居善地，心善渊，与善天，言善信，正善治，事善能，动善时[五]。夫唯不争，故无尤[六]。

【注释】

[一]上善若水："上"，谓无以复加。"善"，本谓"吉""美"，在此取其本义，非后世"善恶"之"善"。"上善"，即"上美"或"至美"，它是对事物理想状态的描述，非为后世意义上的道德评价。

　　考经义，"上善"当是指"德"。"德"者，得也，乃修道之所成。"上善若水"，即曰"至德若水"，乃谓至美之德像水一样。

释德清曰:"谓谦虚不争之德最为上善,譬如水也,故曰'上善若水'。"

[二] 水善利万物而又静:"善利",义为"常常有益于"。"又静",王本原作"不争",此据西汉简、帛本正。"静",与"虚"义通。

所谓"水善利万物而又静",乃曰水有二德,即:"善利万物"与"静"。"又静"之"又",表明经文在言及水的"善利万物"之德的同时,进而强调其"静"之德。在《道德经》那里,"虚"与"静"互相蕴含(详见十六章"注[二]"),"又静"亦即"又虚"。故"水善利万物而又静",其义与二章"成功而弗居"或九章"功遂身退"等说相通。由此义,便自然引出下文的"夫唯不争"之说:"不争"正是"虚静"之德的表现。

[三] 处众人之所恶:谓水流经众人所嫌恶的卑下之地。

河上公曰:"众人恶卑湿垢浊,水独静流居之也。"其说颇得经文"安静""虚纳"之理。

[四] 故几于道:"几(幾)","近也"(《尔雅·释诂》)。

至德虽若水,且水虽有"为而不恃,成功而弗居"(二章)之德,然道体广大无穷,其德亦变化无方。水德虽善,有若"道德",然尚非"道德"之全,故曰"几于道"。

[五] 居善地,心善渊,与善天,言善信,正善治,事善能,动善时:诸"善",谓擅长、善于。"与善天",王本原作"与善仁",此据帛乙、汉简本正。"天",此喻无为或自然。"与善天",义为水利泽万物自然而然。

经文诸"善",虽谓擅长、善于,然此种擅长或善于皆是因任自然、虚静无为之所致，非有意、造作而成。

诸句皆释水之德。苏辙曰："避高趋下，未尝有所逆，善地也；空虚静默，深不可测，善渊也；利泽万物，施而不求报，善仁也（引按：因苏本'天'亦讹为'仁'，故其释或可正作：'利泽万物，自然而然，善天也。'）；圆必旋，方必折，塞必止，决必流，善信也；洗涤群秽，平准高下，善治也；遇物赋形，而不留于一，善能也；冬凝春泮，涸溢不失节，善时也。"

[六]尤："訧"（《说文》："訧，罪也。"）之省文，此谓过失。

【翻译】

至美之德像水一样。

水常润泽万物而又虚静（无求），流经众人所嫌恶的卑下之地，因此近似于道。（它具有以下诸德：）避高趋下，因势而流，此之谓"居善地"；虚静无为，深不可测，此之谓"心善渊"；利泽万物，自然而然，此之谓"与善天"；或塞之而止，或导之而流，曲直随势，真实无伪，此之谓"言善信"；洗涤群秽，平准高下，此之谓"正善治"；因物而彰其形，无有固执，此之谓"事善能"；冬则凝，春则融，枯竭满溢不失其时，此之谓"动善时"。

唯有不争，因而才无过失。

【解义】

本章以水喻道。经文通过展现水的虚静、谦卑、顺势、无为、因时、不争等"德行"及其功用，以彰至德（"上善"）的内涵与表现。

九　章

持而盈之[一]，　不如其已[二]。　揣而锐之[三]，　不可长保。　金玉盈室[四]，　莫之能守。　富贵而骄，　自遗咎也[五]。

功遂身退[六]，　天之道。

【注释】

[一] 持而盈之："持"，本谓握持，引申有保持、守而不失等义。"盈"，盈满、注满。

王《注》："持，谓不失德也。既不失德，又盈之，势必倾危。"

[二] 不如其已："不如"，义犹比不上。"其"，代词。"已"，止也，意指"无为"。

王《注》："持，谓不失其德也。既不失其德，又盈之，势必倾危。故不如其已者，谓乃更不如无德无功者也。"

[三] 揣而锐之："揣"，通作"捶"，谓锻击。"锐"，今王本作"棁"，此据王《注》正。

[四] 王《注》："既揣末令尖，又锐之令利，势必摧衄，故不可长保也。"金玉盈室："盈室"，王本原作"满堂"，此据诸简、帛本及经义正。

[五] 自遗咎也：王本原作"自遗其咎"，此据郭店简、帛书本正。"遗"，"赠也、加也"（《广韵》）。"自遗咎也"，义为祸

由自取。

[六] 功遂身退："遂"，义为"达"或"成"。"功遂"，谓功成或事成。
　　 "退"，谦让。"功遂身退"，谓事成功就而退让不居，即于事功无
　　 所执着。

【翻译】

（欲）持守不失而又盈满它，还不如那些"无所作为"者。

捶尖它而又锐利之，不可长久地保持。

金玉藏满密室，并不能守住它。富贵而骄横，将自取灾祸。

成就事功而谦让不居，方合于天道自然。

【解义】

本章先言取"实"、执"有"之过，最后结以"虚""无"之意
（即"功遂身退"）。而"虚""无"者，亦不过为自然之道（"天之
道"）也。经文"功遂"之说表明：老子并不反对事功，其所反对者，
在于趣物治之、守业恐失，乃至居功而骄。若有为于事物、贪执于功
业，结果却更易失之，甚乃引灾致祸。倘能顺其自然，"虚"心待之，
功成事遂而退让之，反而能保全之。二章曰："成功而弗居。夫唯弗
居，是以不去。"二十二章曰："夫唯不争，故天下莫能与之争。"说皆
与此意相合。

十　章

载营魄抱一，能无离乎[一]？专气致柔，能婴儿乎[二]？修除玄鉴，能无疵乎[三]？

爱民治国，能无以智乎[四]？天门开阖，能为雌乎[五]？明白四达，能无以知乎[六]？

生之，畜之[七]。生而不有，长而不宰[八]，是谓玄德[九]。

【注释】

[一] 载营魄抱一，能无离乎："载"，处，喻涵养工夫。"营魄"，阴魄。"抱一"，谓抱神或抱魂。此二句谓魂魄相合、阴阳一体，既可曰涵养工夫，亦可言境界。

"载营魄抱一，能无离乎"与下文"专气致柔，能婴儿乎"，皆是合工夫与境界为一体而论。其中，"载"与"专"可谓修道养气的涵养工夫，"抱"与"致"则谓工夫所达之境界（"抱一"即"能无离"，"致柔"即"能婴儿"）。

[二] 专气致柔，能婴儿乎："专"，通作"抟"，壹也。"致"，求也、至也、返也。"婴儿"，喻气之原初柔和的状态。此二句义为：通过守气致一的涵养工夫，使气"返回"到它原初的柔和状态。既曰原初，故以"婴儿"拟之。

今所谓"专（抟）一"者，本作"抟壹"，而"专（抟）"本谓手版或纺专（详见《说文》及段《注》）。"专（專）气"即"嫥气"，亦即"壹气"，是指守气致一而不散逸的涵养工夫。"专气"是晚周颇为流行的一种养气工夫，其具体表现视诸子对于道的不同体悟而有所差别。如孟子曰："持其志，无暴其气。……志壹则动气，气壹则动志也。"至于这一工夫的具体表现，则是："必有事焉而勿正，心勿忘，勿助长也。"如此，便能养成至大至刚的"浩然之气"（《孟子·公孙丑上》）。庄子言养气，则有表现为"心斋""一志"的"听气"之法："若一志，无听之以耳而听之以心，无听之以心而听之以气。听止于耳，心止于符。气也者，虚而待物者也。唯道集虚。虚者，心斋也。"（《庄子·人间世》）《管子》论养气，亦有"一意抟心"之说："抟气如神，万物备存。能抟乎？能一乎？能无卜筮而知吉凶乎？……四体既正，血气既静，一意抟心，……"（《内业》。引按：房玄龄《注》"抟，谓结聚也"，说误。）无论是孟子、庄子抑或是《管子》，其言养气，皆以"一（壹）志"或"一（壹）意"作为工夫的重心所在。对于《道德经》的"专气"之说，亦当作如是观。所谓"专气致柔"，乃曰使气专一（即"嫥壹"）以至于"柔和"之境。因此，"专气"即"一（壹）气"，其与聚气义本迥异。何况，"柔和"的境界并非仅靠集聚或结聚气便可成就。

在古籍中，"致"常有三训：一曰"送诣也"（《说文》），即送达，引申有前往、求取等义；一曰到达，即通作"至"；一曰归还或返还，如"致仕"之"致"。经文"致柔"既可曰工夫，又可曰境界：若谓其为工夫，是取"致"之推致义；若谓其为境界，是取"致"之到达义（即通"至"）。又，在《道德经》中，"婴儿"一语数见：除本章外，其他如二十章云"如婴儿之未孩"、二十八章云"复归于婴儿"。而且，《道德经》言"婴儿"亦颇富象征意义：它既可喻事物的最初状态，又是生命力充沛的象征，同时也意味着气的和合之境。结合"致"的返、回义，"专气致柔"即谓通过养气，使气"返回"到它原初的柔和状态。既曰原初，故可用"婴儿"形容之（《道德经》论"柔"，是指柔和之"柔"，非谓软弱之"柔"。故其常以"婴儿"或"赤子"喻"柔"。如五十五章曰："含德之厚者，比于赤子：蜂虿虺蛇不螫，猛兽攫鸟不搏；……终日号而不嗄，和之至也。"）。

王《注》："专，任也。致，极也。言任自然之气，致至柔之和，能若婴儿之无所欲乎？则物全而性得矣。"说善。

[三]修除玄鉴，能无疵乎："修除玄鉴"，王本原作"涤除玄览"，此据西汉简、帛本及古习语（"修除"屡见于《管子》《周礼》）正。"修"与"除"义通，皆谓清洁、扫除。"修除"，喻"清静"内心。"玄"，至、极，王《注》："玄，物之极也。""鉴"，观、看。"玄鉴"，义即"极看"或"极观"。此种"观看"非谓徒察物表，而是指洞观物性、明达世事之"看"。"疵"，"病也"（《说文》），引申有瑕疵、过失等义。从逻辑上看，"修除"是说工夫，"玄鉴"与"无疵"则曰境界，唯能"修除"而后方有"玄鉴""无疵"之功。

河上公曰："当洗其心使清洁也。心居玄冥之处，览知万事，故谓之玄览。不淫邪也。"王《注》："言能涤除邪饰，至于极览，能不以物介其明、疵其神乎？则终与玄同也。"说皆通。

[四] 能无以智乎：今王本作"能无知乎"，此据帛乙、汉简二本与王《注》正。"以"，用。"智"，义犹六十五章"故以智治国，国之贼"之"智"，皆谓私意巧诈之小智，而非见道成德之"大智"。

[五] 天门开阖，能为雌乎："天"，盖涵万物而言。"门"，盖喻万物生死、兴灭之际。"天门开"，谓万物生机流行。"天门阖"，谓万物滞碍衰亡。"为雌"，今王本作"无雌"，此据帛乙、汉简二本与王《注》正。"为雌"，喻主静或无为。

细审文义，"天"盖涵万物而言，"门"盖喻万物生死、兴灭之际。故"天门开"谓万物生机流行，"天门阖"谓万物滞碍衰亡。至于"天门"是"开"还是"阖"，万物是"兴"还是"亡"，则取决于治者采取何种治理方式。在《道德经》，其则崇奉"为雌"之道。范应元曰："雌者，言其主静而和柔也，亦感而后应之义。"王《注》亦云："雌应而不唱，因而不为。言天门开阖能为雌乎？则物自宾而处自安矣。"是"为雌"即以喻主静或无为。三十七章曰："道常无为。侯王若能守之，万物将自化。……不欲以静，天下将自定。"其义正与本章"为雌"之说相应。

[六] 明白四达，能无以知乎："明白"，谓见道之知。"四达"，无所滞碍。"无以知"，王本原作"无为"，此据帛乙、汉简二本及经义正。"以"，依赖、凭借。"无以知"，即"毋以知"，义为不依赖知识。

"明"有洞察、明达之义。"白"的甲骨文字形像日光下射之形，亦有"明"义。倘若"明白"，自然是"真知"，此乃见道明德之所致，故曰"四达"。"达"者，"通也"（《广雅·释诂》）；"四达"是对"明白"内涵的进一步展开，乃谓洞达世事物理，无所不通。"明白"即"真知"，但并非有所知见便为"明白"。四十七章云："不出于户，以知天下；不窥于牖，以知天道。"四十八章亦曰："为学者日益，为道者日损。""出户"之"知"、"窥牖"之"见"及"为学者"所"益"者，皆为溺于闻见或末学的流俗之"知"，而非见道明德之"真知"。此"知"既非"真知"，亦非"真知"的来源，故曰："能毋以知乎？"

又，"明白四达"上承"爱民治国"与"天门开阖"二句，本无意于论说何为"真知"，而重在阐明如何实现治世上的万物各得其性、各遂其生之功。欲达此境界，自然也不能依赖流俗之"知"，而需静心体道、默会物理。故四十七章又曰："其出弥远，其知弥少。是以圣人不行而知，不见而名，不为而成。"

［七］生之，畜之："生"，谓生产、养育；"畜"，谓养育、抚养。

"生之"，王《注》："不塞其原。""畜之"，王《注》："不禁其性。"皆甚彰经义。

［八］生而不有，长而不宰：王本原作"生而不有，为而不恃，长而不宰"，此据西汉简、帛本正。"不有"，谓不自以为有功；"宰"，宰制。"长而不宰"，王《注》："物自长足，不吾宰成。"

［九］玄德：隐晦而不可测之德，谓至德。王《注》："凡言玄德，皆有德而不知其主，出乎幽冥。"

《道德经》尝三论"玄德"：除本章外，五十一章曰："生而不有，为而不恃，长而不宰，是谓玄德。"六十五章曰："常知稽式，是谓玄德。玄德深矣，远矣，与物反矣，乃至大顺。"诸说皆是结合事功发论，以彰显"玄德"的"虚而不实"（或"无而不有"）、"功遂身退"（九章）的自然品格。

【翻译】

以阴魄抱持阳魂，能够一体不分吗？养气专一（而任其自然），以至于柔和之境，能像婴儿那样吗？清净心神（以至于虚静），能够洞达万物而无妄见吗？

爱民治国，能够不用智巧之术吗？作为万物兴亡之机，治理天下能做到主静无为吗？欲洞达物理、各遂其生，能够不依赖"知识"吗？

生之，养之。生养万物而不自以为有功，长成万物而不加以宰制，这就是玄德（的表现）。

【解义】

本章之义可分为三层。首先，起始二句"载营魄抱一能无离乎""专气致柔能婴儿乎"，主要是论涵养工夫及其所达之境界。其中，"抱一"（即阴阳和合、魂魄为一）与"致柔"既可曰工夫，亦可谓此工夫所欲达之境界。若工夫至乎其极，则境界即工夫，工夫即境界。此犹宋儒所谓本体工夫一体呈现。又，"抱一"和"致柔"之说也表明：事物的"发展"或"进步"常也意味着"魂飞魄散"或真性的泯灭。欲解此虞，则需反、复，以回到事物原初的和柔与"虚无"状态。其次，接下来四句，即从"修除玄鉴能无疵乎"至"明白四达能无以知乎",既进一步点明了"虚心"通达之法,也展现了如何主静无为、"虚而不实"的治世应物之法。最后,通过"玄德"之说,章尾数句总结了全章之旨,以彰"虚无"之境。

十一章

三十辐共一毂[一]。当其无, 有车之用[二]。

埏埴[三]以为器。当其无, 有埴器之用[四]。

凿户牖[五]。当其无, 有室之用[六]。

故有之以为利, 无之以为用[七]。

【注释】

[一]三十辐共一毂:"辐",谓车轮的辐条。"毂",谓车轮中心的圆木,其上有插槽,以供车辐相接。

河上公曰:"古者车三十辐,法月数也。共一毂者,毂中有孔,故众辐共凑之。"

[二]当其无, 有车之用:"当", 此犹曰正因为。"无", 谓毂上供辐条接合的插槽。插槽乃毂上的凹口,故曰"无"。唯有此插槽,辐与毂方得合为一体,以成车轮。本章三处"当其无"之"无",

皆喻空或虚。

王《注》："毂所以能统三十辐者，无也。以其'无'能受物之故，故能以寡统众也。"

[三] 埏埴："埏"，抟揉。"埴"谓黏土。"埏埴"，谓抟揉或揉合黏土。

[四] 有埴器之用：王本原作"有器之用"，此据西汉简、帛本补"埴"。"埴器"，土制的器皿。

[五] 凿户牖：王本原作"凿户牖以为室"，此据帛乙、汉简二本正。"户"，谓门洞。"牖"，谓窗洞。"凿户牖"，义为凿穿墙壁以为门、窗。

[六] 当其无，有室之用："其"，谓作为"户""牖"的墙洞。"无"，指"户""牖"所形成的空、虚，非谓房屋四壁所围合而成的室内空间。

吴澄曰："凡室之前，东户西牖。户以出入，牖以通明。……室非户牖空虚之处可以出入、通明，则不可以寝处（引按："可以寝处"，即谓"室"之所以为"室"）。"

[七] 故有之以为利，无之以为用："有"，在此泛指众物，譬如上文所云"车""埴器"和"室"。"利"，便利，好处。此二句既是对上文内容的思想总结，亦是申明本章的主旨。

王《注》："木、埴、壁所以成三者，而皆以无为用也。言无者，有之所以为利，皆赖无以为用也。"林希逸亦云："车、器、室，皆实有之利也，而其所以为车、为器、为室，皆虚中之用也。"均达经义。

【翻译】

三十根车辐共合于一个车毂。正是因为毂槽的空虚，才成就了车子（之所以为车子）的功用。

揉合黏土以制作器皿。正是因为其内部空虚，才成就了它作为器皿的功用。

凿穿墙壁以作门、窗。正是因为门、窗的空虚，才成就了居室（之所以为居室）的功用。

因此，作为众物的"有"之所以具有种种便利，就在于它们各自的"空虚"发挥着相应的功用。

【解义】

本章借日常事例为喻，以彰"虚无"之功和"有生于无"（四十章）之义。具体而言，车毂因其"虚无"方能受辐，埴器因其"虚无"方能容物，门窗因其"虚无"方能供人出入、透气和通明，由是而成就了车、埴器和居室各自的功用。唯有备存此等功用，车方成其为车、埴器方成其为埴器、居室方成为居室。这表明：各种事物皆因其相应的"虚无"之"用"才成其自身，获得其性。"用"意味着某种好处或便利，即"利"，如车之利于负重致远、埴器之利于容物、居室之利于居处安息等。是以"虚无"生"用"，"用"则显而为"利"。"利用"建构着作为"有"的众物之本质，是"有"之所以为"有"的根基所在。既然"虚无"生"用"，故可曰"有生于无"也。

十二章

五色令人目盲[一]，五音令人耳聋[二]，五味令人口爽[三]，驰骋畋猎令人心发狂[四]，难得之货令人行妨[五]。

是以圣人[六]为腹不为目[七]，故去彼取此[八]。

【注释】

[一]五色令人目盲："五色"，古人对于五种基本颜色的界定与命名，即青、赤、白、黑、黄，在此泛指各种色彩。"五色"与下文"五音""五味"，皆谓外物的丰富缤纷之态。"盲"，喻眼睛的昏花不明之状。

[二]五音令人耳聋："五音"，古人对于五声音阶的界定与命名，即宫、商、角、徵、羽，在此泛指音乐。"聋"，喻耳朵的昏聩不闻之状。

[三]五味令人口爽："五味"，古人对于五种基本味道的界定与命名，即酸、苦、辛、咸、甘，在此泛指各种味道。"口爽"，谓口不能辨别诸味，即味觉失正。

[四]驰骋畋猎令人心发狂："驰"与"骋"义通。"驰骋"，谓纵马狂奔。"畋猎"，即狩猎。"狂"本谓疯狗，引申有狂诞、疯癫等义。"心发狂"，谓心意放纵狂妄。

[五]难得之货令人行妨："难得之货"，三章已见，谓稀罕的财物。

"妨"，阻碍、伤害。

［六］"是以圣人"，汉简同，帛书作"是以圣人之治也"（按：郭店简无本章）。本句是否有"之治也"三字，经义迥别：若无之，本句及整章文字重在言圣人如何自修；若有之，本句及整章文字重在言圣人如何治世。二说均通。兹于王本，仍其旧。

［七］为腹不为目："腹"，即肚子，静而能容物。"目"，即眼睛，动而能逐物。"为腹"，喻守静涵容、自足于己。"为目"，喻好动逐物、心神外驰。

王《注》："为腹者以物养己，为目者以物役己。"

［八］去彼取此："去"，谓舍弃，与"取"相对。"去彼取此"，乃是承接前句"为腹不为目"而言。故"去彼"谓不为目，"取此"则指为腹。

【翻译】

缤纷的色彩会使眼睛昏花不明，悦耳的音乐会使耳朵昏聩不闻，丰富的滋味会使口舌失味不正，驰骋畋猎会使心意放纵狂妄，稀罕的财物会使行为妨德伤身。

因此，圣人守静涵容、自足于己，而非好动逐物、心神外驰，是以为腹不为目。

【解义】

基于尾句"是以圣人"后是否有"之治也"三字，本章之义可分为两说：若其论修身，则主要是强调清虚自守、节制情欲，不为外物所囿，从而得免殉物忘身之祸。河上公以"检欲"命名本章，即是就此而发。若是论治世，则其义与三章"常使民无知无欲"之说相合。即谓治世理物当抱朴无为，勿扰民心。五十七章曰："我无为而民自化，我好静而民自正，我无事而民自富，我欲不欲而民自朴。"亦与本章相发明。

十三章

宠辱若惊，贵大患若身[一]。

何谓宠辱若惊？宠为下[二]。得之若惊，失之若惊[三]，是谓宠辱若惊。

何谓[四]贵大患若身？吾所以有大患者，为吾有身[五]。及吾无身，吾有何患[六]！

故贵以身为天下，若可以托天下也；爱以身为天下，若可以寄天下也[七]。

【注释】

[一] 宠辱若惊，贵大患若身："若惊"，谓犹如惊惧，意在言心态。"贵大患若身"，原当作"贵大患若贵身"，后"贵"乃涉前"贵"字而省。

关于"宠辱若惊"，苏辙曰："古之达人，惊宠如惊辱，知宠之为辱先也；……所谓宠辱，非两物也。辱生于宠，而世不悟，以宠为上而辱为下者，皆是也。若知辱生于宠，则宠固为下矣。故古之达人，得宠若惊，失宠若惊，未尝安宠而惊辱也。所谓'若惊'者，非实惊也，若惊而已。"唯有"若惊"，人们才不至于惊恐不定，而能戒惧反省。

所谓"贵大患若身"，乃是基于流俗之见而发：常人皆以身为"贵"，而于"大患"唯恐避之不及。实则若欲存身，当有忧患之心，"安而不忘危，存而不忘亡"（范应元语）。唯有"不轻大患"，方能真正"不轻此身也"。因此，"贵大患若身"与下文"吾所以有大患者，为吾有身。及吾无身，吾有何患"之说，其意旨不同。后说乃是另立一义，即谓身为患之本，唯有"无身"方能消除忧患之心。

［二］何谓宠辱若惊？宠为下："何谓"，谓"为何"或"何以"。

结合上下文义和全章意旨，此句并非是就"何谓宠辱"发问，而是在强调为何宠辱皆应"若惊"。在世人眼里，"辱"之为"下"，此固不待言。《道德经》则进而破世人所谓"宠为上"的观念，故云"宠为下"，以警世人。正因为"宠辱"俱为"下"，故才曰"宠辱若惊"。

［三］得之若惊，失之若惊：二"之"，皆指"宠"。

［四］何谓：义犹"何谓宠辱若惊"之"何谓"。

［五］为吾有身：义为因为我有身体。

［六］及吾无身，吾有何患："及"，及至、待到。"及吾无身"，义为待

到"我"成就"无身"之境。

欲正确把握经义,关键在于能否理解"无身"二字。王《注》解"及吾无身"曰:"归之自然也。"以"自然"训"无",甚为的当。在《道德经》那里,"自然"与"虚(无)"互为蕴含,二者乃是一体之两面的关系(参见五章《解义》)。"无身"之"无"作动词,"身"指身体。"无身"义为"虚无"身体,亦即不执着于身体。所谓身、心一体,这不仅是说表现为意识活动或精神状态的灵明之"心"与身体彼此贯通、互相影响,而且作为肉体的"心"也是身体的一部分,是精神或意识活动产生、存在的"物质基础"。就此而言,所谓"无身"便不仅仅是说"虚无"身体,同时也指"虚无"内心。然心、身并非是空无所依,而是"承载"并"指向"着一个"我"。所以,"无身"实质上是说"无我"。循此思路,便有了《庄子》的"无己"(《逍遥游》:"至人无己。")或"丧我"(《齐物论》:"今者吾丧我。")之说。此"己"若"无"、此"我"若"丧",便臻于"真人"之境。《大宗师》曰:"古之真人,不逆寡,不雄成,不谟士。若然者,过而弗悔,当而不自得也。若然者,登高不栗,入水不濡,入火不热,是知之能登假于道者也若此。"所谓"过而弗悔""登高不栗,入水不濡,入火不热"云云,岂不正是对《道德经》"吾有何患"的生动解说?

[七]故贵以身为天下,若可以托天下也;爱以身为天下,若可以寄天下也:"若可以托天下也""若可以寄天下也",今王本分别作"若可寄天下""若可托天下",此据诸简、帛本与王《注》正。

"托""寄"，二字义同。"若"，则、乃。

此段经文以"故"字承接上文。上文既曰"及吾无身，又有何患"，此处则进而论"无身"对于治理天下的重要意义。其中，"贵以身为天下"与"爱以身为天下"义近。其"贵"与"爱"均是就"以身为天下"而发，皆属意动用法。因而，此二句分别谓：以"以身为天下"（此犹曰"舍身为天下"）为"贵"、以"以身为天下"为"爱"。同样，"若可以托天下也"与"若可以寄天下也"义亦同："托天下"或"寄天下"犹云将"天下"托付给能够"无身"之人。前面已指出："无身"即曰"无我"。"无我"，则能"无私"与"无执"。唯有"无我"，方能虚而自然，无有偏执与滞碍，从而免患保身、不为外物所伤。不仅如此，治者倘能臻于"无身"之境，其治世理物也才能做到"常无心，以百姓之心为心"（四十九章），从而任物自然、公正无私，不负天下之望。"然后，乃可以天下付之也。"（王《注》）

【翻译】

无论是得宠还是受辱，都应有如同惊惧之心，要像重视自己的身体那样重视大患。

为什么得宠或受辱都应有如同惊惧之心？（因为）荣宠是不值得追求的。得到它犹若惊惧，失去它犹若惊惧，这就是（所谓的）"宠辱若惊"。

为什么要像重视自己的身体那样重视大患？我之所以会有大患，是因为我有身体。等到臻于"无身"之境，我还会有什么祸患呢！

因此，（只有）以"舍身为天下"为尊贵的人，才可以将天下托付给他；（只有）以"舍身为天下"为惠爱的人，才可以将天下寄托给他。

【解义】

本章之义分为两层：首先，基于"宠辱若惊"之说，经文引出了"无身"则"无患"之理。由此而发，经文进一步伸张了"无身"而治（"以身为天下"）的思想。借用《庄子·天下》的"内圣外王"之说，前一义犹论何谓"内圣"，后一义犹论何谓"外王"。而贯穿全章旨意的，则是虚而自然之理。

《道德经》"无身"而治（"以身为天下"）的思想深刻地影响了《庄子》。《天地》曰："汝方将忘汝神气，堕汝形骸，而庶几乎！而身之不能治，而何暇治天下乎！"《应帝王》亦云："夫圣人之治也，治外夫？正而后行，确乎能其事者而已矣。""汝游心于淡，合气于漠，顺物自然而无容私焉，而天下治矣。"

十四章

视之不见名曰夷[一]，听之不闻名曰希[二]，搏之不得名曰微[三]。三者不可致诘[四]，故混而为一[五]。

一者[六]，其上不皦[七]，其下不昧[八]，绳绳不可名[九]，复归于无物^[十]。是谓无状之状^[十一]、无物之象^[十二]，是谓惚恍^[十三]。迎之不见其首，随之不见其后^[十四]。

执古之道，以御今之有^[十五]。以知古始，是谓道纪^[十六]。

【注释】

[一]夷：通作"易"，喻无形。

[二]希：通作"稀"，喻无声。

[三]搏之不得名曰微："搏"，乃"捕"之本字，此谓摸索。"搏之不得"，谓摸索之而不可得。"微"，喻无体。

[四]三者不可致诘：王本原作"此三者不可致诘"，此据西汉简、帛本正。"三者"，谓"夷""希""微"。"致诘"，探察、穷究。

[五]故混而为一："混"，同"浑"，义犹整全、原初、质朴、暗昧、愚钝等。

正确地理解"混"字，是通达本章宗旨乃至《道德经》整个思想之管钥。"混"本谓水势盛大。水大则泥沙俱起，故"混"又引申有"浊"义，是曰混浊。混浊意味着水与泥沙搅在一起、彼此不分，而非界限分明，是"混"又引申有整体、全部之义。混浊，亦可作浑浊。"浑"本谓大水涌流声。因"混"与"浑"均有水流盛大之义，二字遂常互用。同样，"浑"亦有整体之义，如浑身、浑然一体、浑沦等云云。事物搅在一起、彼此不分，容易使人产生面目不清、晦暗不明之感。基于此意，"浑"又有糊涂之义，如浑虫之"浑"。事物面貌不清的整体之状又被称作浑沦，或曰混沌。"沌"与"浑""混",义亦通。浑沌或混沌既谓事物的整体之状,则"浑(混)沌"又指事物未判之前的原初状态。相应地,"浑""混""沌"三字又皆有质朴、朴实等义。质朴之人不善(或"不喜")辨、言,有若愚钝,是"浑""混""沌"又皆有愚昧无知之义,如浑浑(混混)或浑浑(混混)沌沌云云。然此愚昧无知常非实指,"有若"而已。对于得道者而言,其貌愚象朴,犹若浑然无知、沌沌不明之愚者,二十章曰:"我愚人之心也,沌沌兮!"如此,经文"混然为一"者,既是从整体、原初和质朴之性上描述那个视之不可见、听之不可闻、搏之不可得的"东西",又指出了它那令人"糊涂"的混沌性、晦暗性以及不可思议、不可言说性。这个"东西"即是道。

［六］一者:王本原无此二字,此据帛书本补。

［七］其上不皦:"皦",明亮、耀眼。"其上不皦",义犹五十八章"光而不耀"。

［八］其下不昧:"昧",与前句"皦"相对,谓昏暗。

［九］绳绳不可名:"绳绳",既是言道之运行无有穷极,亦是说此一运行无有中断、连绵相接。

［十］复归于无物:义为应该"返回到"以体察无形之物的方式那样探寻它。

此句在全章文字中甚为关键,起承上启下之用。本章起始"虚拟"道为一物,且欲通过感觉("视""听""搏")以期获得其形、声、体等"实体性"特征。然因道非为一物,而是天地万物存在且得以生生不息之本。其"无状无象,无声无响"(王

《注》），在"形象上""不可致诘"。由是，经文遂"放弃"上述
努力，至此而曰"复归"。"复归"者，乃谓"返回到"以心体道
的方法或途径上去。既是以心体道，而非以感官察道，故曰"无
物"。因于"复归于无物"之说，下文遂曰"是谓无状之状、无
物之象，是谓惚恍"。

[十一] 无状之状：前"状"，主要是从具体的形状或形态上言道，
即：道非物，物有体而道无形。若有体为"有"，则无形为
"无"。后"状"，主要是从情状的意义上言道，即：尽管道不
像具体事物那样具有特定的形体或形状，然仍有"情状"可
察，非为绝对的"空无"。只不过，道之"情状"因其混沌性
而不可思议、不可言说。就此而言，道又可曰"有"。所以，
"有"和"无"皆是道的显现。

[十二] 无物之象："象"，通作"像"，谓肖像或形像。"无物之像"，
谓道之像状非如物像那样有具像可见。虽然，道之"像"又
是存在的。其不可"感触"而得，唯有意得，是为"意像"。
对于道的这种似无而实有之"意像"，下文曰"惚恍"，可谓
传神。

[十三] 惚恍：谓混沌、流变之道在人们心中引发的暗昧不明、不可
言说的"模糊感受"。

　　对于此"惚恍"之状，二十一章论之甚详，曰："道之物（引
按：此'物'谓形貌，义犹本章之'状'或'象'），惟恍惟
惚。惚兮恍兮，其中有象；恍兮惚兮，其中有物。窈兮冥兮，
其中有精；其精甚真，其中有信。"《庄子·大宗师》亦曰："夫

道，有情有信，无为无形；可传而不可受，可得而不可见。”

[十四] 迎之不见其首，随之不见其后："首""后"，义犹"首""尾"或"始""终"。"不见其首""不见其后"，其义与上文"绳绳"之说相呼应。此二句是以比拟之法以喻道之涵盖天下、包摄万物的无限性。

[十五] 执古之道，以御今之有："执"，谓持守、因循。"御"，统率、治理。"今之有"，谓今日之事。

[十六] 以知古始，是谓道纪："以"，今王本作"能"，此据西汉简、帛本与王《注》正。"道纪"，谓道之总纲，亦即道理。

"道纪"之说表明：道在其运行中有纲纪可见，亦有法、理可循，有规律可守，然道却非法则或规律。而"道纪"之得，在于"能知古始"。"古"与"始"皆意味着道的原始性或本根性，亦意味着事物的本始、原初、朴素之状。

王《注》："有，有其事。无形无名者，万物之宗也。虽今古不同，时移俗易，故莫不由乎此以成其治者也，故可执古之道以御今之有。上古虽远，其道存焉，故虽在今，可以知古始也。"说颇达。

【翻译】

看它却不见其形，可称之为"夷"；听它却不闻其声，可称之为"希"；摸它却不得其体，可称之为"微"。对于夷、希、微这三个方面，皆不可进行穷究。因此，唯有浑沦一体以视之。

作为浑沦之"一"，道既不明耀炫目，也不黯淡无光。它运行不息，连绵不绝。（因此，不能像对待有形之物那样探寻它。）应该"返回到"以体察无形之物的方式那样探寻它。这叫做"无状之状""无物之象"，就是"惚恍"。迎上去，却不见它的起始处；追随之，却不见它的终结处。

持守自古而来之道，以治理今日之事。可以知晓这一古始之道，就叫做（把握了）道的纲纪。

【解义】

本章表面上是言道，实则言其象状。能察其象、观其状，则可悟道。悟道则能知古今、明本末，治世理物亦才得纲纪可循、法则可依。

十五章

古之善为士者[一]，微妙玄通[二]，深不可识[三]。

夫唯不可识，故强为之容[四]：豫焉其若冬涉川[五]，犹兮其若畏四邻[六]，俨兮其若客[七]，涣兮其若冰之释[八]，敦兮其若朴[九]，旷兮其若谷[十]，混兮其若浊[十一]。

孰能浊以静之？徐清[十二]。孰能安以动之？徐生[十三]。

保此道者不欲盈[十四]。夫唯不欲盈，故能蔽不成[十五]。

【注释】

[一] 古之善为士者："士"，谓有道者，义犹四十一章"上士闻道，勤

而行之”之“上士”。

[二] 微妙玄通：“微妙”，隐晦不彰。“玄通”，深远不测之通达。此句

　　喻“善为士者”之境界。

　　古有“眇”而无“妙”，“妙”乃后起字。“微”与“眇”皆有隐

　　晦、暗昧之义，合言之曰“微眇”，亦谓隐晦不彰。因“善为士

　　者”的德行或境界高深莫测、无可名状，故经文曰“微眇”。下

　　文云“深不可识”，正是承接“微眇”之说而发。

[三] 深不可识：“识”，为“志”之今文，本有记忆之义，引申谓记

　　录、记载乃至叙述、言说等。经文此“志（识）”，即谓言说。此

　　句谓“善为士者”的境界深不可言。唯因其不可言说，故下文曰

　　“强为之容”。

[四] 故强为之容：“强”，勉强。“容”，此作动词，义为“形容”。此

　　句义为：勉强为“善为士者”描绘其容状或“形象”。

[五] 豫焉其若冬涉川：王本原无“其”字，此据诸简、帛本补。“豫”

　　与后句“犹”属双声，二字合曰“犹豫”，均喻戒惧迟疑、虑难

　　不进之状。“涉川”，涉水过河。

　　王《注》：“冬之涉川，豫然若欲度、若不欲度，其情不可得见之

　　貌也。”所谓“若欲度、若不欲度”，颇彰“豫焉”之义。

[六] 犹兮其若畏四邻：王本原无“其”字，此据诸简、帛本补。“四

　　邻”，谓四方邻国。

　　王《注》：“四邻合攻中央之主，犹然不知所趣向者也。上德之

　　人，其端兆不可睹，意趣不可见，亦犹此也。”说得经义。

[七] 俨兮其若客：“俨”，端庄慎重。“客”，王本原作“容”，此据诸

简、帛本正。

[八] 涣兮其若冰之释：王本原作"涣兮若冰之将释"，此据诸简、帛本

　　正。"涣"，喻"善为士者"的舒泰不拘之象。"释"，消融、消解。

　　严遵曰："冰者，常阴而不阳，静而不哗，随事变化，与物推移。

　　柔弱润滑，无所不可，犹冬积为冰，春释为水，天顺时也。"其

　　以顺时随变之说而彰"涣""释"之义，颇有得。

[九] 敦兮其若朴："敦"，敦厚质朴。"朴（樸）"，本谓未经雕饰的原

　　木。在《道德经》中，"朴"常喻事物的原初之状或本来面目。

　　河上公曰："敦者质厚，朴者形未分，内守精神，外无文采也。"

[十] 旷兮其若谷："旷"，本谓光明，此喻智慧洞达、无有滞碍。

　　"谷"，本谓河谷，此喻虚、无。

[十一] 混兮其若浊：此句喻"善为士者"浑然无判、不可具言的暗

　　昧之状。又，"浊"字亦表明：浑然的境界并非是特立独行、

　　标然异众的，而是"泯然众人矣"。

　　　河上公曰："浑者守本真，浊者不照然。与众合同，不自尊

　　　也。"苏辙曰："和其光，同其尘，不与物异也。"皆得经义。

[十二] 孰能浊以静之徐清："孰"与"谁"属双声，"孰能"即谓"谁

　　能"。"以"，而。"徐"，缓、慢。"浊"与"清"义相对，分

　　别喻纷扰之状和清明之境。

　　　关于经义，见下条。

[十三] 孰能安以动之？徐生："动"，今王本作"久动"，此据诸简、

　　帛本与王《注》正。"安"，静也、止也、定也。

　　　此句与上句义相贯，乃谓涵养的动静相须之理。王《注》："夫

晦以理，物则得明；浊以静，物则得清；安以动，物则得生。此自然之道也。孰能者，言其难也。徐者，详慎也。"苏辙云："世俗之士以物汩性，则浊而不复清；枯槁之士以定天性，则安而不复生。今知浊之乱性也，则静之，静之而徐自清矣。知灭性之非道也，则动之，动之而徐自生矣。《易》曰：'寂然不动，感而遂通天下之故。'今所谓动者，亦若是耳。"二说皆善。

[十四] 保此道者不欲盈："保"，拥有、保有。"盈"，满也，此喻至极之状。"不欲盈"，谓不执着于"盈"。

王《注》："盈必溢也。"苏辙进而曰："盈生于极，浊而不能清，安而不能生，所以盈也。"皆谓"盈"喻至极之状，其合经旨。故"不欲盈"即不执着于"盈"，亦即不走极端。唯有"不欲盈"，方谦虚能受。

[十五] 夫唯不欲盈，故能蔽不成：王本原作"夫唯不盈，故能蔽不新成"，此据西汉简、帛本正。"蔽"，遮蔽、隐匿，喻韬光之旨。"能蔽不成"，谓匿光敛藏而不彰显其功。此句是对"不欲盈"内涵的进一步展开，其义与四章"和其光，同其尘"、五十八章"光而不耀"之说相通。

【翻译】

古时善于为"士"者，（其境界）晦昧不测、幽微通达，深不可言。

正由于这一境界深不可言，因此，只能勉强地描绘一下他的"形象"：他畏惧迟疑啊，如同冬天涉水过河；他戒备小心啊，如同担心四面受敌；他端庄慎重啊，如同赴会做客；他舒泰不拘啊，如同冰之消融；他敦厚质朴啊，如同未斫之木；他洞达包容啊，如同空虚之谷；他混沌暗昧啊，如同水之浑浊。

谁能在纷扰时而静定下来？（如此，）则慢慢地得以清明；谁能在静寂时而有所发动，（如此，）则慢慢地得以滋生。

保守此道者会避免走极端。只有避免走极端，所以才能匿光敛藏而不彰显其功。

【解义】

本章以人伦日用的生存诸状（如"冬涉川""畏四邻""若客"）和寻常事、物（如"冰之释""朴""谷"等）"模拟"了"善为士者"的种种象状，彰显了得道境界之不测。故王《注》曰："凡此诸'若'，皆言其容象不可得而形名也。"就此而言，本章与上章（十四章）在内容上正相呼应：上章既言道之象状，本章则述得道者之象状。不仅如此，本章还通过展现"静"与"清"、"动"与"生"之间的密切关系，指出了动静相须在生命涵养中的重要作用。

十六章

致虚极[一]，守静笃[二]。

万物并作[三]，　吾以观其复[四]。

天物芸芸[五]，　各复归其根[六]。　归根曰静[七]，　是谓复命。　复命常也[八]，　知常明也[九]。　不知常，　妄作，　凶[十]。

知常容，　容乃公，　公乃王[十一]，　王乃天，　天乃道，　道乃久，没身不殆[十二]。

【注释】

[一] 致虚极："致"，其义有三（参见十章"注［二］"）：一曰"送诣也"（《说文》），引申有前往、求取等义；一曰到达，即通作"至"；一曰归还或返还。"极"，极致、尽头。基于"致"之三训，"致虚极"亦有三义：首先，若"致"谓求取、获得，则"致虚极"指修道工夫，此工夫以"虚极"为目标。其次，若"致"训为"至"，即到达或达到，则"致虚极"指工夫的完成。此时，工夫与本体（境界）一体呈现，无有分别。复次，若"致"取返回义，则"致虚极"意味着：所谓修道工夫的完成，不过是"复归"其天机未丧的生命状态而已。上述三种内涵彼此联系、不可分割，充分展现了《道德经》"本体工夫之辨"（此借用宋明理学言语）的丰富意蕴。

[二] 守静笃："守"，持守。"静"，既谓静定不扰，亦有和"义。"笃"，谓专一。与"致虚极"一样，"守静笃"既可曰工夫（即基于"持守"以达心之静定专一），亦可曰境界（即"持守"心之静定专一而不失）。

"静"本谓色彩分布适宜，适宜则和，故"静"本含有"和"义。心若能"静"，笃定不扰，则已中正平和，虚而能容；反之，唯心能"和"，无有偏执，则亦能静定不扰。是"静"与"和""虚"，义均通。

释德清曰："此承上章要人作静定功夫，此示功夫之方法也。"范应元曰："吾心之初，本来虚静，出乎自然，初不待致之守之。逮乎感物而动，则致守之功不容一息间断矣，是以老子教人致虚守静。……虽然，致虚守静，非谓绝物离人也，万物无足以挠吾本心者，此真所谓虚极静笃也。苏曰：'致虚不极，则有未忘也；守静不笃，则动未忘也。丘山虽去，而微尘未净，未为极与笃也。……'"范氏训"致"，颇得其求取、至极与复归三义，说全且善。

［三］万物并作："并"，并行、一起。"作"，此喻生机勃勃。

［四］吾以观其复：今王本原无"其"字，此据西汉简、帛本与王《注》补。"其"，谓万物。"复"，返回、复归。

结合上文"致虚极，守静笃"之说，此句重在言两个字，曰"静观"也。"虚"则"静"，"静"则"虚"，虚静（亦即"和"）方能观照天地万物，从而达其本来面目。又，"复"本谓返回、归来（"返"乃后起字，其原字作"反"），故有"反复"或"复归"之说。"反复"是指事物的反本归根之行，与循环有别。循环意味着事物周而复始地运行，"单薄"而无根；"反复"只是事物表面上又回到了其原点（有若循环），实则是通过复归其存在之根而获得新的生命或力量。"反本开新"，即此谓也。在老子看来，

"静为躁君"（二十六章）：万物兴作，纷纷纭纭，似不可止，其实终将又皆复归其根，反于虚静。观此"反复"，便可通达万物存在之"常"。下文"知常"之说，即是基于此而发。

王《注》："以虚静观其反复。凡有起于虚，动起于静，故万物虽并动作，卒复归于虚静，是物之极笃也。"范应元曰："致虚之极，守静之笃，则不离于初。不离于初，则万物并动，而吾能以是观其复归于虚静也。夫惟虚静，然后能动而有常。在《易》，阴极而一阳反生于下谓之复，复则生生之道，常久而不已也。盖动自静来，动极复静矣。非虚极而静笃者，不能观之。"说皆可参。

[五] 天物芸芸："天"，王本原作"夫"，此据诸简、帛本正。"天物"，谓天下之物，亦即自然万物。"芸芸"，谓生机勃勃、纷然杂陈。

[六] 各复归其根："根"，即本，谓草木之根，引申有始义。

王《注》："各返其所始也。"河上公曰："言万物无不枯落，各复反其根而更生也。"二说皆得经文的反本开新之旨。

[七] 归根曰静："曰"，则。"静"，在此非为一般意义上的动静之"静"，而是与"扰动"之"动"相对应，谓宁静、恬淡，亦即"和"义。"归根曰静"，实曰"归根曰和"。而"和实生物"（《国语·郑语》），故能"天长地久"（七章）。

[八] 复命常也：今王本作"复命曰常"，此据西汉简、帛本与王《注》正。"复命"，即"反命"。"常"，义犹"规律"。

所谓"复命"之"命"，即曰"天命"，是指道在运行中展现出的一种无形的、对于具体事物来说又是不可抗拒的力量。孔子所谓"五十而知天命"（《论语·为政》）、《中庸》曰"天命之谓性"、

《易传·系辞上》曰"乐天知命"等，皆是在此意义上说"命"。凡物之"复命"，皆是无知无觉、无意无为的自然过程。人因有自我决断的能力，往往会背道而行，不知己之天命之所在，其"复命"往往需要自觉的努力。《易传·说卦》："穷理尽性以至于命。"其所谓"复命"，以"穷理尽性"的工夫论为前提。《道德经》此处"复命"虽是就一般事物而言，若结合本章首句"致虚极，守静笃"之说，实则也隐含有工夫论的意味。

又，"常"，谓恒久。"常"是指道在运行中展现出的一种恒常性，意味着某种必然性，义犹今所谓"法则"或"规律"。然"常"（规律）不等同于道，而是以道为前提。同时，此"常"乃是道的自然运行而成，并不神秘或抽象。故"常"又有"寻常"义，且"寻常"方才"正常"。正是因为这种"寻常性"，道之运化才恒久不易。四十一章曰："下士闻道，大笑之，不笑不足以为道。"说的就是道的这种"寻常性"。

［九］知常明也：今王本作"知常曰明"，此据西汉简、帛本与王《注》正。

［十］妄作，凶："妄"，乱也。"凶"，与"吉"义相对。

［十一］知常容，容乃公，公乃王："容"，包容。"公"，与"私"义相对，即公正。"乃"，则。

「公乃王"既指出了公正无私的后果，也点明了王之为王的本质：即王之所以为王，在于"天下所归往也"（《说文》）。而天下之所以归往于王，则在于王的公正无私性。故河上公曰："公正无私，则可以为天下王。"苏辙亦云："无所不公，则天下将往而归之矣。"老子的"公乃王"之说，直达王之本性。

[十二] 没身不殆："没身"，谓死亡。"殆"，谓危险。"没身不殆"，义
　　　为终生不会遭受危险。

【翻译】

"致虚"以达乎其至极，"守静"以至乎其专一。

万物皆生机勃勃，我则静观它们的"复归"。

天下之物尽管纷然杂陈，却都具有复归于自己本根的态势。复归
于本根则静，这一过程称作复命；复命，是（事物）恒常不变的（存
在态势）；通达了这种恒常性，就属于洞明。倘若未通达这种恒常性，
就会妄动，招致灾祸。

能通达这种恒常性，则包容万物；能包容万物，则公正无偏；能
公正无偏，则天下来归；能使天下来归，则德合于天；能德合于天，
则与道为一；能与道为一，则恒久不失，终生不会招致危险。

【解义】

《庄子·天下》尝以"内圣外王"概括"古之道术"。欲明老子的
"内圣外王"之道，可于本章而得。具体而言，"致虚极，守静笃"是
说如何"内圣"；"知常容，容乃公，公乃王，王乃天，天乃道，道乃
久，没身不殆"，则是说何为"外王"。而且，"内圣"是"外王"展
开的前提："王"之所以为"王"，唯在于其能"容"、能"公"；能
"容"、能"公"的前提，则在于其具有"知常"之"明"；而此"明"
之得，则在于其能"致虚极，守静笃"也。

十七章

太上，下知有之[一]；其次，亲誉之[二]；其次，畏之；其次，侮之[三]。

信不足，焉有不信[四]。

悠兮其贵言[五]。功成事遂[六]，而百姓谓我自然[七]。

【注释】

[一] 太上，下知有之："太上"，谓"太上之君"，义为最理想的君主。"下"，谓下民。"之"，谓"太上之君"。

据文义，下文"亲誉之"及"畏之""侮之"之前，亦皆各省略了一"下"字，即此三句原当作："下亲誉之""下畏之""下侮之"。而三句之前的"其次"，皆如"太上"谓"君"。经文省略，遂成此状。

王《注》："太上，谓大人也。大人在上，故曰太上。大人在上，居无为之事、行不言之教，万物作焉而不为始，故下知有之而已。言从上也。"说得经义。

[二] 亲誉之：王本原作"亲而誉之"，此据诸简、帛本正。"亲"，谓亲近、亲爱。"誉"，称誉、赞美。

王《注》："不能以无为居事、不言为教，立善行施，使下得亲而誉之也。"

[三] 其次，侮之：“其次”，郭店简作“其即”，亦读为“其次”。西汉
简、帛俱作“其下”。二说均可，皆谓“再次之君”。“侮”，慢
易、轻慢。

王《注》：“不能以正齐民，而以智治国，下知避之，其令不从，
故曰‘侮之’也。”

[四] 信不足，焉有不信：王本原作“信不足焉有不信焉”，此据诸简、
帛本及经义正。“信”，真实不妄。“焉”，则、乃。

王《注》：“夫御体失性，则疾病生；辅物失真，则疵衅作。
信不足焉，则有不信，此自然之道也。”林希逸曰：“上德既
衰，诚信之道有所不足，故天下之人始有不信之心。”皆得
经义。

[五] 悠兮其贵言：“悠兮”，慎思、迟疑之貌。“言”，说，此谓“号令
教诏”（林希逸语）。此句是述“太上之君”发号施令时的犹疑慎
重之状。

[六] 功成事遂：“功”与“事”义通，“成”与“遂”义亦通。

[七] 而百姓谓我自然：今王本原作“百姓皆谓我自然”，此据诸简、
帛本与王《注》正。“谓”，借为“曰”，言说。“我”，“百姓”之
自称。“自然”，谓自己如此、自己这样。

“自然”乃老子思想中的核心概念或标志性范畴。“自然”谓
“自己如此”或“自己这样”。“如此”或“这样”，其义随文而
见，在此即谓“功成事遂”。“自然”意味着：事物之所以“如
此”，既非源于外力之所迫，亦非出于己意之所为（否则，则与
老子的虚、无之旨相悖），而是事物之性的“本真”呈现。朱

谦之曰："《论衡》引《击壤歌》：'日出而作，日入而息，凿井而饮，耕田而食。帝力何有于我哉！'此即'自然'自谓也，而老子宗之。"王《注》："居无为之事，行不言之教，不以形立物，故功成事遂，而百姓不知其所以然也。"吴澄亦曰："及其功既成、事既遂，而百姓皆谓我自如此，不知其为君上之赐也。"说皆达。

【翻译】

最理想的君主，（因其无为而治，）下民仅仅知道他的存在；其次之君，下民亲近、赞美他；再次之君，下民畏惧他；最次之君，下民轻慢他。

君主对待下民有所不信，则下民亦以不诚之心待他。

（君主）犹疑慎重而谨于发号施令。等到功成事遂，百姓说："这不过是我自己成就的而已。"

【解义】

本章对比了四种治世方式及其功效，指出：治者当以诚待民，无赖仁恩法智，因民之性、顺民之情，治以无为。唯有如此，方能实现"治若无治"而万物自成之妙境。在庄子那里，"太上之治"又曰"明王之治"，《应帝王》："老聃曰：'明王之治：功盖天下而似不自己，化贷万物而民弗恃。有莫举名，使物自喜；立乎不测，而游于无有者也。'"其中，"有莫举名，使物自喜"，义即通于本章"而百姓谓我自然"之说。

十八章

　　故大道废，　安有仁义^[一]。　智慧出，　安有大伪^[二]。　六亲不和，安有孝慈^[三]。　国家昏乱，　安有正臣^[四]。

【注释】

[一] 故大道废，安有仁义：王本原作"大道废，有仁义"，此据诸简、
　　帛本补"故"与"安"。"废"，倾堕。"安"，则、于是。
　　　王《注》："失无为之事，更以施慧立善，道进物也。"释德清曰：
　　"大道无心爱物，而物物各得其所；仁义则有心爱物，即有亲疏
　　区别之分。故曰'大道废，有仁义'。"说皆可参。

[二] 智慧出，安有大伪：今王本作"慧智出，有大伪"，此据西汉
　　简、帛本与王《注》正。"智慧"，"谓圣人治天下之智巧，即礼
　　乐权衡斗斛法令之事"（释德清语）。"伪"，本谓人为，此谓虚
　　伪、奸诈。
　　　释德清曰："然上古不识不知，而民自朴素。及乎中古，民情日
　　凿，而治天下者乃以智巧设法以治之。殊不知智巧一出，而民则
　　因法作奸。故曰'智慧出，有大伪'。"

[三] 六亲不和，安有孝慈：王本原无"安"字，此据诸简、帛本及
　　前例补。"六亲"，"父子、兄弟、夫妇也"（王《注》）。"和"，和
　　睦、和谐。

释德清曰："上古虽无孝慈之名，而父子之情自足。及乎衰世之道，为父则不慈者众，故立慈以规天下之父；为子不孝者众，故立孝以教天下之子。是则孝慈之名，因六亲不和而后有也。"

[四] 国家昏乱，安有正臣：王本原作"国家昏乱，有忠臣"，此据诸简、帛本及经义正。"昏乱"，暗昧昏乱。"正"，与前句"昏"字对应，谓端正、正直。

王《注》："甚美之名生于大恶，所谓美恶同门。……若六亲自和、国家自治，则孝慈、忠臣不知其所在矣。鱼相忘于江湖之道，则相濡之德不知其所生也。"说颇洽。

【翻译】

因此，大道倾废，于是产生了仁义道德。有了"智慧"，于是产生了大奸大伪。六亲失和，于是有了孝慈之道。国家昏乱，于是有了正直之臣。

【解义】

本章展现出一幅因大道沦丧、素伤朴残所引发的诈伪兴起、有为肆行的存在场景。此状既与前章基于"无为而治"所达到的"功成事遂，而百姓谓我自然"的神化之境相对应，又为后章的"绝圣弃智，民利百倍；绝仁弃义，民复孝慈；绝巧弃利，盗贼无有"之说做了思想铺垫。而三十八章的"故失道而后德，失德而后仁，失仁而后义，失义而后礼。夫礼者，忠信之薄而乱之首"之说，也与本章遥相呼应。明晓本章之旨，既可通达老子的本末之辨，也有助于理解老子乃至整个道家何以要辟仁义礼智，以及其所辟者究竟是何意义上的仁义礼智。

本来，本末一贯，相须成体，即本发而为末，则生生以彰；末反报其本，则本得"滋润"，稳固绵长。在现实中，此即表现为世界生生（即本）而万物自然存在（即末，如花开花落、鸡鸣犬吠。按：此意义之"本末"，魏晋以后学者常曰"体用"）。以此而视道与仁义礼智的关系，则道为本而仁义礼智为末，或曰仁义礼智皆为道之展现，并皆成就着道。然而，这一意义的仁义礼智皆是道的自然展开，而非道"有意"或"执着"之所致，犹如鸡鸣犬吠或花之绽放，自然而然。比如发之于天性的父子之亲、兄弟之爱、夫妇之情等，即是如此。这是真正的"六亲和"，因发于自然，故为老子所推崇。而且，当人们自然而然地表现出"六亲和"时，并非是依据什么道德观念或原则（如仁爱、孝慈、忠正等）的结果，甚至还不知道有所谓道德的存在。

对于这种道与仁义礼智的一体性关系，《庄子》尝曰："吾师乎！吾师乎！齑万物而不为义，泽及万世而不为仁，长于上古而不为老，覆载天地、刻雕众形而不为巧。"（《大宗师》）又云："至德之世，不尚贤，不使能，上如标枝，民如野鹿。端正而不知以为义，相爱而不知以为仁，实而不知以为忠，当而不知以为信，蠢动而相使不以为赐。"（《天地》）在"至德之世"，一方面，民皆得以遂性自然，其德不离；另一方面，民虽如野鹿，不知贤能，却并非蒙昧愚钝，其行中自有"仁（相爱）""义（端正）""忠（实）""信（当）"等品格在。所以，老子所辟的仁义礼智实乃假仁假义，是已经沦为统治之术或处世之巧、失去其本来面目的伪道德。诚如林希逸所言："大道行，则仁义在其中，仁义之名立，道渐漓矣，故曰'大道废，有仁义'。譬如智慧日出，而后天下之诈伪生。六亲不和，而后有孝慈之名。国家昏乱之时，而后有忠臣之名。”不仅如此，若仁义伸张、孝慈高扬，大道反而更易受遮蔽，以致见废。

十九章

绝圣弃智[一]，民利百倍；绝仁弃义，民复孝慈；绝巧弃利，盗贼无有[二]。

此三言以为文未足[三]，故令之有所属[四]。见素抱朴[五]，少私寡欲[六]。

【注释】

[一] 绝圣弃智：“绝”与“弃”义通，皆谓弃绝。“圣”与“智”义亦通，然本章“圣”“智”皆非谓真圣、真智。

苏辙曰：“非圣智不足以知道，使圣智为天下，其有不以道御物者乎？然世之人不足以知圣智之本而见其末，以为巧胜物者也，于是驰骋于其末流，而民始不胜其害矣。故‘绝圣弃智，民利百倍’。”

[二] 绝仁弃义，民复孝慈；绝巧弃利，盗贼无有：“仁”，亲爱、恩惠。“义”，道义、正义。“巧”，巧技、巧术。

"仁""义"之所以并称，乃至成为道德的象征，是因为亲爱之情及其所发之行只有适宜合度、不失其正，方为善情善行，如是方可谓之"义"（"正义"）。所以，"仁"与"义"有若今所谓"内容"与"形式"的关系："仁"为"义"的"内容"，"义"为"仁"的"形式"。此"形式"若以条文或仪则固定下来，便为"礼"，是为"称情而立文"（《礼记·三年问》）。由是，"仁""义""礼"三者之间具有以下关系："仁"是"义"的基础，"礼"则因"义"而成。相对于"义"，作为规范或仪则的"礼"更容易与"仁"脱节，成为僵化的教条或虚伪的形式。对于那种只知执礼、守礼而丧失其内涵或精神的行为，孔子曰："人而不仁，如礼何？人而不仁，如乐何？"（《论语·八佾》）《道德经》亦云："失仁而后义，失义而后礼。夫礼者，忠信之薄而乱之首。"（三十八章）皆是批评"非礼之礼"的形式主义。"仁"与"义"既相通，则经文"绝仁""弃义"与前句的"绝圣""弃智"一样，均有重复而强调之意。

"技"与"巧""艺""术"义皆通，是有技术、技艺、巧术、艺术等说。在古典思想的视野里，技术、技艺、艺术等不仅仅意味着某种技能，而是因道以成且指向、通达于道。又，"艺"的本义为亲手种植。种植五谷或桑麻是为了获取果实，欲达此目的，尚需有培育之功，故"艺"又引申有培育或涵养之义。"艺"的这一内涵表明："技""术"或"巧"除了能成就某物、做成某事，还因其导向道与通达道，学习、掌握"技术"或"技巧"也是领会大道、成就己德的过程。古人以六艺行教，孔子主张"游于艺"(《论语·述而》)，其义并不止于"技术""技巧"或"技艺"的掌握，而在于优游养德、领会大道。所以，作为操作之巧，"技术"或"技巧"的本质主要表现在它的通达性("术")与涵养性("艺")。如果本于道体且通达道体，亦即道、"技（巧）"或道、"术"为一，所谓的"技术"或"技巧"不仅能展现神妙之功，还能充分发挥出物之功用。能尽物之用者，是曰"利用"。"利用"是古之"三事"之一(《左传·文公七年》："正德、利用、厚生，谓之三事。")，体现的是生生精神，而生生即道。"技术"或"技巧"以及"利用"皆是道的具体展开，且共同成就着道的生生性。就"技巧"与"利用"而言，前者成就着后者。当然，这是以道为前提的。若道废德衰，"利用"将"退化"为对于物的压榨与掠夺，"技巧"也将沦为无根之术。

明达了诸字之义及其关系，此段（自首句"绝仁弃义……"至"绝巧弃利，盗贼无有"）文义便也豁然：它既上接前章"大道废，有仁义；智慧出，有大伪"之说，又与三章"不尚贤，使民不争。不贵难得之货，使民不为盗"，以及三十八章"失道而后德"等说相呼应。故老子所欲"绝""弃"者，乃是基于道废德衰背景下的小智小慧、假仁假义和浮巧私利。对于达道之智慧、本道之仁义、成道之巧利，老子何尝废之？也正是基于这种"绝""弃"之说，才引出了本章尾句的"见素抱朴"之论。

［三］此三言以为文未足："言"，王本原作"者"；"未"，今王本作"不"。二字皆据诸简、帛本与王《注》正。"此三言"，谓上文所

欲"绝""弃"的"圣智""仁义""巧利"。"文",文饰。

奚侗曰:"'圣智''仁义''巧利'三者,皆文饰之事,反乎素朴之道,不足资以为治也。"

[四] 故令之有所属:今王本无"之"字,此据诸简、帛本与王《注》补。"令",使。"之",谓民。"属",归属。

奚侗曰:"'有所属'者,即绝弃文饰,归于素朴之意。"

[五] 见素抱朴:"见",乃"现"之古文,谓显示、展示。"抱",怀藏、护持。"素"本谓未经染色的丝织品,"朴(樸)"本谓未经雕琢的原木,"素"与"朴"在此皆喻事物的浑全之性或本来面目。"见素抱朴",谓展示、持守素朴之性。

"见素抱朴"与后句"少私寡欲",皆是就治者而言。奚侗曰:"我尚真实,民自安定;我绝贪欲,民自富足。"

[六] 少私寡欲:"少""寡",二字义通。

"私"与"公"相对。"私"乃偏心之所致,心正则"公"。十六章曰:"公乃王,王乃天,天乃道,道乃久。"河上公曰:"公正无私,则可以为天下王。""私"之所以背"公",偏于正道,往往是缘于欲多。欲多,则心丧其平,遂失其正。又,《庄子·大宗师》:"其耆欲深者,其天机浅。""天机"谓天赋之灵机,即灵性。灵性若浅薄,则难"知常";不知大道运行之"常",便也难"明"。"明"即通达或洞彻。知倘能通达,即为大智(真正的智慧),从而践"容"行"公",臻于圣王之境(十六章:"知常曰明。……知常容,容乃公,公乃王。")。就此而言,"少私"又以"寡欲"为前提。

【翻译】

弃绝智慧，利民以百倍；弃绝仁义，民复于孝慈；弃绝巧利，盗贼则无有。

作为文饰之法，这三个方面（即圣智、仁义、巧利）不足以用来治世，因此需要使民有所归属。（为此，君王应该）见素抱朴，少私寡欲。

【解义】

本章义理直承上章（十八章）：上章既已彰显道废德衰、素伤朴残的种种后果（如兴"仁义"、倡"孝慈"、彰"正臣"），本章进而指出了返道归德在伦理政治上的功用以及如何"返归"。《道德经》认为："返归"以"绝弃"为前提。只有"绝弃"有为（如"圣智""仁义""巧利"等），由"实"复"虚"，方能民心归正、天下大治。而"返归"的关键，在于治者能"见素抱朴，少私寡欲"。

二十章

绝学无忧[一]。

唯与阿，相去几何[二]？美与恶，相去何若[三]？人之所畏，亦不可以不畏人[四]。

荒兮，其未央哉[五]！

众人熙熙，如享太牢，如春登台[六]。我泊兮未兆[七]，如婴儿之未孩^[八]，傫傫兮若无所归^[九]。 众人皆有余， 而我独遗^[十]。 我愚人之心也， 沌沌兮^[十一]！俗人昭昭， 我独若昏^[十二]。 俗人察察，我独闷闷^[十三]。 惚兮其若海^[十四]， 恍兮若无所止^[十五]。 众人皆有以， 而我独顽以鄙^[十六]。

我欲独异于人， 而贵食母^[十七]。

【注释】

[一] 绝学无忧：“绝”，弃绝。“学”，谓世俗之学。

释德清曰：“此承前二章言圣智之为害，不但不可用，且亦不可学也。然世俗无智之人，要学智巧仁义之事。既学于己，将行其志，则劳身焦思、汲汲功利，尽力于智巧之间。故曰‘巧者劳而智者忧，无知者又何所求’。是则有学则有忧，绝学则无忧矣。”

[二] 唯与阿，相去几何：“唯与阿”，王本原作“唯之与阿”，此据诸简、帛本正。“唯”，应承、顺从。“阿”，通作“诃”，诃斥，责怒之辞。“相去”，谓不同、区别。“几何”，义犹“多少”。

从形式上看，“唯与阿，相去几何”与后文“美与恶，相去何若”（按：引文已据诸简、帛本正）构成了排比句式。其中，“唯与阿”与“美与恶”文相对应：“美”与“恶”相对为言，“唯”与“阿”亦内涵相反。同时，“相去几何”与“相去何若”二句不仅义近，且皆是为了消解人们关于“唯”与“阿”、“美”与“恶”的分别和执着。分别、执着之心若生，忧患便来。首句曰“绝学无忧”，正是为了破此执着与忧患。

［三］美与恶，相去何若：今王本作"善之与恶，相去若何"此据诸
　　简、帛本与王《注》正。"恶"，谓丑（参见二章"注［一］"）。

［四］人之所畏，亦不可以不畏人："亦不可以不畏人"，王本原作"不
　　可不畏"，此据诸简、帛本补"亦""以""人"。"畏"，畏惧。
　　"人"，谓民。

　　经文是否有此"人"字，义理大别。若其无"人"，经义则如王
　　《注》，曰："故人之所畏，吾亦畏焉，未敢持之以为用也。"若其
　　有"人"，经义则曰：人之所畏惧者（指在位势者或人君），亦
　　不可不畏惧人（谓庶民或百姓）。有畏民之心，方不至于骄横无极、
　　为所欲为，从而"以百姓心为心"（四十九章），顺势而为，以致
　　太平。

［五］荒兮，其未央哉："荒"，通作"芒"，暗昧无际之貌。"其"，指
　　圣人之境。"未央"，喻无穷。

　　"央"谓中心，"未央"犹曰未半。之所以曰"未央"，或因其大，
　　或因其久、长（如"夜未央"），而难达其"央"（中心）。相应
　　地，"未央"便又引出未尽、未可穷极之义。所谓"芒兮，其未
　　央哉"，其"芒"与"未央"义相通，皆是说"圣人"（即下文之
　　"我"）境界的广渺无际。此句通过总结圣人之象，以引出下文的
　　圣、凡对比之言。

［六］众人熙熙，如享太牢，如春登台："熙熙"，热闹或和乐状。
　　"牢"，本谓关养牛马等牲畜的栏圈，古代用作祭祀或宴享的牲畜
　　亦称"牢"。"太牢"：牛、羊、豕各一，此喻丰盛的酒食。

　　按："如春登台"，河上公曰："春阴阳交通，万物感动，登台观

之，意志淫淫也。"淫淫"，盛状。《汉书·艺文志》："不歌而诵谓之赋，登高能赋，可以为大夫。"登台为登高之一，赋则为直抒胸臆之文体。故登台非一般地游玩，而与情意有关。"春登台"则更含有"踌躇满志"之义。王《注》："众人迷于美进、惑于荣利，欲进心竞，故熙熙如享太牢、如春登台也。"说可参。

[七]我泊兮未兆：王本原作"我独泊兮其未兆"，此据西汉简、帛本及经义正。"我"，谓"得道者"或"圣人"。"泊"，通作"怕"，《说文》："怕，无为也。""兆"，显现，它是相应于上文"众人熙熙"即"有为"之状而言。"未兆"，喻无形。

[八]如婴儿之未孩：'婴儿"，因其意识未萌、"觉悟"（因世俗之学而成）未开，故尽显无知、无为之态。"孩"，与"咳"为今古文关系，本谓小儿笑。

　对于初生婴儿来说，哭为其本能，自然而发。在意识已萌的情况下，笑则是婴儿面对环境变化或他人逗弄时表现出的情绪反应。"如婴儿之未孩"，即曰如婴儿之未笑，且"未笑"是指"未能笑"。此句以婴儿意识未萌的懵懂之态，以喻"我""怕兮未兆"的"无知无为"之状。

[九]儽儽兮若无所归："儽儽"，王本原作"儽儽"，此据西汉简、帛本与经义正。"儽儽兮"，失志疲惫貌。

[十]众人皆有余，而我独遗："而我独遗"，王本原作"而我独若遗"，此据帛甲与汉简本正。"余"，充足、丰盈。"有余"，主要指知情志欲（按："有余"与后句"愚人之心""沌沌"之说以及本章意旨皆相呼应）。"遗"，通作"匮"。

对于"众人"（或"俗人"）与"我"之间的境界或象状之别，本章进行了多方面的展示。相应地，其用字往往也反义相对，如："熙熙"与"怕"、"昭昭"与"若昏"、"察察"与"闷闷"等。"遗"与"余"，亦当若是。

[十一] 我愚人之心也，沌沌兮："也"，今王本作"也哉"，此据西汉简、帛本与王《注》正。"愚人"，蠢笨之人，此为比拟。"沌沌"，糊涂无知貌。高延第曰："'沌沌'即'闷闷'，形容愚人之心之状，与下'察察'相对。"

前文（见十四章"注［五］"）已辨："沌"有混浊、晦暗、整体等义，与"混""浑"义通。因叠韵连绵，"浑""混"与"沌"合言曰"浑沌"或"混沌"，皆喻事物未判、浑然为一之状。事物浑然为一，意味着事物如其所是、质朴未丧。又，浑然之物往往使人感到面目不清或晦暗不明，故"浑""混""沌"与"浑沌"（"混沌"）又皆有愚钝、糊涂或无知等义。一方面，"沌沌"与前文"愚人之心"正相呼应，"沌沌兮"可谓是对"愚人"心状的"描摹"。另一方面，"愚人之心"与"沌沌"也一起开启了下文"若昏""闷闷"之论。

[十二] 俗人昭昭，我独若昏："若昏"，王本原作"昏昏"，此据帛乙、汉简二本正。"昭"，本谓光明，与"耀"义近。"昭昭"，"谓智巧现于外也"（释德清语）。"昏"，暗、昧。"若昏"，即曰"若昧"。

"俗人昭昭"，谓"俗人"逞智炫巧、彰显于外，王《注》："耀其光也。"二十二章云："不自见故明。""昭昭"即"自见"之

"明"。此"明"非为"真明"，乃似"明"而实昧。

又，四十一章曰："明道若昧。"真正的"明"反而"显得"昏昧，五十八章云："光而不耀。"如此，"若昏"正与前句"昭昭"相对。"俗人昭昭"，显耀于外，"我"则虚而不实（《庄子·天下》论老子之学曰："人皆取实，己独取虚。"）、"和其光，同其尘"（四章），含而不露，有若昏昧。当然，这仅是"若昏"或"若昧"而已，乃似"昏"而实"明"。

[十三] 俗人察察，我独闷闷："察察"，精明辨察貌。"闷闷"，或读作"昏昏"（辨见五十八章"注[一]"），浑沌无知貌。

[十四] 惚兮其若海："惚"，王本原作"澹"，此据西汉简、帛本与经义正。"惚"与下文"恍"，皆谓恍惚之感。"海"，喻晦昧不明。

[十五] 恍兮若无所止：王本原作"飂兮若无止"，此据西汉简、帛本及经义正。"恍"，义犹前句之"惚"。"若无所止"，谓变动不居。

[十六] 众人皆有以，而我独顽以鄙："顽以鄙"，今王本作"顽似鄙"，此据西汉简、帛本与王《注》正。"有以"，有用、有为。"顽"，义为愚鲁、愚钝。"顽以鄙"（按："以"即"且"义），王本原作"顽且鄙"，义为愚钝且鄙薄。

"众人皆有以"，谓众人皆有"用"（"用"谓"可用之处"或"可用之才"）或众人皆"有为"。此"用"、此"才"或"有为"，又皆缘于伪饰之"学"而致。"我独顽以鄙"，义为"我"唯独愚钝且鄙薄。"我"之所以能如此，乃赖"绝学"之所致。

[十七] 我欲独异于人，而贵食母："我欲独异于人"，今王本作"我

独异于人"，此据西汉简、帛本补"独"。"食"，通"饲"，养也。"母"，喻根、本。

劳健曰："'食'音嗣，养也。'母'谓本也。知养其本，乃可以绝役智外求诸末学，而无忧也。……《道德经》书凡言'本'者常用'母'字，以取叶韵。第五十二章'既得其母，以知其子；既知其子，复守其母'，明指本末而言。他如第一章'万物之母'，第二十五章'可以为天下母'，第五十九章'有国之母'，亦皆如'本'。'贵食母'与'复守其母'，同是崇本之旨。'食母'、'守母'，乃所以为道，不可谓'母'即道也。"说善。

【翻译】

弃绝俗学，则无忧患。

应从与呵斥，究竟有何差别？美好与丑陋，究竟有何不同？人之所畏惧者，也不可以不畏惧人。

（圣人之境）芒昧无涯，不可穷尽啊！

"众人"欢乐热闹，犹如享用美食，好比（踌躇满志地）春天登台远望。"我"无为无形，如婴儿之未能笑；"失志疲惫"，仿佛无所依归。"众人"皆富有学识、情意，"我"唯独匮乏无有。"我"内心愚钝，浑浑然无所识知。"俗人"逞智炫巧、彰能于外，"我"则（含而不露，）有若昏昧。"俗人"精明辨察，"我"则"糊涂无知"。（我）犹海之晦冥，（"情不可睹"，）致人惚然；若物之多变，（无所止息，）使人恍然。"众人"皆有所作为，而"我"唯"愚钝且鄙薄"。

"我"欲独异于常人,以涵养根本为贵。

【解义】

本章尽展"为学(即伪饰之学)"之"有用"与"绝学"之"无用"的种种不同表现:"学者"因具察察之能,故而逞智炫巧、熙熙进取、志得意满("有余"),有所作为("有以");"绝学者"则葆光暗昧、"糊涂昏聩"、"空虚匮乏"、"怕兮"无归、"愚钝顽鄙","无所作为"。本章不仅与四十八章"为学者日益,为道者日损"之说相通,而且也表明:"绝学"在断绝分别、执着之心以致"无忧"的同时,也是修道成德、达乎"恍惚"之境的基本途径。

在《道德经》中,母子即喻本末。故本章尾句"贵食母"与首句"绝学"之说正相呼应,而全章的崇本弃末之旨亦昭然若揭。

二十一章

孔德之容,惟道是从[一]。

道之物[二],惟恍惟惚[三]。惚兮恍兮,其中有象;恍兮惚兮,其中有物[四]。窈兮冥兮,其中有精[五]。其精甚真,其中有信[六]。

自今及古,其名不去[七],以阅众甫[八]。

吾何以知众甫之然哉?以此[九]。

【注释】

[一] 孔德之容，惟道是从："孔德"，通达之德。"容"，通作"颂"，形貌。"惟"，通作"唯"，唯独。"从"，顺、因循。

[二] 道之物：王本原作"道之为物"，此据西汉简、帛本正。"之"，的。"物"，谓形象、象状。

观历来学者解此句，庶几皆释"物"曰"事物"或"东西"，于义遂不经。"物"从牛、勿（按："勿"本谓杂色旗，引申有杂色之义），原指杂色之牛。因牛为万物之大者，故"物"常被用来指称万物。现实中，事物皆有声色相貌之状，是"物"亦引申有形色或体貌等义。如《后汉书·逸民传》："严光……少有高名，与光武同游学。及光武即位，乃变名姓，隐身不见。帝思其贤，乃令以物色访之。"李贤注尾句云："以其形貌求之。"则此"物"即谓形貌。《道德经》"道之物"之"物"亦当作如是观：老子欲为世人揭示道之"形象"或"体貌"，使其如具体事物那样"清晰"可见。然而，道毕竟不是一物，如后者那样有形色声味可察。故后文又曰"惚""恍"，以明不可以观物的方式察道。十四章云："视之不见名曰夷，听之不闻名曰希，搏之不得名曰微。……是谓无状之状、无物之象，是谓惚恍。""道之物"句正可与彼章互看，且此"物"亦犹彼章之"状"或"象"。

[三] 惟恍惟惚："惟"，语助。"恍"与"惚"，皆就心言，均谓模糊、晦暗之感。"惟恍惟惚"，即谓"恍惚"，乃喻道之"体貌"混沌

而暗昧，无如具体事物有形色可见。人之"视"道，唯有模糊、晦暗之感，不可言说。

王《注》："恍惚，无形不系之状。"释德清曰："恍惚，谓似有若无，不可指定之意。"说皆可参。

[四] 惚兮恍兮，其中有象；恍兮惚兮，其中有物："象"，通作"像"，谓道之"形像"。"物"，义犹"道之物"之"物"，谓道之"物状"即"像状"。

关于此四句之义，可与十四章"是谓无状之状、无物之象，是谓惚恍"之说互看。

释德清曰："然且无象之中，似有物、象存焉，故曰'惚兮恍，其中有象；恍兮惚，其中有物'。其体至深至幽，不可窥测。"说可参。

[五] 窈兮冥兮，其中有精："窈"，深远而暗昧之义。"冥"，暗昧、昏昧。"窈冥"，谓道因其"深远"而晦暗不明。"精"，通作"情实"之"情"，谓实有不虚。此二句义为：尽管道窈冥暗昧，然非为虚幻，乃是"实有"。

[六] 其精甚真，其中有信："精"，亦读为"情实"之"情"。"信"，"诚也"（《说文》），引申有效验之义。"情"与"信"义近而通，彼此呼应。此二句义为：道既为"实有"，真实不妄（"甚真"），自有信验可见。

[七] 自今及古，其名不去："自今及古"，今王本作"自古及今"，此据西汉简、帛本正。"自"，从。"其"，谓道。"不去"，"谓常存也"（吴澄语）。"其名不去"，喻道不离弃万物，亦即万物皆应道

而生之义。

[八] 以阅众甫："阅"，总览、统摄。"甫"，通作"父"，喻始。此句

　　义为：道包揽、统摄万物，即道之于万物，化之以生、条之以

　　理、总之以体。

[九] 吾何以知众甫之然哉？以此："然"，王本原作"状"，此据西汉

　　简、帛本正。"众父之然"，谓众父之所以然，亦即众父之所以如

　　此之义。"此"，指上文"自今及古，……以阅众父"之文。

【翻译】

　　达德者空虚无执，唯有因循大道。

　　道的形象恍惚难明。在惚惚中，有"像"显现；在恍惚中，有

"物"存在。尽管道窈冥暗昧，其中的"像"与"物"却实有不虚。这

种实有甚为真实，自有效验可见。

　　从今到古，道皆常在，以统摄众物。

　　我为何能知晓万物皆生于道？（就是）因为"自今及古，其名不

去"等说。

【解义】

　　本章与十四章之文相互发明，如：两章皆以"恍惚"（或"惚

恍"）论道，以明其有而似无、似无实有的"属性"；皆谓道贯古今、

统御万物，且皆有秉道察物之旨。倘能通达其义，《道德经》所谓的有

无之义、本末之旨、隐显之说等，便也涣若冰释。

二十二章

　　曲则全[一]，枉则正[二]，洼则盈[三]，敝则新[四]，少则得，多则惑[五]。

　　是以圣人执一以为天下牧[六]。不自见故明，不自是故彰[七]，不自伐故有功[八]，不自矜故长[九]。夫唯不争，故天下莫能与之争。

　　古之所谓曲全者，岂语哉[十]！诚全归之[十一]。

【注释】

[一]曲则全："曲"，谓婉转、曲折。"全"，本谓玉之纯色，引申为完备、保全等义。此句义为：委曲则能保全。

[二]枉则正："正"，今王本作"直"，此据西汉简、帛本正。"枉"，"邪曲也"（《说文》）。"正"，端正、不偏。此句义为：因"枉"而可求"正"。

[三]洼则盈："洼"，低凹之地。此句义为：低洼之地能汇聚众流，故得盈满。

　　河上公曰："地洼下，水流之；人谦下，德归之。"

[四]敝则新："敝"，本谓破衣，引申有破旧、疲败之义。此句义为：疲敝而新生，有物极必反之义。

　　吴澄曰："秋冬之凋而敝，所以能逢春而新。"说可参。

[五]少则得，多则惑："惑"，疑惑或迷乱。

　　结合下文"自见""自是"之说，经文"少""多"当是就"学"（即二十章"绝学无忧"之"学"）而言。王《注》："自然之道，亦犹树也，转多转远其根，转少转得其本。多则远其真，故曰惑也。少则得其本，故曰得也。"说得经义。

[六]是以圣人执一以为天下牧：王本原作"是以圣人抱一为天下式"，此据西汉简、帛本正。"执"，谓持而不失。"执一"，谓守道不背。"牧"，谓蓄养、养育。"天下牧"，义为治理天下。

　　在先秦典籍中，"执一"之说颇为常见，如"君子执一不失"（《管子·心术》）、"故圣人执一以静"（《韩非子·扬权》），以及"执一无失""执一如天地"（《荀子·尧问》）等。《庄子·天下》："古之所谓道术者，果恶乎在？曰：'无乎不在。'……'圣有所生，王有所成，皆原于一。'""执一"之"一"，即谓《天下》此"一"。故"执一"，谓守道不失。"执一"与十章"抱一"（"载营魄抱一"）之说，其义不同。"抱一"侧重于言魂魄相合、阴阳一体，故四十二章曰"万物负阴而抱阳，冲气以为和"。

[七]不自见故明，不自是故彰："见"，看见。"不自见"，谓不自以为是。"是"，通作"视"（"示"之古文），展现、炫示。"彰"，显现、昭著。

　　对于前句"自见"之"见"，注家或读如"现"，释曰展现或炫耀；或读"看见"之"见"。当以后说为是。《书·洪范》："视曰明。"此"视"即谓"看见"。《说文》："明，照也。"洞达（即"看见"）物理、心无所惑，亦可曰"明"。五十二章云："见小曰明。"此"见"之"看见"义，更为显豁。

又，"视"为"示"之古文。"视"若训以"示"，则经文"自视"
即"自示"，义为自我显示或自我炫耀。"视（示）"与同句"彰"
字，义正对应。以流俗之见，唯有自我炫示方得昭彰。然在《道
德经》看来见，自炫之"视（示）"恰为背德之举，故曰："不自
视故彰。"因"是"与"视"音近，故王本"是"当通作"视"。

[八] 不自伐故有功："伐"，谓夸耀。

[九] 不自矜故长："矜"，谓矜夸、自矜。"长"，注家有二说：其一训
"长"为"长久"义，其二训"长"犹特长、优点之"长"。二说
均通，此取前说。

[十] 古之所谓曲全者，岂语哉：王本原作"古之所谓曲则全者，岂虚
言哉"，此据西汉简、帛本正。"岂语哉"，义犹"岂止一句话"。

[十一] 诚全归之：王本原作"诚全而归之"，此据西汉简、帛本正。
"诚"，实也。"全"，谓"天下"或"天下之民"。"归"，归往。
"之"，指"圣人"。此句义为：天下之民实皆归往于圣人。

本章前文既云"圣人执一以为天下牧"，此又曰"夫唯不争，
故天下莫能与之争"，则其文、其旨颇与六十六章相通。如
彼章云："江海所以能为百谷王者，以其善下之，故能为百谷
王。……是以天下乐推而不厌。以其不争，故天下莫能与之
争。"其中，"百谷"作为比喻，其所指与"天下"相同，皆
谓天下之民。本章两处"天下"亦是如此。统合本章文义，
则"诚"谓不虚或不妄、"全"谓"天下"或"天下之民"、
"归"谓归往（此是云为何"莫能与之争"）、"之"谓"圣人"

（圣王）。故"诚全归之"，谓天下之民实皆归往于圣人，犹如众川汇聚于江海。江海为众川归往汇聚而为"百谷王"，圣人为天下归往汇聚则为"王"或"圣王"。所谓"天下乐推而不厌"和"天下莫能与之争"云云，以见天下归心之诚与往意之坚。

【翻译】

委曲则能保全，弯曲则可存正，低凹则会充盈，敝坏则将新生，少取则易有得，多有则生迷乱。

是以圣人守道不失，以治天下。不自以为是故得明达，不自我炫耀故得昭彰，不自我夸示故得有功，不自我尊大故得长久。唯有不争，天下才无人能与其相争。

古语所谓"曲全"之说，岂止仅是一句话？天下之民实皆（因此而得）归往于圣人。

【解义】

本章由古语"曲全"之说引出了圣人"不争"而天下归往之之旨，展现了老子关于"王"的本质的思想，即："王"之所以为"王"，不在于其位尊权重，而在于天下归往之。唯有天下归往，天下方"莫能与之争"。老子的这一思想与儒家相通（如孔、孟、荀、董仲舒等皆有以"归往"论"王"之言），而上接古老的王道传统（参见《书》之《尧典》《舜典》等篇所论）。二家之别，唯在于具体的路径不同：在儒家，则如孔子所云："谨权量、审法度、修废官，四方之政行焉。兴灭国、继绝世、举逸民，天下之民归心焉。"(《论语·尧曰》)在老子，则在于修"不争"之德。

至于"不争"的表现，则或为"曲"、为"枉"、为"洼"、为"敝"、为"少"等，实则又皆是"虚""无"之德的具体展开，即：惟有不执着于所谓的"全""正""盈""新"等标准，因物之性、顺物之行，才能实现上述目标；且惟有虚心"无我"，破除"诸我"之病（如"自见""自视""自伐""自矜"等），也才能成就"不争"之德，从而天下"莫能与之争"。

二十三章

希言自然[一]。

故飘风不终朝[二]，骤雨不终日[三]。孰为此[四]？天地尚不能久[五]，而况于人乎？

故从事而道者同于道[六]，得者同于得，失者同于失[七]。同于道者道亦得之，同于失者道亦失之[八]。

信不足，焉有不信[九]。

【注释】

[一]希言自然："希"，通作"稀"，疏、少。"希言"，少言、罕言。

此句义为："罕言"或"少言"合于自然之道。

蒋锡昌曰："老子'言'字，多指声教法令而言。……'希言'与'不言'、'贵言'同谊，而与'多言'相反。'多言'者，多声教法令之治，'希言'者，少声教法令之治……此句文太简略，故古来解者多失之。"蒋氏以"少声教法令之治"释"希言"，说是。下文"飘风""骤雨"，皆喻声教法令之迅猛。

又，与"上善若水"（八章）、"绝学无忧"（二十章）、"小国寡民"（八十章）等句一样，作为章首之四字句，"希言自然"对于全章内容具有概括、统领之功。

［二］故飘风不终朝："飘风"，暴起回旋之风。"终朝"，"自旦至食时为终朝"（吴澄语）。

［三］骤雨不终日："骤雨"，急雨。"终日"，"自旦至暮时为终日"（吴澄语）。

"骤雨"与上文"飘风"，皆喻声教法令迅猛。因其有违自然，故不得长久。

［四］孰为此：王本原作"孰为此者，天地"，此据西汉简、帛本正。"孰"，谁。"此"，谓"飘风"与"骤雨"。

［五］天地尚不能久："尚"，尚且。

《易传·系辞下》："天地纲缊，万物化醇。男女构精，万物化生。"此谓天地（阴阳）之气和合生物。若阴阳不调，气有悖乱、失自然之序，则有异象乃至灾祸。如"幽王二年，西周三川皆震"，伯阳父论曰："夫天地之气，不失其序；若过其序，……阳伏而不能出，阴迫而不能烝，于是有地震。今三川实震，是阳失其所而镇阴也。"（《国语·周语上》）"飘风""骤雨"亦是天地之气悖逆自然之序所致，虽迅疾暴虐，却不得长久。王《注》："言暴兴不长也。"即是明自然恒久之理。

［六］故从事而道者同于道：王本原作"故从事于道者，道者同于道"，此据西汉简、帛本正。"从"，顺从、因循。"事"，侍奉、服事。"从事而道"，谓循道而行。"同于道"，既曰符合于道，又有与道同体之义。

王《注》："从事，谓举动从事于道者也。道以无形无为成济万物，故从事于道者以无为为居、不言为教，绵绵若存，而物得其真。与道同体，故曰'同于道'。"

［七］得者同于得，失者同于失：今王本作"德者同于德，失者同于失"，此据西汉简、帛本与王《注》正。此二句乃是分别就循道或背道而行及其结果发论：循道而行则得，背道而行则失。

［八］同于道者道亦得之，同于失者道亦失之：王本原作"同于道者道亦乐得之，同于德者德亦乐得之，同于失者失亦乐得之"，此据西汉简、帛本正。

［九］信不足，焉有不信：王本原作"信不足焉有不信焉"，此据西汉简、帛本正（亦见十七章"注［四］"）。

【翻译】

"少言"合于自然之道。

因此，暴起的旋风不能刮整个早晨，迅猛的急雨不能下整个白天。谁使之如此？天地（违背自然的狂暴现象）尚且不能长久，何况于人呢？

因此，循道而行者即是"同于道"，于道有所得者即是"同于得"，于道有所失者即是"同于失"。循道而行者，道也得之；失道而行者，道也失之。

君主对待下民有所不信，则下民亦以不诚之心待他。

【解义】

本章以"飘风""骤雨"之短暂为例，尽彰道法自然而恒久之理。循此理以治世，则必倡无为、主"希言"，以成恒久之治。王《注》："故从事于道者，以无为为君、不言为教，绵绵若存，而物得其真。"即是明此理。

二十四章

企者不立[一]，跨者不行[二]，自见者不明，自是者不彰，自伐者无功，自矜者不长[三]。

其在道也[四]，曰余食赘行[五]。物或恶之[六]，故有欲者不处[七]。

【注释】

[一]企者不立："企"，谓抬起脚跟站立。"企"非自然之立，不可持

久，故曰"不立"。

王《注》："物尚进则失安，故曰'企者不立'。"

[二] 跨者不行："跨"，跨越。"跨"非自然之行，故曰"不行"。

《老子想尔注》曰："欲行千里，一步而始，积之以渐。今大跨而立，非能行者也，不可久也。"

[三] 自见者不明，自是者不彰，自伐者无功，自矜者不长："自见"，自以为是。"自是"，即"自视"，自我炫示。"自伐"，自我夸示。"自矜"，自我尊大。

按：此条辨见二十二章"注[七]""注[八]""注[九]"。

[四] 其在道也："其"，谓上文"跂""跨""自见""自视"等"有我"之行。"在"，犹"于"。

[五] 曰余食赘行："余食"，谓多余之食，即超出饭量之外的饮食。"赘行"，通作"缀形"，义为多余之形（如骈拇、赘疣等）。"余食缀形"，是对上文"企""跨""自见""自是""自伐""自矜"之行的概括与总结，以明其皆为多余之举，犹如蛇足，有违自然。

王《注》："其唯于道而论之，若郤至之行、盛馔之余也。本虽美，更可秽也。本虽有功而自伐之，故更为肬赘者也。"苏辙曰："譬如饮食，适饱则已，有余则病。譬如四体，适完则已，有赘则累。"说皆善。

[六] 物或恶之："或"，通作"有"。"恶"，丑（参见二章"注[一]"）。此句义为：物有丑恶者。

[七] 故有欲者不处："欲"，王本原作"道"，此据西汉简、帛本及经

义正。"不处"，不拥有、不占有。

按：郭店简无本章。王本"有道者"，西汉简、帛作"有欲者"。对于此处的"道""欲"之别，学者大体持有三说：其一以"欲"为本字，释曰欲望或贪欲。其二谓帛书"欲"乃"道"之讹。其三谓"欲"通"裕"，义即道。西汉简、帛在此俱作"欲"，当非偶然。又，"物或恶之，故有道者不处"在三十一章中重出。相应于世传本彼章"道"字，西汉简、帛亦俱作"欲"。益证经文本作"欲"。以"欲"通"道"之说，似辨实纤，今不取。兹据西汉简、帛，正"道"作"欲"（按：三十一章仿此）。

【翻译】

抬起脚跟不得久立，跨步前进不得久行，自以为是不得明达，自我炫耀不得昭彰，自我夸示不得有功，自我尊大不得长久。

上述行为相对于道来说，皆如"余食"或"赘形"，实属多余。因此，对于"丑恶"之物，（即使）贪欲者也不拥有。

【解义】

本章义理与二十二章互为补充，彼章主要言"无我"之功，本章则重在申"有我"之病及其表现。二章对应，《道德经》的虚而自然之旨尽得昭彰。

二十五章

有物混成[一]，先天地生[二]，寂兮寥兮[三]。独立不改[四]，周行而不殆[五]，可以为天下母[六]。吾不知其名，字之曰道，强为之名曰大[七]。大曰逝，逝曰远，远曰反[八]。

道大，天大，地大，王亦大[九]。域中有四大[十]，而王居一焉[十一]。

人法地，地法天，天法道，道法自然[十二]。

【注释】

[一] 有物混成："物"，义犹二十一章"道之物"之"物"，谓道之"象状"。"混"，既可谓混合、整全，又有暗昧、质朴、不可思议、不可言说等义（辨见十四章"注[五]"）。

王《注》："混然不可得而知，而万物由之以成，故曰'混成'也。"吴澄曰："此章'有物混成'，物谓道也。'混''浑'通，'混成'谓不分判而完全也。"说皆可参。

[二] 先天地生："天地"，既可实指，亦是含万物而言。

"有物混成，先天地生"，谓作为生生之体，道混沌暗昧，先于任何具体物而存在。《道德经》此说，乃是明道之相应于天地万物的根本性与原始性。故王《注》曰："不知其谁之子，故先天地生。"

［三］寂兮寥兮："寂"，谓无声。"寥"，谓无形。"寂""寥"，义犹
　　　十四章之"希""夷"（"视之不见名曰夷，听之不闻名曰希"）。
　　　作为"混成"之道，其"寂寥"之状并非意味着绝对的"空虚"，
　　　而谓具体事物的声、形皆不足以模拟道之"象状"。

［四］独立不改："独"，孤独。"改"，变。
　　　王《注》："无物匹之，故曰'独立'也。返化终始，不失其常，
　　　故曰'不改'也。"

［五］周行而不殆："周"，既谓周遍，又有环绕、回旋之义。"周行"，
　　　周遍而复归之行。"殆"，通作"怠"，谓疲惫或倦怠。此句义
　　　为：道之"周行"健而不息，亦即道运化周遍、生生不已、毫不
　　　"疲困"。

［六］可以为天下母："天下"，谓万物。"母"，既谓万物之所由来，又
　　　有抚育、涵养之义。

［七］吾不知其名，字之曰道，强为之名曰大："字"，表字，一般仅可
　　　称谓人，且较"名"为尊。（《仪礼·士冠礼》："冠而字之，敬其
　　　名也。"）经文"字"，谓取名。"名""字"在此皆为命名义，并
　　　无所谓先后、尊卑之别。"强"，谓勉强。
　　　作为"混成"之"象"，道是任何具体事物（包括语言）生成、
　　　展开的基础与根据。"不知其名"，固然是说此"象"相对于天地
　　　万物而言的原初性与本根性，实则亦是彰显它的不可命名性（即
　　　道不可说）。此"象"虽不可说（以及不可思议），然人又无时不
　　　在体之、悟之、行之，以之为"对象"。为方便故，勉强而为，
　　　以"道""大"命名之。"道"重在言此"象"的生生之行性，

　　"大"则侧重言此"象"的至上或至大性（即无物能出乎其右）。

[八] 大曰逝，逝曰远，远曰反："曰"，义犹"而"。"逝"，义犹"往"

　　或"行"，谓"流行不息"（吴澄语）。"反"，复、归。

　　道之"逝"意味着：天地万物皆运行不已，生生不息。或曰：

　　万物生生不息，皆是混沌之道运行不已（"逝"）的具体展开或生

　　动表现。另一方面，道的运行（"逝"）并非是无限地"铺展"，

　　有若洪水泛滥、无所遏止，而是又表现出反、复或回、归的特

　　征。《易经·泰》九三曰："无往不复。"即是说"往"必有"复

　　（即"反"）"、"去"必有"还"。至于何以如此，其《象传》释

　　曰："'无往不复'，天地际也。""无往不复"乃为天地交会（即

　　阴阳和合）之所致，是自然而成。因"往""来"常相对而言，

　　在《易》书中，"复"有时又称为"来"。故关于"反复"的功

　　用，《易传·系辞上》曰："往来不穷谓之通。"有"往"有"来"

　　（"反"或"复"），道之运行方得通达而不困穷。《系辞下》又

　　曰："日往则月来，月往则日来，日月相推而明生焉。寒往则

　　暑来，暑往则寒来，寒暑相推而岁成焉。"正是在"往""来"

　　（"反"或"复"）中，天地万物才变化起伏，富有节律，生机流

　　行，绵延不绝。《道德经》四十章曰："反者，道之动。"亦是以

　　"反"来概况道之运行（即"动"，义犹本章"逝"字）。晚周时，

　　"往来"或"往反"的观念已很流行，故对于奇异或不合常理之

　　事，人们常以"往而不返"形容之，以申其妄。

　　又，"曰"训为"而"，既可表并列（相当于"且"字），又可表

　　结果（相当于"则"字）。故"大曰逝，逝曰远，远曰反"，可释

为：大且逝，逝则远，远则反。

［九］道大，天大，地大，王亦大："道大"，王本原作"故道大"，此据诸简、帛本正。"王"之所以为"大"，既是言"王"为人中之至尊者，亦是言其治世养民职责之至大。

［十］域中有四大："域"，谓天下。"四大"，指道、天、地、王。

［十一］而王居一焉：王本原作"而王居其一焉"，此据诸简、帛本正。"居"，处。

［十二］人法地，地法天，天法道，道法自然："法"，取法、效法。

表面上，经文似乎将人、地、天、道、自然视作一个具有等级的、由低到高的存在系列，自然似乎也成了一个存在者，甚至还是超越于道的最高存在者。实际上，《道德经》的这种"极端之说"只是为了突出"自然"的至上性。

王《注》："人不违地，乃得全安，法地也。地不违天，乃得全载，法天也。天不违道，乃得全覆，法道也。道不违自然，乃得其性，法自然也。法自然者，在方而法方，在圆而法圆，于自然无所违也。自然者，无称之言、穷极之辞也。"故"道法自然"实曰道以自然为其"本性"。进而言之，天地万物惟皆以"自然"为法，也才能各得其性。

【翻译】

有混沌之象者，先于天地万物而存在，无声无形。它超乎众物之表、无可匹敌，返化终始、不失其常，遍行而返归、无有止息，生养万物、化育天下。我不知其名，以"道"称之，又勉强把它叫做

"大"。它至大而流行，生生不息，往而又反。

　　道大，天大，地大，王也大。天下有四大，而王为其中之一。

　　人效法地，地效法天，天效法道，道任其自然。

【解义】

　　本章之义主要包含以下几点：首先，作为天地万物的本根（"母"），道是"混成"（即混沌）的。它超乎任何具体之物（包括语言），无声无形、独立无对、运行不已。其次，语言也以道为前提，或曰为道的展开，故道不可说，亦不可思议。复次，道的运行非为"流宕不归"，而是具有反复性。再次，"道法自然"之说表明：天地万物既然皆以道为本根，其存在既然皆是道的具体呈现，则也应因循自然，如此方能生生不息。七章曰："天长地久。天地之所以能长且久者，以其不自生，故能长生。"即此谓也。

二十六章

重为轻根，　静为躁君[一]。

是以君子终日行[二]，　不离其辎重[三]。　虽有荣观[四]，　燕处超然[五]。　奈何万乘之王而以身轻于天下[六]？

轻则失本，　躁则失君[七]。

【注释】

[一] 重为轻根，静为躁君："根"，本。"静"，本谓色彩适宜，有
"和"义，"和"则"安静"或"静定"（参见十六章"注
[二]"）。"躁"，浮躁、扰动。"君"，主宰。此二句乃互文见义，
即："重为轻根，静为躁君"，亦是曰"重为轻君，静为躁根"。

蒋锡昌曰："重谓寡欲自重，轻谓纵欲自轻。二者皆以治身言；
静谓清静无为，躁谓急功好事。二者皆以治国言。'重为轻根'，
犹谓治身须以重为根，毋以轻为根，故下文云'轻则失本'；'静
为躁君'，犹谓治国须以静为君，毋以躁为君，故下文云'躁则
失君'。"其说颇得"重""静"之旨。

[二] 是以君子终日行："君子"，王本原作"圣人"，此据西汉简、帛
本正。"君子"，在此实喻得道者，与"圣人"同义。

[三] 不离其辎重：王本原作"不离辎重"，此据西汉简、帛本补
"其"。"离"，离别、离弃。"辎"，谓蒙有帷布的载重之车。
"重"，谓辎车所载之物。"辎重"，其义侧重于"重"字，而非在
"辎"，在此喻根本、主宰。

吴澄曰："君子吉行乘乘车，师行乘兵车，皆轻车也。轻车后有
辎车，载寝处服食所用之物，谓之重车，虽乘轻车而终日不与重
车相离，故吉行日止五十里，师行日三十里，不敢以轻车急行径
往而不顾在后之辎重也。此言轻之本乎重也。"

[四] 虽有荣观："荣观"，高大、华美的宫阙，此喻奢靡放纵的生活方
式。此句义为：虽有华美的宫阙以供享乐。

［五］燕处超然：“燕”，通作“宴”，谓安适和乐。“超然”，喻不陷溺
　　之状。此句义为：君子持重、守静，而不浮华躁动。

［六］奈何万乘之王而以身轻于天下：“王”“轻于天下”，王本原作
　　“主”“轻天下”，此据西汉简、帛本正。“乘”，古谓一车四马为
　　一“乘”。“以身轻于天下”，即“轻以身于天下”，谓轻率、躁动
　　而治天下。

　　关于经义，因学者常以“身”与“天下”对比而论“轻重”，故
　　解多不确。如：河上公曰：“王者至尊，而以其身行轻躁乎？疾
　　时王奢恣轻淫也。”苏辙云：“人主以身任天下而轻其身，则不足
　　以任天下矣。”其实，此“轻”乃是合下文“轻则失本，躁则失
　　君”之“轻”“躁”而言。故“以身轻于天下”，乃谓“轻以身于
　　天下”，即曰轻率、躁动而治天下。

［七］轻则失本，躁则失君：“轻”，轻率。“本”，根本。“躁”，躁动。
　　“君”，主宰。

【翻译】

　　轻以重作为本根，动以静作为主宰。

　　因此，君子出行终日，（始终）不离其辎重。虽然有华美的宫阙以供
享乐，但他安适和乐，不为其所动。为何万乘之王轻率、躁动而治天下？

　　轻率则丧其根本，躁动则失其主宰。

【解义】

　　本章基于本末之辨，以申“重”“静”之理。持“重”自不轻薄浮

华，守"静"自不浮躁妄动。以此立身，则不溺于享乐贪欲，安适恬淡；以此治世，则不流于急功好事，清静无为。合而言之，可谓"抱本""自主"之道也。

二十七章

善行者无辙迹[一]，善言者无瑕谪[二]，善数者不用筹策[三]，善闭者无关楗而不可开[四]，善结者无绳约而不可解[五]。

是以圣人常善救人[六]，而无弃人，物无弃财[七]。是谓袭明[八]。

故善人，善人之师[九]；不善人，善人之资[十]。不贵其师，不爱其资，虽智大迷[十一]。是谓要妙[十二]。

【注释】

[一] 善行者无辙迹："善行者"，王本原作"善行"，此据西汉简、帛本补"者"。"善"，善于、擅长。"辙"，车轮的印痕。"迹"，人或鸟兽的足印。"辙迹"既可曰轨迹，亦可曰足迹。

本句及以下数句皆是以表面上难以做到或不合常理之事（如"行无辙迹""言无瑕谪""数无筹策""闭无关楗""结无绳约"），以申道法自然的不测之功。

［二］善言者无瑕谪："瑕谪"，谓缺陷或不足。

　　俗学之言往往是基于剖析物理而发，似乎"言之有物"。然而，正因此辨察或解析，事物反受遮蔽、退隐不彰，失其本来面目。

［三］善数者不用筹策："筹策"，用于计算的小竹片。

　　古人计数，常凭依"筹策"而得展开。"不用筹策"，以见算法之精。

［四］善闭者无关楗而不可开："闭"，封闭。"关楗"，本指钥匙，此谓门锁。

［五］善结者无绳约而不可解："结"，捆束。"绳约"，绳索。

　　王《注》："因物自然，不设不施，故不用关楗、绳约，而不可开、解也。"且总结以上五句之旨曰："此五者皆言不造不施、因物之性、不以形制物也。"

［六］救人："救"，此谓援、助。"救人"，谓（圣人）因人之材而助之。

［七］而无弃人，物无弃财：王本原作"故无弃人，常善救物，故无弃物"，此据西汉简、帛本正。"财"，通作"材"，谓材质、才能。"物无弃财（材）"，谓圣人于物不弃其材，义犹《中庸》"故天之生物，必因其材而笃焉"，或如今俗语曰"物尽其材"或"物致其用"。

［八］袭明："袭"，因也，承也，用也。"袭明"，谓因循大道之明。

［九］故善人，善人之师：王本原作"故善人者，不善人之师"，此据西汉简、帛本正。"师"，教者。王《注》："举善以齐不善，故谓之师矣。"

［十］不善人，善人之资："不善人"，王本原作"不善人者"，此据西

汉简、帛本正。"资"，王《注》云"取也"，河上公曰"用也"，皆可。

王《注》："善人以善齐不善，不以善弃不善也。故不善人，善人之所取也。"河上公曰："人行不善者，圣人犹教导使为善，得以给用也。"二说皆上承圣人"而无弃人，物无弃财"之意，说是。

［十一］不贵其师，不爱其资，虽智大迷："贵"，尊崇。"爱"，本谓仁惠，此谓珍惜。"智"，聪慧。"迷"，惑也。

王《注》："虽有其智，自任其智，不因物，于其道必失，故曰虽智大迷。"

［十二］是谓要妙："要妙"，读为"窈眇"，谓隐晦不明、暗昧不清。

【翻译】

善于行走者不留痕迹；善于言说者不落瑕疵；善于计数者不用筹策；善于封闭者虽不用锁，他人却不得开；善于捆束者虽不用绳，他人却不得解。

因此，圣人恒常地善于助人，而不弃人，（使人尽其才，）使物致其用。此之谓因顺常道之明。

因此，善人，为善人所师法；不善之人，为善人所取用，（以尽其材）。（一个人）若不尊重其所师者、不珍视其所用者，即便他聪慧，也会有大惑。（此理似乎暗昧难明，）可称作"要眇"。

【解义】

本章论说，落在一"善"字上。然诸"善"（如"行无辙迹""言无瑕谪"等）之得，非是勉力执着之所致，而在于"不造不施，因物之性，不以形制物"（王《注》）。圣人成人济物，无外乎此道，故有"袭明"之说。最后，本章还指明了"善人"的立身处世之方，即：贵"善人"（即能"袭明"者）之所善，而使"不善人"（即不能"袭明"者）得尽其材。

二十八章

知其雄，守其雌，为天下谿[一]。为天下谿，常德不离，复归于婴儿[二]。

知其白，守其黑，为天下式。为天下式，常德不忒，复归于无极[三]。

知其白，守其辱，为天下谷[四]。为天下谷，常德乃足，复归于朴[五]。

朴散则为器[六]，圣人用则为官长[七]。

【注释】

[一] 知其雄，守其雌，为天下谿："雄"，喻刚、强、尊、动、实等。"雌"，喻柔、弱、卑、静、虚等。"谿"，本谓山间的小河沟，在此喻谦下、容受等。

王《注》："雄，先之属；雌，后之属也。知为天下之先者，必后
也，是以圣人后其身而身先也。谿不求物，而物自归之。"林希
逸云："知雄守雌，不求胜也。……'知'字有能为而不为之意。
谿谷在下，水所归也，言如此则天下归之。"说皆可参。

[二] 常德不离，复归于婴儿："常德"，恒常之德。"离"，"不间断也"
（林希逸语）。"常德不离"，谓恒久之德时时在己身也。"婴儿"，
喻事物的原初状态（辨见十章"注［二］"）。王《注》："婴儿不
用智，而合自然之智。""婴儿"与下文"无极""朴"等，皆是
对至德境界的比拟或描述。

[三] 知其白，守其黑，为天下式。为天下式，常德不忒，复归于无
极："白"，谓光明或明亮，非洁白之"白"（此"白"与下文"白"
字有别。辨见下条）。"黑"，此谓暗昧（辨见下条）。"式"，模式、
法式。"忒"，差、错。"无极"，无尽、"不可穷也"（王《注》）。

[四] 知其白，守其辱，为天下谷："白"，王本原作"荣"，此据西汉
简、帛本正。"白"，此谓洁白，与上文"白"字义异。"辱"，义
犹"黑"，谓混浊。"谷"，河谷，此喻虚、无。

上文既已言"知其白"，此处若仍曰"知其白"，文非重乎？曰：
"知其白，守其辱"与"知其白，守其黑"之两"白"字，各
有其义，且其义分别因"辱""黑"二字而显。"辱"本谓耻
辱，《说文》曰"耻也"。"辱"的前提是有悖于"洁白"，已蕴
含污、黑之义，故《广雅·释诂》云："辱，污也。"在古籍中，
"辱"有时可直接训作"黑"。《仪礼·士昏礼》："今吾子辱，请
吾子之就宫，某将走见。"郑《注》："以白造缁曰辱。""知其白，

守其辱"之"辱"，即取黑义（对于此"辱"，学者常视作"荣辱"之"辱"，误），可释为"混浊"之"浊"（学者或以"污浊"释"黑"，未善），其对应之"白"即为洁白之白。又，《说文》："黑，北方色也，火所熏之色也。"无论是作为"北方之色"的"黑"还是作为"火所熏之色"的"黑"，皆非俗语所谓的黑色之黑，而取昏暗、不清等义。故"黑"之本义重在言暗昧或昏昧。上文"知其白，守其黑"之"黑"即是此义，其与四章"和其光，同其尘"以及二十一章"窈兮冥兮"等说，彼此互通。与此"黑"相对应之"白"，则如《庄子·人间世》"虚室生白"之"白"一样，皆取光明或明亮等义，而非谓洁白之白。

［五］朴（樸）：本谓未析之木，老子常以"朴（樸）"喻事物的浑全之性或本来面目。

王《注》："此三者，言常反终，后乃德全齐所处也。下章云'反者道之动'也。功不可取，常处其母也。"说甚达。

［六］朴散则为器："朴（樸）"，王《注》曰"真也"，乃是基于"樸"的"木素"之本义而发。古《注》亦大多如此。"散"，消散、离散。"器"，器物。

日常之"器"往往是经过加工而成，犹若原木（"樸"）需通过切割、拼合、雕琢等工序而为桌、为凳、为几、为榻等。然切割、拼合、雕琢等工序的展开，同时也是"朴"之"消散"（即原木不复为原木）的过程。故"器"之成以"朴散"为前提。吴澄曰："木朴之未彻也，抱其天资之全，及破碎其全，则散之而为所斫之器。"又，"器"之作为"器"，乃在于其有所用。河上公曰："器，用也。万物之朴散则为器用。"朴散"而为"器"，是人类生存实践中不可避免的现象。老子在此并非是反对"朴散为器"的事实，其立意在于下文"圣人用则为官长"之说。王《注》："真散则百行出、殊类生，若器也。"则是从更广的视野论"朴散"。

[七] 圣人用则为官长：王本原作"圣人用之则为官长"，此据西汉简、帛本正。"用"，因。"官长"，"百官之元长"（河上公语），有治世济物之责。

【翻译】

（尽管）知道雄强（的功用），却持守雌弱，（谦卑容受，）犹如众水汇聚的溪谷。倘能如此，则常德在身，"复归于"（合乎自然之道的）婴儿状态。

（尽管）知道光明（的亮耀），却持守暗昧，（不炫己能，）如此而得为天下的典范。倘能如此，则不会偏离常德，"复归于"（合乎自然之道的）不测之境。

（尽管）知道洁白（的无瑕），却持守混浊，（浑厚包容，）犹如能包纳百川的虚谷。倘能如此，则常德足于己身，"复归于"（合乎自然之道的）素朴状态。

"朴"之消散便成为器物。圣人因其消散，立官长以治之，（顺其性，以成其用）。

【解义】

本章之义主要有二：首先，经文彰显了"虚弱"（"雌"）、暗昧

（"黑"）、混浊（"辱"）等诸德之善及其不测之功，它们皆是"恒常之德"的具体表现。持守诸德，是通达自然之境的基本途径。经文"知其雄"与"知其白（明、洁）"之说也表明：上述"持守"之所以可能，又在于心之通达；倘无知"雄"、知"白"（明、洁）之"知"，则亦不知且不能实现上述"持守"。其次，经文也指出了"朴散"而为"器"的不可避免性和无可奈何性。对此，"圣人"不是否定、排斥，而是顺其自然、因物而治。

二十九章

夫大制无割[一]。

将欲取天下而为之[二]，吾见其不得已[三]。天下神器，不可为也[四]。为之者败之，执之者失之[五]。

物或行或随[六]，或热或吹[七]，或强或羸[八]，或培或隳[九]。是以圣人去甚、去奢、去泰[十]。

【注释】

[一] 夫大制无割：今王本原作"故大制不割"，此据西汉简、帛本与王《注》正。"大制"，即"大治"，谓"至治"或完美之治。"割"，"断也"（《广雅·释诂》），此喻治者对于庶民庶物妄加宰

制与"割裂"（即有为）。此句义为：大治无为。

在世传本中，此句均属于二十八章之末。帛书于经文未分章，汉简属之于七十章（即世传本二十九章）之首（按：郭店简无本章）。考其义，此句与上章有所不贯，而与本章"将欲取天下而为之"之说相通达，理当系于本章。而观本章下文王《注》曰"不施为执、割也"，则王本原即属此句于本章。今本属之于上章之末，乃抄者误为。

［二］将欲取天下而为之："取"，获取、得到。"为"，作为。

吴澄曰："取天下，谓使天下悦己而归己也。"说善。

又，"取天下"之说，四十八章与五十七章亦见。四十八章曰："取天下常以无事。及其有事，又不足以取天下。"五十七章曰："以正治国，以奇用兵，以无事取天下。"彼处之"取"，皆如其在本章之义。

［三］不得已："已"，"成也"（《广雅·释诂》）。"不得已"，即"不得成"。范应元曰："已，语助。"则是以"已"通"矣"，说亦可。

经文之所以曰"不得已"，是针对上文"取天下而为之"而言。

［四］天下神器，不可为也："神器"，神妙莫测之器，此喻"天下"。

"天下神器"者，乃是以"神器"喻"天下"。在古人的生存视野里，"天下"是一个蕴含着丰富内涵的伦理政治或人文地理概念，常被用作天地万物的统称。故从整体上看，"天下"非一般器物，而是"神器"。王《注》："神，无形无方也。器，合成也。无形以合，故谓之神器也。"则王弼训"神"，义犹《易传·系辞上》"阴阳不测之谓神"之"神"。奚侗亦曰："神器，无方无体，变化不测，不可以人力为之者。"

[五] 为之者败之，执之者失之：今王本作"为者败之，执者失之"，此据帛乙、汉简二本与王《注》正。"败"，谓伤害、败坏。"执"，在此与前句之"为"义通，二者皆谓对天下"有所作为"。"失"，失去。

[六] 物或行或随："物"，王本原作"故物"，此据西汉简、帛本正。"或"，通作"有"。"或行或随"，谓物有行之在前者（可喻速），有随之而后者（可喻慢）。

[七] 或热或吹："热"，王本原作"歔"，此据西汉简、帛本及文义正。"吹"，寒。此句义为：有的性热、有的性寒。

[八] 或强或羸："强"，有力、强健。"羸"，羸弱。

[九] 或培或隳："培"，王本原作"挫"，此据西汉简、帛本正。"培"，本谓累土，此喻成长。"隳"，倾坏，此喻衰亡。

王《注》："凡此诸'或'，言物事逆顺反覆，不施为执、割也。"

[十] 去甚、去奢、去泰："甚"，本谓耽于享乐，此取其本义。"奢"，奢侈。"泰"，奢泰。经文"甚""奢""泰"三字义近，皆谓取用无度。"去"，去除、舍弃。

河上公曰："甚谓贪淫声色，奢谓服饰饮食，泰谓宫室台榭（引按：三说互文，不可拘泥）。去此三者，处中和，行无为，则天下自化。"说可参。

【翻译】

完美之治不"割裂"万物。

欲获取天下而有所作为者，我看他是不会成功的。天下作为"器物"，神妙莫测，不可以对它妄加作为。倘若对它妄加作为，必将伤害和丧失它。

世间万物（纷纭驳杂，各有其性状：）既有行之速者，也有行之缓者；既有性热者，亦有性寒者；既有强健者，也有羸弱者；既有成长者，也有衰亡者。

因此，圣人戒除无度，（因物而治）。

【解义】

本章文字皆以"大制（治）"为核心依次展开：先曰何为"大制（治）"，即不割裂万物，亦即顺物而治；次曰若割裂而治天下，将会导致何种后果，即"为之者败之，执之者失之"；次曰为何应顺物而治，即天下之物各有其性状，不可一概而论；次曰如何顺物而治，即明君当先治其身，戒除骄奢，身心正而后方能应物以正。诚如王弼所云："圣人达自然之性、畅万物之情，故因而不为、顺而不施。除其所以迷，去其所以惑，故心不乱而物性自得之也。"

三十章

以道佐^[一]人主者，不以兵强于天下^[二]，其事好还^[三]。师之所处，荆棘生之^[四]。

善者果而已[五]，不以取强[六]。果而勿矜，果而勿伐，果而勿骄。果而不得已，是谓果而勿强[七]。

物壮则老，是谓不道[八]。不道早已[九]。

【注释】

[一]佐：辅佐、辅助。

[二]不以兵强于天下：今王本无"于"字，此据诸简、帛本与王《注》补。"兵"，喻武力。"强"，逞强。

[三]其事好还："好"，犹喜好或意欲。"还"，返回、复归。或曰："其事好还"，义犹"其祸必还报之"（苏辙语）。

所谓"其事好还"，其义有二：其一，谓事物欲返归于无为（"无为"在此指"不以兵取强"）；其二，谓事物具有复归于其本根的存在趋势（此义合于十六章"天物芸芸，各复归其根"与四十章"反者道之动"之说）。观王《注》："为治者务欲立功生事，而有道者务欲还反无为，故云'其事好还'也。"则王弼取前一义。后世学者多以"互相侵伐，一来一往"（李荣语）、或"其祸必还报之"（苏辙语）、或"出乎尔者反乎尔者也"（吕惠卿语）之义解经，说虽通，似不如王说为善。

[四]师之所处，荆棘生之："荆棘生之"，王本原作"荆棘生焉"。又，"荆棘生焉"句后，王本尚有"大军之后必有凶年"八字，此据诸简、帛本正。"师"，本谓军队的编制单位，《说文》云"二千五百人为师"，此泛指军队。"师之所处"，义为军队驻扎的

地方，此喻战争。"荆棘生之"，犹曰灌木丛生，此喻田园荒芜。

[五] 善者果而已："者"，今王本作"有"，此据诸简、帛本与王《注》
正。"善者"，谓"有道者"。"果"，谓除暴济难。"而已"，而止。
"果而已"，示以不尚兵之意。

范应元曰："王弼云：'果，犹济也。'温公云：'果，犹成也。'大
抵禁暴除乱，不过事济功成则止。"奚侗亦曰："左氏宣二年传：
'杀敌为果。'国家不可无武备。善为国者，亦至于除暴定乱而
止。"说皆是。

[六] 不以取强：今王本作"不敢以取强"，此据诸简、帛本与王《注》
正。此句义为：不凭借武力取强于天下。

[七] 果而勿矜，果而勿伐，果而勿骄。果而不得已，是谓果而勿强：
尾句"是谓"二字，王本原无，此据郭店简、帛书及经义补。
"矜"，自矜、矜持。"伐"，自夸、夸耀。"骄"，自傲、骄恣。
"勿矜""勿伐""勿骄"三辞义近，皆谓自得之状。"不得已"，
此谓不得止，犹今曰不得不或迫不得已。

本章"果不得已"之"不得已"，其义与上章（二十九章）"吾见
其不得已"之"不得已"有别：彼章之"已"，或可训"成"，亦
可通"矣"，故彼章之"不得已"谓不得成或不得；本章之"已"
则为"止"义，故本章之"不得已"义即不得止，犹今曰不得
不或迫不得已。在《道德经》中，"不得已"出现过三次，除了
上章与本章外，下章（三十一章）亦有"不得已"之说，其曰：
"兵者不祥之器，非君子之器。不得已而用之，恬淡为上，弗美
也。"其义与本章相同，皆谓迫不得已。

[八] 物壮则老，是谓不道："壮"，强健、强壮。王《注》："壮，武力
　　暴兴，喻以兵强于天下者。""老"，喻衰亡。"不道"，谓不合于
　　道或与道相悖。
　　苏辙曰："壮之必老，物无不然，惟有道者成而若缺、盈而若冲，
　　未尝壮，故未尝老、未尝死。以兵强天下，壮亦甚矣，能无老
　　乎！"奚侗曰："'弱者道之用'，故飘风不终朝、暴雨不终日。既
　　壮必老，不可常也。故云'不道'。"

[九] 不道早已："早"，"晨也"（《说文》），此谓迅速。"已"，与"巳"
　　原为一字，本谓停止或结束，在此义为灭、亡。
　　王《注》："飘风不终朝，骤雨不终日，故暴兴必不道，早已也。"
　　释德清曰："凡物恃其强壮而过动者，必易伤。……盖伤元气也。
　　元气伤，则死之速。兵强亦然。故曰'是谓不道，不道早已'。
　　已者，绝也。又已者，止也。言既知其为不道，则当速止而不可
　　再为也。亦通。"说皆可参。

【翻译】

　　有道者辅佐君王，不是以武力征服天下，而是（帮助君王）返归
于无为之治。战争过后，田园荒芜，长满荆棘。

　　有道者用兵，不过是除暴济难而已，并非是凭借武力以取强于天
下。除暴济难成功后，不应有骄矜之心，亦不当自夸和自傲。（因为，）
运用武力实在是迫不得已的事：这是用武力以济难，而不是为了逞强
于天下。

　　事物达其盛壮时就会衰老，这叫做不合于道。不合于道，则必

速亡。

【解义】

　　本章展现了两种"强"及其引发的不同后果：一曰"以兵强于天下"之"强"，或曰兴兵黩武之"强"。因其"无有所济，必有所伤，贼害人民，残荒田亩"（王《注》），背离生生之道，故非为"真强"，没有长久的生命力。二曰无为之"强"。人主倘能无为而治、体道而行，使万物各遂其生，便无"物壮则老"之忧。后一"强"，即为"真强"。然所谓的"不以兵强于天下"，并非否定用兵或战争的必要性。若为除暴济难、必须用兵，人主亦不应优柔寡断。只不过，这种用兵乃是出于"不得已"，非为逞强于天下。因此，即便是取得战争的胜利，有道之主也无任何自得之心。

三十一章

　　夫兵者，不祥之器[一]。物或恶之，故有欲者不处[二]。

　　君子居则贵左，用兵则贵右[三]。兵者不祥之器，非君子之器。不得已[四]而用之，恬淡[五]为上，弗美也[六]。而美之者，是乐杀人[七]。夫乐杀人，不可以得志于天下矣[八]。

　　是以吉事尚左，丧事尚右[九]。是以偏将军居左，上将军居右[十]，言以丧礼处之。杀人众，以哀悲泣之[十一]。战胜，以丧礼处之[十二]。

【注释】

[一] 夫兵者，不祥之器："夫兵者"，王本原作"夫佳兵者"，此据帛
　　书本及文义正。"兵"，兵革、兵器。"祥"，福、善。

[二] 物或恶之，故有欲者不处："欲"，王本原作"道"，此据西汉简、
　　帛本正。此二句二十四章已见，辨见彼章（见是章"注［六］、
　　［七］"）。

[三] 君子居则贵左，用兵则贵右："贵"，尊也，此作意动用法。古时
　　事分吉凶（如朝祀为吉、丧戎为凶等）、位有阴阳（如左阳右阴、
　　南阳北阴等），且吉凶之事与阴阳之位严格对应，冀以和谐阴阳、
　　遂物生生。"居"谓日常所处，乃生之事，故为吉、为阳；"用
　　兵"则有杀伤，故为凶、为阴。

[四] 不得已：谓不得不或迫不得已（辨见三十章"注［七］"）。

[五] 恬淡：谓内心平和。

[六] 弗美也：王本原作"胜而不美"，此据郭店简本正。此句义为：
　　不以（用兵）为美。

[七] 而美之者，是乐杀人："而"，义犹"若"。"美"，谓嗜好。

[八] 夫乐杀人，不可以得志于天下矣："乐杀人""不可以"，王本原
　　作"乐杀人者""则不可以"，此据西汉简、帛本正。"得志于天
　　下"，义犹六十六章"天下莫能与之争"，亦即天下归往之之谓。

[九] 是以吉事尚左，丧事尚右："是以"二字，王本原无，此据简、

帛书本补"是以"。"尚"，义犹上文"贵"字，谓尊、崇。

[十]是以偏将军居左，上将军居右："是以"二字，王本原无，此据
　　郭店简、帛书本及经义补。"偏将军"，谓副将军，亦即裨将军。
　　"上将军"，谓主帅。

　　河上公曰："偏将军卑而居阳位者，以其不专杀故也。上将军尊
　　而居阴位，以其专主杀也。"

[十一]杀人众，以哀悲泣之："杀人众"，王本原作"杀人之众"，
　　此据诸简、帛本正。"哀悲"，谓痛惜。"泣"，通作"莅"，
　　对待。

[十二]战胜，以丧礼处之："丧礼"，乃比喻，谓居丧时的哀痛之心，
　　其与上文"哀悲"对应且互文。

　　河上公曰："古者战胜，将军居丧主礼之位，素服而哭之，明
　　君子贵德而贱兵，不得已而诛不祥，心不乐之，比于丧也。
　　知后世用兵不已，故悲痛之。"自此以后，学者多谓经文"丧
　　礼"为实指，恐非。

【翻译】

兵革，是不善之物。因此，对于"丑恶"之物，（即使）贪欲者也
不拥有。

君子平时以左边为尊，用兵时以右边为尊。兵革乃不善之物，非
君子之器。若迫不得已而用兵，应淡然处之，不以为美。如果以用兵
为美，便是嗜好杀人。嗜好杀人，便不可能得志于天下。

因此，吉事以左边为尊，丧事以右边为尊。因此，（在用兵时，）

偏将军因其位卑而处于左，上将军因其位尊而处于右，这是说以丧礼来对待用兵之事。（战争中）杀人众多，应以痛惜、哀悯之心待之。取得胜利，当以居丧之心处之。

【解义】

　　本章与上章义相贯通（吴澄本即将此二章合为一章，属为第二十六章）：上章既云"以兵强于天下"之害，此章则曰若为除暴济难，"不得已"而用兵，应持以"何心"（即"恬淡为上，弗美也""杀人众，以哀悲泣之；战胜，以丧礼处之"）、守以何仪（即"用兵则贵右""偏将军居左，上将军居右，言以丧礼处之"）。经文充分彰显了老子的"生生"之心与悲悯天下之情。而"夫乐杀人，不可以得志于天下矣"之说也表明："君子"欲使四海来归、"天下莫能与之争"（六十六章），不可恃以暴政杀戮，而当以修德爱民为务。

三十二章

　　道常无名[一]。朴虽小[二]，天下弗敢臣也[三]。侯王若能守之[四]，万物将自宾[五]。天地相合，以降甘露[六]，民莫之令而自均[七]。

　　始制有名[八]。名亦既有[九]，夫亦将知止[十]。知止所以不殆[十一]。譬道之在天下[十二]，犹小谷之与江海[十三]。

【注释】

［一］道常无名："常"，恒常地，此是就后文"无名"而言。"无名"，谓无可命名。

王《注》："道，无形不系，常不可名。以无名为常，故曰道常无名也。"

［二］朴虽小："朴（樸）"，常喻事物未被改变或遮蔽的原初状态，此喻道的浑然质朴性。"小"，喻微眇无形。

王《注》："朴之为物，以无为心也，亦无名。故将得道，莫若守朴。"

［三］天下弗敢臣也："弗敢"，王本原作"莫能"，此据诸简、帛本及经义正。"弗敢"，不敢。"臣"本谓奴仆，此作意动用法，义犹宰制。

［四］守之："守"，谓看护不失、因而不背（参见五章"注［六］"）。"之"，道；若据上引王《注》（见"注［二］"），"之"在此谓"朴"。

［五］万物将自宾："自宾"，自己宾服；或曰："自宾"谓自然宾服，说亦可。

关于句义，成《疏》："殊方异域自来宾伏而归化也。"其说颇得天下归往之之旨。王《注》："抱朴无为，不以物累其真、不以欲害其神，则物自宾而道自得也。"说亦善。

［六］天地相合，以降甘露："天地相合"，即天地（或阴阳）之气和合。"甘露"，甘美的雨露。雨露之所以曰"甘美"，一为适时，一为适量。否则，则有旱涝之忧。

［七］民莫之令而自均："令"，命、使。"均"，"平也"（《说文》）。因
　　　"平"有和、正等义，故"自均"者，谓自平也、自和也、自
　　　正也。

　　　关于句义，注家主要有二说：其一如吴澄曰："譬如天地之气相
　　　合而降为甘露，虽无人使令之，而自能均及于万物。"即"自均"
　　　是就"天降甘露"而言。其二如王《注》："言天地相合，则甘露
　　　不求而自降。我守其真性无为，则民不令而自均也。"即"自均"
　　　乃谓民之自我均平。此说多为后人所从。审文义，前说似更合于
　　　本经，而后说则更尽其蕴。

［八］始制有名："制"，既谓制作，亦有制宜之义。"名"，名号，喻
　　　政教。

　　　王《注》："始制，谓朴散始为官长之时也。始制官长，不可不立
　　　名分以定尊卑，故始制有名也。"说甚确。此句与二十八章"朴
　　　散则为器，圣人用则为官长"之义相通。因"制"含适宜之义，
　　　此时虽已"朴散"，然"制名"尚非妄为，仍有其宜。

［九］既有：已有。

［十］夫亦将知止："止"，停止、休止。

　　　本句乃是承接上文"名亦既有"而言："朴散"而"制名"乃是
　　　不得已为之，不可再徇名背实、弃本逐末，故曰"知止"。

［十一］知止所以不殆："所以"，今王本作"可以"，此据诸简、帛本
　　　　与王《注》正。"以"，"用也"（《说文》）。"殆"，既可取其本
　　　　义（《说文》："殆，危也。"），亦可通作"怠"，义为疲困、穷
　　　　匮。两义相较，前者似胜。

［十二］譬道之在天下："譬"，义为以比喻的方式告知。"譬"常与"犹"或"若""如"合用，或分言，或连说，其后常示以具体事例，以明欲申之理。"道"，行道（辨见下条）。

［十三］犹小谷之与江海："小""与"，今王本分别作"川""于"，此据诸简、帛本与王《注》正。"小谷"，谓小河或小溪。

"譬道之在天下，犹小谷之与江海。"二句文、义皆对应，如："譬"与"犹"、"道"与"小谷"、"之在"与"之与"，以及"天下"与"江海"。王《注》："小谷之与江海，非江海招之，不招不求而自归者也。行道于天下者，不令而自均，不求而自得，故曰'犹小谷之与江海'也。"甚得经义。故"道"谓"行道"，"天下"谓天下自均、自得，后者乃前者的自然功效。犹如小河流入江海，亦是自然而归。而且，"在"和"与"皆作介词，相当于"于"。后世学者多以六十六章"江海所以能为百谷王者，以其善下之，故能为百谷王"之说，而谓此处"道"犹若"江海"、"天下"犹若"小谷"。如苏辙曰："江海，水之钟也；川谷，水之分也。道，万物之宗也；万物，道之末也。皆水也，故川谷归其所钟；皆道也，故万物宾其所宗。"又如释德清曰："由是而知道在天下，为万物之宗，流润无穷，犹川谷之于江海也。"此说流布久远，今学者亦多从之，然实皆是误读经文：不仅文失其对，其义亦非。就义理而言，此处以"小谷"自归于"江海"（即王《注》所谓"非江海招之"）之例，以喻"行道"而化成天下的自然功效；六十六章则言"江海"何以能汇聚众流而为"百谷王"，即"以其善下之"，有"招之"之意。二说所欲明之理有别，故不可以彼类此。

又，"譬""犹"之说也表明：此二句与上文"始制有名。名亦既有，夫亦将知止。知止所以不殆"之说关系密切，即经文欲以此二句所彰显的"自然性"以申"制名"与"用名"之法：因循自然、于名无执。

【翻译】

道总是无可命名。它质朴（混沌），虽微眇无形，天下却没有人敢宰制它。侯王如能持守、顺应它，万物将自来宾服。天地之气和合而降甘露，（因其顺应自然之道，）虽无人指使，却自能均平地润泽万物。

（人类质朴、混沌的生存状态"消散"之后，）就有了名号的创制。名号产生之后，应当知道适可而止。知止的功用在于没有危殆。行道之于天下运化，就像小河流向江海，自然而然。

【解义】

本章重在言道的质朴性及其自然运行的神妙之功，并因而引出"侯王"治世所当循之法，即：持守质朴、顺应自然。如此，便可成就"民莫之令而自均"式的大化之功。本章还指出：若质朴"消散"，需创制名教，亦当因物制宜、顺应自然，不可徇名悖实。否则，必将有危殆之忧。

三十三章

知人者智， 自知者明^[一]。

胜人者有力， 自胜者强^[二]。

知足者富^[三]， 强行者有志^[四]， 不失其所者久^[五]， 死而不亡者寿^[六]。

【注释】

[一] 知人者智，自知者明：王《注》："知人者，智而已矣，未若自知者，超智之上也。……用其智于人，未若用其智于己也。……明用于己，则物无避焉。"其说颇申治己为治人之本之意。

[二] 胜人者有力，自胜者强："强"，有力、强健。此"强"与前句"有力"相对应，谓"真有力"（"真强"）。

王《注》："胜人者，有力而已矣，未若自胜者，无物以损其力。……用其力于人，未若用其力于己也。……力用于己，则无物改焉。"蒋锡昌曰："按：五十二章'守柔曰强'、七十三章'天之道，不争而善胜'、七十六章'故坚强者死之徒，柔弱者生之徒'，是'有力'，乃坚强好争之义；'强'，乃柔弱不争之义。'胜人者有力，自胜者强'，言坚强好胜，而以胜人为务者，是有力也；柔弱不争，而以自胜为务者，是强也。'有力'谓俗君，'强'谓圣人。"说皆可参。

［三］知足者富：“知足”，即“知止”，亦即知晓止于何处。“富”，此
　　喻德之厚。

　　　“足”与“止”义同，本皆谓脚。脚（“足”）动则“行”，其静亦
　　曰“止”。动则有其“所向”，静则有其“所处”。无论是“所向”
　　抑或是“所处”，皆可谓之“止”。此“止”意味着相应的取舍，
　　亦即一定的意义指向。《大学》：“大学之道，在明明德，在亲民，
　　在止于至善。知止而后有定，定而后能静，静而后能安，安而后
　　能虑，虑而后能得。”“得”者，“行有所得也”（《说文》）。“有
　　所得”则“富”（《说文》：“富，备也。一曰厚。”），此“得”、此
　　“富”显然是就德行而言。

［四］强行者有志：“强行”，谓勉力而为，义犹四十一章“上士闻道，
　　勤而行之”之“勤而行之”。

　　　王《注》：“勤能行之，其志必获，故曰‘强行者有志’矣。”

［五］不失其所者久：“不失其所”，谓不失其所当处之地。此既可曰
　　不惑于物，亦可曰不徇于名，或可曰守住自己立身处世的根
　　本等。

　　　四十四章曰：“故知足不辱，知止不殆，可以长久。”五十九章
　　亦云：“是谓深根固柢、长生久视之道。”“不辱”“不殆”“深根
　　固柢”“长生久视”等，皆是从功效上言“不失其所”，与此句
　　义通。

［六］死而不亡者寿：“不亡”，谓其道长存。

　　　王《注》：“虽死而以为生之，道不亡乃得全其寿。身没而道犹
　　存，况身存而道不卒乎？”

【翻译】

能知他人者为"智"，能自知者为"明"。

以力胜人者为"有力"，克己守弱者为"强"。

知止而有所得者为"富有"，勉力而行者为"有志"，不失其当处之地者为"长久"，身虽死而其道长存者为"长寿"。

【解义】

本章通过揭示"明""强""富""有志""久""寿"等概念的内涵，以明得道之德的诸种表现，故河上公以"辩德"名本章。同时，通过对比"智"与"明"、"有力"与"强"的内涵之异，本章也展现了治己为治人之本的思想。

三十四章

道泛兮，其可左右[一]。

万物恃之而生而不始[二]，成功而不名有[三]，衣养万物而不为主[四]。常无欲，可名于小[五]；万物归焉而不为主，可名为大[六]。

是以圣人之能成大也[七]，以其不为大，故能成大[八]。

【注释】

[一] 道泛兮，其可左右："道"，今王本作"大道"，此据西汉简、
帛本与王《注》正。"泛"，经文原作"氾"："泛"义为漂浮，
"氾"则谓水之漫溢横流状，在此喻道流行周遍。"氾"字后废，
皆写作"泛"。"左右"，义与"泛"同，且正是对"泛"的进一
步解说。

王《注》："言道泛滥无所不适，可左右上下周旋而用，则无所不
至也。"

[二] 万物恃之而生而不始："恃"，依赖。"之"，谓道。"始"，王本原
作"辞"，此据经义与二章"注[八]"正。"不始"，在此义为
不造作生事，喻无为。"不始"与下文"成功而不名有""衣养万
物而不为主"的主语相同，皆为道。

[三] 成功而不名有：王本原作"功成不名有"，此据西汉简、帛本正。
"名"，在此义为言说。"不名有"，即不言其功。

[四] 衣养万物而不为主："衣"，谓遮蔽、覆盖。"衣养"，普遍地
生养。

[五] 常无欲，可名于小："无欲"，谓淡泊无为。"小"，既与"眇"
（喻道的无形无象之状）义通，结合下文"大"字，此"小"亦
有"大小"之"小"义。

河上公曰："道匿德藏名，怕（引按："怕"即淡泊之"泊"的本
字）然无为，似若微小也。"吴澄云："常无欲，谓其无心也。"
说皆是。

［六］万物归焉而不为主，可名为大："归"，归往。"大"，此是就道的化生万物而又无所执着之德而言。此德不测，不可言说，无物可比，故勉强谓之曰"大"。

王《注》："万物皆归之以生，而力使不知其所由。此不为小，故可名于大矣。"

［七］是以圣人之能成大也：王本原无此句。西汉简、帛与傅奕、林希逸、吴澄等世传本皆有此句，惟其文稍异，王本显有夺文。此据帛书本补。

［八］以其不为大，故能成大：王本原作"以其终不自为大，故能成其大"，此据西汉简、帛本正。"不为大"，谓不有意或不执意成为"大"，其义上通于"常无欲"之说，皆是强调"怕然"无为之意。

【翻译】

道之流行有若洪水泛滥，无所不至。

万物皆赖道而生，而道并不造作生事。道虽有此成就，却不言其功；虽抚育万物，无有遗漏，却不宰制它们。道之流行自然无为，（微眇无形，）可称其为"小"；虽为万物所归往，却不作主宰，故又可称其为"大"。

因此，圣人之所以能成就其"大"，是因为他不有意成为"大"，所以能成就其"大"。

【解义】

本章之义分为两层：首先，经文颂扬了道的周流普遍、"体物而不遗"(《中庸》)的化育之功，并基于道的"自然性"引出了"小大之辨"。而无论视道为"小"抑或是"大"，实则皆是其"自然性"的展现。其次，经文进而由天道以言人道：圣人之所以为圣人、之所以能成就其"大"，亦在于他能不有意为"大"，"怕然无为"。

三十五章

执大象^[一]，天下往^[二]。往而不害，安平太^[三]。

乐与饵，过客止^[四]。故道之出言^[五]，淡乎其无味^[六]。视之不足见，听之不足闻^[七]，用之不可既也^[八]。

【注释】

[一]执大象："执"，谓执守不失。"大象"，喻道。

《道德经》之所以以"大象"言道，乃在于道非具体事物，"视之不见""听之不闻""搏之不得"（十四章），显现为恍惚之"象"（二十一章："惚兮恍兮，其中有象。"）。又，道虽无形、"不可把捉"，然又为天地万物之"始"与"母"，超乎具体物象，故曰"大象"。

[二]往：归往。

王《注》："主若执之，天下往也。"河上公曰："圣人守大道，则天下万民移心归往之也。”说皆可参。

[三] 往而不害，安平太："不害"，既是言人君不伤害天下，亦是言万物之间互不伤害。"安"，通作"焉"，义犹乃、则、于是。"太"，"泰"之古文，本谓滑顺，引申有宽裕自如等义。"平太"，谓和平、公正、宽裕、自在等。此是老子对于"王道"社会之本质的设定。

王《注》："无形无识，不偏不彰，故万物得往而不害妨也。"河上公曰："万民归往而不伤害，则国安家宁而致太平矣。治身不害神明，则身安而大寿也。"说皆可参。

[四] 乐与饵，过客止："乐"，谓"歌吹舞蹈之声容"（吴澄语）。"饵"，谓美食。"过客"，即行人。"止"，停留。

此二句以易于感动人心的美音和美食为喻，以引出、映衬下文关于道的平淡无奇之说。

[五] 故道之出言：今王本作"道之出口"，此据诸简、帛与范应元等本正。"出言"，说出来。

[六] 淡乎其无味："淡"，味道清寡。"无味"，与"淡"字相呼应，喻言"道"之言平淡无奇，似无任何吸引人之处。

王《注》："言道之深大。人闻道之言，乃更不如乐与饵，应时感悦人心也。乐与饵则能令过客止，而道之出言淡然无味。"

[七] 视之不足见，听之不足闻："不足"，不值得。

正因为道"不足见""不足闻"，言道之言也才是"淡乎"而"无味"的。

[八] 用之不可既也："不可既也"，今王本作"不足既"，此据诸简、

帛本与王《注》正。"既"，尽、穷。

王《注》："若无所中然，乃用之不可穷极也。"

【翻译】

君王若守道不背，天下将归往之。天下归往于王而无所伤害，便是和平、公正与安泰之世。

美音和美食易于吸引行人，使其驻足不前。因此，道之被说出来，寡淡而无味。视之而不值得看，听之而不值得闻，（然而）它的功用却不可穷尽。

【解义】

本章指出：人君倘能顺道而治（即"执大象"），将会实现王道之化（即"天下往。往而不害，安平太"）。道虽有此功，却显得"平淡无奇"，"毫无吸引力"。故四十一章曰："下士闻道，大笑之。不笑不足以为道。"不过，正是在这种"平淡无奇"中，道才展现出无穷无尽的化育之功。因为，道的展开本来就是自然而然、"平淡无奇"的。

三十六章

将欲歙之[一]，必固张之[二]；将欲弱之，必固强之；将欲废之，必固举之[三]；将欲夺之，必固与之[四]。是谓微明[五]。

柔弱胜强^[六]。　鱼不可脱于渊，　国之利器不可以示人^[七]。

【注释】

[一] 将欲歙之："歙"，收缩、闭合，与下文"张"字义相对。

[二] 必固张之："固"，通作"姑"，暂且、先。"张"，伸张、扩张。

自首句"将欲歙之"至下文"必固与之"，《道德经》此数句似有
伸张权术之嫌。对此，注家多从"道法自然"、乘理守弱或"反
者道之动"等角度予以解说，以免误读。如苏辙曰："势不极则
取之难，理不足则物不服。然此几于用智也，与管仲、孙武无
异。圣人与世俗，其迹固有相似者也。圣人乘理，而世俗用智。
乘理如医药，巧于应病；用智如商贾，巧于射利。圣人知刚强
之不足恃，故以柔弱自处。天下之刚强，方相倾相轧，而吾独柔
弱以待之。及其大者伤、小者死，而吾以不校，坐待其毙，此
所谓胜物也。虽然，圣人岂有意为此以胜物哉？知势之自然而居
其自然耳。……圣人居于柔弱，而刚强者莫能伤。非徒莫能伤
也，又将以全制其后，此不亦天下t之利器也哉？"又如范应元
曰："天下之理，有张必有翕，有强必有弱，有兴（引按：当作
"举"，下同。辨见下文）必有废，有与必有取，此春生夏长、秋
敛冬藏、造化消息盈虚之运固然也。然则张之、强之、兴之、与
之之时，已有翕之、弱之、废之、取之之几伏在其中矣。……或
者以此数句为权谋之术，非也。圣人见造化消息盈虚之运如此，
乃知常胜之道是柔弱也，盖物至于壮则老矣。"吴澄亦云："老子

谓'反者道之动'，又谓'玄德深矣远矣，与物反矣'，故其所为大概欲与人之所见相反，而使人不可测知，故借此八者相及之四事设譬，而归宿在下文'柔胜刚，弱胜强'六字，……孙、吴、申、韩之徒，用其权术陷人于死，而人不知，论者以为皆原于老氏之意，固其立言之不能无弊有以启之，而遂谓天下谁敢受老氏之与者哉？则因其言并疑其心，亦过矣。"今人高亨亦云："此诸句言天道也。或据此斥老子为阴谋家，非也。老子戒人勿以张为可久，勿以强为可恃，勿以举为可喜，勿以与为可贪也。故下文曰'柔弱胜刚强'也。"说皆可参。

[三] 将欲废之，必固举之："废"，废除、弃置。"举"，王本原作"兴"，此据西汉简、帛本及经义正，谓荐举、选拔、兴起等。

[四] 将欲夺之，必固与之："夺"，夺取。"与"，义为给予。

[五] 微明："微明"，义为微眇、隐秘或幽昧之"明"，且"明"谓"明白"或通达。

"微明"之"明"之所以曰"微"，乃是针对世俗之人而言：俗人昧于道，不达"自然"之理、"柔弱"之用或"反复"之功，常恃强取刚，因而常败。

[六] 柔弱胜强：王本原作"柔弱胜刚强"，此据西汉简、帛本正。

经文虽无"刚"字，"强"亦有"刚"义。故"柔""弱"胜"强"，实即曰"柔""弱"胜"刚""强"。

[七] 国之利器不可以示人："利器"，谓兵器。"示"，义为显露或展示。

范应元曰："利器，兵器也。……河上公以权道为利器，韩非以

势为渊、以赏罚为利器，子由以柔弱为利器，王雱以刚强为利
器，遂使后人疑此章为权谋之术，皆不得老氏之义也。盖老氏谓
兵事好还，不得已而以禁暴除乱，不可以兵取强；谓强梁者不得
其死，不如柔弱；谓圣智、仁义、巧利本欲以利民，而其末至于
有害，以为不若相忘于道德。此知几也，故切切明夫人不可离于
道，譬之鱼不可侻于渊也。"说诚是。

【翻译】

将要收合它，必（因其性）先伸张它；将要弱化它，必（因其
性）先强健它；将要废弃它，必（因其性）先兴举它；将要剥夺它，
必（因其性）先给予它。（倘能如此，）则可称之为"微明"。

柔弱胜于刚强。鱼不可以脱离深渊，国家的利器也不可以（随意
地）示人。

【解义】

本章历来颇受误读，老子也因此多被误解，乃至其人、其书也被
视为阴谋之祖、权术之源。良可叹也！实则本章内容始终围绕着"柔
弱胜强"之旨而展开：首先，本章的立论基础是"反者道之动"与
"弱者道之用"（四十章）之理。基于此理，可以见事物之所谓张大、
强盛或荣耀等之不可久与不足恃。相应地，经文便引出了守柔尚弱的
思想宗旨。其次，无论是"反者道之动"还是"弱者道之用"，皆是道
的"自然性"的展现。因此，若"将欲除强梁、去暴乱"（王《注》），
不得已而以"张之""强之""举之""与之"之法，以实现"歙

之"'弱之"'废之"'夺之"之目的，本质上皆是顺其自然、乘其之理而成，而非任心运智、玩弄权术之所致。再次，正因为崇尚柔弱，经文才又云"国之利器不可以示人"。一方面，"利器"乃是"强大"的象征，"不示人"即是虽"强"而示以"弱"，以明不与人争之意；另一方面，"利器"本来能利国利民，然较之于道，毕竟为末，倘轻易示于人，则必启其贪强好利之争，而生弃本逐末之患。

三十七章

道常无为[一]。

侯王若能守之[二]，万物将自化[三]。化而欲作[四]，吾将镇之以无名之朴[五]。无名之朴，夫亦将不欲[六]。不欲以静[七]，天下将自定[八]。

【注释】

[一] 道常无为：王本原作"道常无为而无不为"，此据郭店简、汉简二本正。"无为"，"顺自然也"（王《注》）。

[二] 守之："守"，持而不失。"之"，无为。

[三] 自化："化"，本谓教化，经文此"化"，既有"教化"义，亦有"生化""化育"之义。"自化"，既曰自生自长，亦曰"自我教

化"。所谓"自我教化",只是表面上如此,实则是侯王因民之性、"处无为之事,行不言之教"(二章),民感此风、潜移默化而已。

[四] 欲作:"欲",欲想、想要。"作",本谓起身,引申有作为、造作之义。"欲作",谓有所作为。

王《注》:"化而欲作,作欲成也。"河上公训"欲作"云:"复欲作巧伪者。"均是从"有为"处立义,故下文曰"镇之以无名之朴"。

[五] 吾将镇之以无名之朴:"镇",通作"贞",正也、安也、定也。"无名之朴",不可命名之"朴"。

[六] 无名之朴,夫亦将不欲:"不",王本原作"无",此据诸简、帛本及经义正。"不欲",与下文"不欲以静"形成顶真句式。这种表达方式既有强化语气之功,又有深化义理之效。

"不欲"之"欲",非谓"贪欲",而是指上文"化而欲作"之"欲"。本章通过三处论"欲",尽彰其"无为而治"之旨,即:本章先曰"侯王"若能无为而治,则"万物将自化";次曰若"化而欲作",即天下若有背"无为"而欲"有为"者,则"侯王"需以"无名之朴"而"镇(贞)"之;"镇(贞)之"的结果,便是"夫亦将不欲",即使其由"欲作"返回于"无为"的状态;继而曰"不欲以静,天下将自定",则是以"静"与"自定"以明"不欲"("无为")的功效。

[七] 不欲以静:"以",义为则、乃。"静",既曰安静,又有和义:"和"则"静","静"则"和",二义本一体不分(辨见十六章"注[二]")。

［八］天下将自定：“定”，正也、安也。此句义为：万物将会自正与
　　自安。

【翻译】

　　道之运行恒常无为。

　　侯王治世如能无为，万物将自行化育。在生生化育中，若有人想
有所作为，“我”将以“无名之朴”端正他。以“无名之朴”端正他，
他便会复归于不欲有为的状态。不欲有为则平和、宁静，天地万物将
会自正与自安。

【解义】

　　本章基于道体“无为”的恒常性，以论“无为”之功与王治之法。
四十八章曰：“无为而无不为。”本章虽未言“无不为”，然其义自在。道
体无为而化育万物，同样，“侯王”欲化成天下，成王治之功，亦需恪
守“无为”之道、顺物遂性。倘能如此，天下自然会“自化”与“自
定”。五十七章曰：“我无为而民自化，我好静而民自正。”亦是此意。

道德经　下篇

三十八章

上德不德，是以有德[一]；下德不失德，是以无德[二]。

上德无为而无以为[三]，上仁为之而无以为[四]，上义为之而有以为[五]，上礼为之而莫之应，则攘臂而扔之[六]。

故失道而后德，失德而后仁，失仁而后义，失义而后礼[七]。夫礼者，忠信之薄而乱之首[八]。

前识者，道之华而愚之首[九]。是以大丈夫处其厚、不居其薄[十]，处其实、不居其华。故去彼取此[十一]。

【注释】

[一]上德不德，是以有德："上德"，谓上德之人。"不德"，不执着于德，亦即虚、无其德。此既谓上德者不追求"德"，亦是说其不自恃有"德"。

王《注》："德者，得也。常得而无丧，利而无害，故以德为名焉。何以得德？由乎道也。何以尽德？以无为用，则莫不载也。故物无焉则无物不经，有焉则不足以免其生。是以天地虽广，以无为心；圣王虽大，以虚为主。故曰：以复而视，则天地之心见；至日而思之，则先王之至睹也。故灭其私而无其身，则四海莫不瞻、远近莫不至；殊其己而有其心，则一体不能自全、肌骨不能相容。是以上德之人，唯道是用，不德其德，无执无用，故能有德而无不为。不求而得，不为而成，故虽有德而无德名也。"

王说甚善：既通达经义，又尽彰其蕴。

又，关于"上德"及后句"下德"，王弼训以"上德之人"或"下德之人"，河上公、严遵则释以"上德之君"或"下德之君"（下文"下仁""下义"等，二氏亦皆以"君"视之）。如河上公曰："上德谓太古无名号之君，德大无上，故言上德也。不德者，言其不以德教民，因循自然，养人性命，其德不见，故言不德也。言其德合于天地，和气流行，民得以全也。下德谓有号谥之君，德不及上德，故言下德也。不失德者，其德可见，其功可称也。以有名号及其身，故无德也。"其后学者或从王说，或从河上公等说。二说均通，且义有交融。

[二] 下德不失德，是以无德："不失德"，谓欲不丧失其德。

王《注》："下德求而得之，为而成之，则立善以治物，故德名有焉。求而得之，必有失焉；为而成之，必有败焉。"

[三] 上德无为而无以为：今王本作"上德无为而无以为，下德为之而有以为"，此据帛书本、王《注》及经义正。"无以为"，谓无意无必，义犹《庄子·应帝王》"顺物自然而无容私焉"。

王《注》："无以为者，无所偏为也。凡不能无为而为之者，皆下德也。"成《疏》："以，用也。上德无为，至本凝寂，而无以为，迹用虚妙。此明无为而为、为即无为也。"林希逸曰："以者，有心也。无以为，是无心而为之也。"说皆相通。

［四］上仁为之而无以为："上仁"，谓"仁"之至者，其在"下德"中处于最高层次。

"上仁"虽能致"无以为"之功、有因循自然之效，然其尚有"为之"之行，故较于"上德"为次。王《注》："（上仁）足及于无以为而犹为之焉。为之而无以为，故有有为之患矣。本在无为，母在无名。弃本舍母，而适其子，功虽大焉，必有不济；名虽美焉，为亦必生。不能不为而成、不兴而治，则乃为之。故有宏普博施仁爱之者，而爱之无所偏私，故上仁为之而无以为也。"其说甚达，且指明：尽管皆可致"无以为"之功，"上德"与"上仁"之间却有着云泥之别，即"上德"的"无以为"乃是因循无为而成（"不为而成、不兴而治"），"上仁"的"无以为"则是有意为之而致（"宏普博施仁爱"）。故"上德"与"上仁"之别，唯在于能否抱本或守母（"本""母"皆喻无为或自然）。"上仁"因为"弃本舍母"，其"功虽大焉"，然"必有不济"。其"名虽美焉"，然"为亦必生"。观王《注》，则老子此章的崇本之旨昭彰无遗矣。

［五］上义为之而有以为："有以为"，义与"无以为"相对。"无以为"既曰无意无必、"无所偏私"、顺物自然，"有以为"则谓有所意必、虑事之宜、不能顺物自然。

"上义"亦为"下德"的表现，然较之"上仁"，又斯为下也。之所以如此，乃在于"上义"不能如"上仁"可达"无以为"之功，而有"有以为"之失。

［六］上礼为之而莫之应，则攘臂而扔之："莫之应"，无人响应。

"攘"，通作"纕"，捋袖出臂。"扔"，牵引、拉扯。"攘臂而扔之"，谓捋袖出臂、强人以从己。

较之于仁、义，礼作为规范或仪则具有相对的稳定性。若与道脱节，礼更易沦为僵化的教条、繁缛的仪则或虚伪的形式，为人所厌、以致见弃，是曰"莫之应"。相应地，上礼者便有"攘臂而扔之"之举。

［七］故失道而后德，失德而后仁，失仁而后义，失义而后礼："失"，本谓丧失，引申有违背或沦丧之义。四句之"失"字可随文取义。文中之"德"，既为"失道之德"，则已非合于道之"德"，即不是"至德"或"上德"。

王《注》："万物虽贵，以无为用，不能舍无以为体也。舍无以为体，则失其为大矣，所谓失道而后德也。……不能无为，而贵博施；不能博施，而贵正直；不能正直，而贵敬饰。所谓失德而后仁，失仁而后义，失义而后礼也。"此说义颇精粹：既彰显了崇本之旨，又明示了弃本所导致的道之不断下坠的后果。

［八］忠信之薄而乱之首："薄"，浅。"首"，谓开端或起源。

蒋锡昌曰："忠信质衰，则务外饰；务外饰，则生诈伪；生诈伪，则祸乱起焉。是礼实产于忠信之薄，而为乱之首，故曰'礼者，忠信之薄而乱之首'也。"说可参。

［九］前识者，道之华而愚之首："前识"，谓"先知"或"前知"，先于人而知，《韩非子·解老》曰："无缘而妄意度也。""者"，语气词。"道之华"，即道之虚华，谓"前识"之人弃本逐末、"离质尚文"（范应元语），其所得非为道之实，徒获其表也。"愚之

首"，今王本原作"愚之始"，此据西汉简、帛与《韩非子·解
老》、王《注》正。"首"，始也。

"前识"乃承上句"夫礼者，忠信之薄而乱之首"而发，其非谓
达道之知，而是指弃本（道）逐末之见，故下文曰"道之华而愚
之首"。

[十]大丈夫处其厚、不居其薄："大丈夫"，谓得道者。"厚""薄"，
分别喻谓本、末。

王《注》："载之以道，统之以母，故显之而无所尚，彰之而无所
竞。……守母以存其子，崇本以举其末，则形名俱有而邪不生，
大美配天而华不作。故母不可远，本不可失。"其以本、母和末、
子释厚、薄，且彰守母存子、崇本举末之义，颇得经旨。

[十一]去彼取此："彼""此"，分别指"薄"与"华"、"厚"与"实"。

【翻译】

上德者虚、无其"德"，因而有"德"；下德者执着于其"德"，
欲不丧失，因而无"德"。

上德之人顺物自然，无意无必，无所偏私；上仁之人虽有所作
为，然因博施仁爱，故亦能无所偏私；上义之人有所作为，虑事之宜，
而有意必；上礼之人有所作为而不得响应，于是捋衣出臂以强人从之。

因此，大道沦丧便以德为贵，德若衰败便推崇仁，仁若丧失便高
扬义，义若不存便执着于礼。礼产生于忠信衰薄之时，是祸乱之源。

（倘若弃本逐末，）所谓的"先知""先见"，不过是徒得道之浮表
而为愚昧之源。所以，大丈夫坚守道德之本而不追慕末流，持存敦厚

而不崇尚虚华。因此舍弃薄、华而持取厚、实。

【解义】

　　本章通过展示"德"之分化及其后果，以明崇本之旨和取舍之要。首先，"德"可分上、下，即"上德"与"下德"。"上德"为循道尚无、虚而自然之"德"。不能如此而有所为者，皆属"下德"。在伦理政治上，虚无自然也是"上德之君"（或"大丈夫"）展现出的主要品格。其次，作为有为之"德"，"下德"据其"无以为""有以为"或"莫之应"之效，而亦有层次之分，此即仁、义、礼之别。这种区别既是源于道不断"下坠"的现实，也是人们弃本逐末、舍质尚文之行所导致的不同结果。世间之祸乱、人生之暗昧，皆由乎此。最后，本章也指明了立身处世的"居处"之要（即抱本守母）和"去取"的标准（即尚"厚"弃"薄"）。

三十九章

　　昔之得一者[一]：天得一以清[二]，地得一以宁[三]，神得一以灵[四]，谷得一以盈[五]，侯王得一以为正[六]。

　　其致之[七]：天毋已清将恐裂[八]，地毋已宁将恐发[九]，神毋已灵将恐歇[十]，谷毋已盈将恐竭[十一]，侯王毋已贵以高将恐蹶[十二]。

　　故必贵以贱为本，必高以下为基[十三]。是以侯王自谓孤、寡、不穀[十四]。 此其贱之本邪[十五]！ 非乎？ 故致数舆无舆[十六]。 不欲琭琭如玉， 珞珞如石[十七]。

【注释】

[一] 昔之得一者："昔"，过去、从前，此谓事物如其所是、其性未失之时。"一"，谓纯一不杂，喻事物如其所是的本来状态，亦即大道未丧、物皆"不德"（三十八章）的混沌、质朴状态。

关于经文"昔"，学者多从宇宙论的角度释之。说恐不确。王《注》："昔，始也。"此"始"与一章"无名万物之始"之"始"义通，皆可喻事物的本来面目。

注家解"一"，说亦纷纷：或曰"道"，或曰"道之和"，或曰"无为"，或曰"冲虚之德"，或曰"一致"或"统一"，等等。"一"在古代思想中含蕴丰富：它作为计数的起点（即王《注》曰"数之始"），既可意味着事物的源起，又可因此源起义而指事物"纯一不杂"（或"本来面目"）的性状。同时，"一"又有一体不分之义。如《庄子·逍遥游》"之人也，之德也，将旁礴万物以为一"之"一"。此意义之"一"，有若混沌。又，《庄子·天下》论"古之道术"曰："古之所谓道术者，果恶乎在？曰：无乎不在。……圣有所生，王有所成，皆原于一。"又论老子之学曰："建之以常无有，主之以太一。"此二处之"一"或"太一"，其作为万物之宗即是言道。就本章而言，此"一"以及下文"天得一以清，地得一以宁……"之"一"，训道固可，然细审其义，诸"一"实则倾向于指一物之所以为其所是者，即：经文诸"一"，皆谓各物的"纯一不杂"，它意味着某物之所以为某物的本质。故王《注》又曰："一，……物之极也。各是一物之生，所以为主也。"作为"万殊（万物）"之性的表现，此意义之"一"亦是源于作为道的"一"。范应元曰："物有万殊，道惟一本。天得之以清，地得之以宁，……是以各由其一而不自以为德也。"经文在此之所以言"一"，当是从源起（即"昔"字所示）的角度，强调"纯一不杂"之于事物存在的本质意义。

[二]天得一以清："清"，清明。河上公曰："言天得一故能垂象清明。"

[三]地得一以宁："宁"，定、静。河上公曰："言地得一故能安静不动摇。"地以载物，唯其安静不动摇方能载持万物。

[四]神得一以灵："灵"，神妙、精明。河上公曰："言神得一故能变化无形。"

"灵"本谓巫者，《说文》："灵，巫也。以玉事神，从王。"段《注》："楚人名巫为'灵'，……。引申之义，如……毛公曰：'神之精明者称灵。'"经文此"灵"，即取其引申义，犹如毛公所谓"精明"之谓，此是神之所以为神者。

[五]谷得一以盈："谷"，河谷。"盈"，满。"谷"之所以成其为"谷"，唯在于其虚而能"盈"。

[六]侯王得一以为正：王本原作"万物得一以生，侯王得一以为天下贞"，此据西汉简、帛本及经义正。"正"，端正、平正。此句义为："侯王"得"一"，则端正不邪。

[七]其致之："致"，警示。

关于此句的隶属，注家向来有二说：一为属其于上述诸句之末，以总结诸句之义。如王《注》："各以其一，致此清、宁、灵、盈、生、贞。"二为属其于下文之首，以启发下文之义。就后一情形而言，注家解"致"仍有分歧。如河上公训"致"曰"诫"，取警示之义。范应元则训"致"以"推致"，犹今所谓"推而言之"。表面上看，无论是王弼抑或范应元之说，于义皆通。但若结合下文诸"毋已"之说，当以河上公说为是。

[八] 天毋已清将恐裂："毋已"，王本原作"无以"（下同），此据西汉简、帛本及经义正。"毋已"，即"毋以"，不用，义犹不可依赖、不可依仗。"将恐"，义犹"恐怕将会……"。"裂"，分裂、崩裂。"毋"乃禁止之辞。顺其义，上文"其致之"一句，若作为下文诸"毋已"句的"启发"之言，似当取河上公"致诫"之义。

[九] 发：通作"废"，谓倾覆。

[十] 歇：息也，谓消亡。

[十一] 竭：枯竭。

[十二] 侯王毋已贵以高将恐蹶：王本原作"万物无以生将恐灭，侯王无以贵高将恐蹶"，此据西汉简、帛本及经义正。"贵以高"，即"贵而高"。"蹶"，本谓跌倒，此谓倾覆或败亡。

关于以上诸句之义，王《注》总结曰："清不能为清，盈不能为盈，皆有其母，以存其形。故清不足贵，盈不足多，贵在其母，而母无贵形。"其说极申持本（母）致用之旨。

[十三] 故必贵以贱为本，必高以下为基："必贵以""必高以"，王本原作"贵以""高以"，此据西汉简、帛本补二"必"。

　　基于"本""基"之喻，老子对于"贵"与"贱"、"高"与"下"的取舍态度已尽显。这一态度既有崇本抑末之意，又与后章"弱者道之用"之说相通。严遵本将本章与后章（四十章）合为一章，或非偶然。

[十四] 是以侯王自谓孤、寡、不穀："孤"，独也，此谓独无德能。"寡"，少也，此谓少德。"不穀"，"犹不善也"（成玄英语）。作为侯王之自称，"孤""寡"与"不穀"义通。

　　此句承上文"必贵以贱为本，必高以下为基"而发，"孤""寡""不穀"皆为侯王自贬之谦辞。

[十五] 此其贱之本邪：王本原作"此非以贱为本邪"，此据西汉简、帛本正。"此其贱之本"，义即"此是以贱为本的表现"。

[十六] 故致数舆无舆："致"，求取、获得。"数"，义犹"多"。"舆"，通作"誉"，美誉、赞誉。

[十七] 不欲琭琭如玉，珞珞如石："不欲"，谓不想或不愿。"琭琭"，玉之贵貌。"珞珞"，石之贱状。

　　"不欲琭琭如玉，珞珞如石"，其义正与《庄子·天下》关于老子思想"人皆取先，己独取后""以濡弱谦下为表"的思想概括相合。

【翻译】

　　最初，万物皆得"一"而成其所是者：天得"一"则清明，地得"一"则安定，神得"一"则神妙，河谷得"一"则能充盈，王侯得"一"则平正。

需要警戒的是：天不可依仗其清，（否则，）恐将会崩裂；地不可依仗其宁，（否则，）恐将会倾覆；神不可依仗其灵，（否则，）恐将会消亡；河谷不可依仗其能盈，（否则，）恐将会枯竭；侯王不可依仗其尊贵与崇高的位势，（而为所欲为。否则，）恐将会败亡。

因此，尊贵必定是以卑贱为根本，崇高必定是以低下为基础。因此，侯王自称曰"孤""寡"或"不穀"。这种自称便是以卑贱为根本的表现啊！难道不是吗？

因此，欲求多誉，反而会导致无誉。（所以，）不想如玉之美贵，而愿如石之卑下。

【解义】

关于万物之何所来以及物之何以能成其所是等问题，本章以"昔之得一者"之说进行了解答，展现了"一"的内涵的丰富性与复杂性。进而，本章大张持本致用之道，强调持本、守母对于物之存在及其发用的基础性地位。由于以卑贱为本，本章遂引出了"持卑守贱"的处世立场。

四十章

反者道之动[一]，　弱者道之用[二]。

天下之物生于有[三]，　有生于无[四]。

【注释】

［一］反者道之动："反"，复也、归也。"动"，谓运行。此句义为：道之运行表现出"复""归"的态势。

"反"本谓翻转、颠倒（《说文》："反，覆也。"），引申有复归、往来之义。"往来"之"反"（即"复"），后写作"返"。而"返""复""归""还"等字，义均相通。"反"在此首先取"返"义。此句与二十五章"有物混成，……周行而不殆，……吾不知其名，字之曰道，强为之名曰大。大曰逝，逝曰远，远曰反"之说相通，可谓是对于后说的概括或总结。其次，在道之"返""复"中，事物将会发生"反覆"（即"颠倒"）之变，如"物壮则老"（五十五章）、"合抱之木，生于毫末；九层之台，起于累土；百仞之高，始于足下"（六十四章）等。此为经文"反"的第二义。基于此理，则流俗所谓有与无、难与易、高与下、福与祸等区别或对立便也非为定然。二章曰："故有无相生，难易相成，长短相形，高下相倾，音声相和，先后相随。"五十八章曰："祸兮福之所倚，福兮祸之所伏。"皆是明此理。

今人常以辩证法"对立统一律"附会"反者"之说，未达其义。

［二］弱者道之用："用"，谓功用、作用。此句义为：柔弱乃是"返""复"之道展现出的基本功用。

［三］天下之物生于有："之"，今王本作"万"，此据诸简、帛本与王《注》正。

［四］有生于无："有"，乃是统云事物及其存在。"无"，谓"虚化"或

"破除"诸"有"。

观学者论本章"有""无"，庶几皆不脱生成论或本体论的立场，均显拘泥。实际上，老子在展开其"有""无"思想时，多是从"实"与"虚"的角度发论，即："有（实）"作为对于"事物"及其存在的概称，包涵甚广，既可指器物制度、名言政教，亦可谓观念思想、态度方法等；相应地，"无（虚）"则是对诸"有（实）"的"虚化"或"破除"。就此而言，无"有（实）"则无"无（虚）"，是曰"有"生"无"或"实"生"虚"。在"有（实）"之持存中，常会滋生凝滞之弊。凝滞之所以滋生，或者源于"事物"本身的"老化"（如体制、方法的陈旧），或者源于"事物"发生的"异化"（如政教、观念的变异），或者源于人们对于"事物"的某种执着。凝滞若滋，桎梏便生，从而反制"事物"、伤及生生。欲破此弊，则须"无"有"或"虚""实"。"虚无"至乎其极，则凝解滞化。如此，则物遂其性，生生流行。就此而言，又可谓"有"生于"无"或"实"生于"虚"。《道德经》"有无相生"之说，诚非虚言。故二章倡曰："是以圣人处无为之事（引按：此是对"有为之事"的"虚无"），行不言之教（引按：此是对"有言之教"的"虚无"）。万物作焉而不始（引按：此是对"万物作焉而为始"的"虚无"），为而不恃（引按：此是对"为而恃"的"虚无"），成功而弗居（引按：此是对"成功而居"的"虚无"）。夫唯弗居，是以不去（引按："弗居"乃"虚无"的结果；"不去"作为"所得"，亦属"有"或"实"。因此，尾句实曰"有生于无"）。"

又，《庄子·天下》在概述老子思想时，亦是主要从上述"有""无"或"实""虚"关系的角度展开的，其曰："建之以常无有（引按："常无有"即谓"恒虚无"），主之以太一。以濡弱谦下（引按："濡弱谦下"，是"虚无""刚强"与"自矜"的结果）为表，以空虚不毁万物为实（引按："空虚不毁万物"，即谓"虚无"以"生物"或"成物"）。……人皆取先，己独取后（引按："己"之所以能"独取后"，乃是"虚无"流俗关于"先""后"的价值取舍的结果）。曰'受天下之垢'（引按：之所以能如此，亦是"虚无"流俗关于"净""垢"的价值取舍的结果）。人皆取实，己独取虚。[曰]'无藏也故有余'（引按："无藏"赖于"虚无"，"有余"作为"境界"，亦属"有"或"实"。此句亦是言"有生于无"）。"

不过，"虚无"并非意味着虚无主义。无论是作为工夫、方法或途径，抑或是作为境界、目的或结果，"虚无"皆随"道之动"而展开与成就。又，五章"解义"已曰："虚""无"与"自然"也相互蕴含——"自然"表现为"虚""无"，"虚""无"则展现为"自然"。唯能"虚无"，方得"道法自然"。

【翻译】

"反复"，是道之运行（的基本态势）；"柔弱"，是道展现出的（基本）功用。

天下之物皆生于"有"，"有"生于"无"。

【解义】

　　本章文虽简略，却精粹地点明了老子思想的要义，即"道之动"的"返复性"、"道之用"的"柔弱性"，以及万物生生与"有""无"之间的关系问题。这些内容在经文中时得展现或强调，是正确把握老子思想之管钥。

四十一章

　　上士闻道，勤而行之[一]；中士闻道，若存若亡[二]；下士闻道，大笑之[三]。不笑，不足以为道。

　　故建言[四]有之：明道若昧[五]，进道若退，夷道若纇[六]。上德若谷，大白若辱[七]，广德若不足[八]，建德若偷[九]，质真若渝[十]。大方无隅[十一]，大器晚成[十二]，大音希声[十三]，大象无形[十四]。道隐无名[十五]。

　　夫唯道，善贷且成[十六]。

【注释】

　　[一] 上士闻道，勤而行之："勤"，勤勉。奚侗曰："上智之士，信道甚笃，则勉强而行之。"

　　　　本章"勤而行之"，与三十三章"强行者有志"义通。故王《注》

以两章之文互训：其解本章"勤而行之"，曰"有志也"；而释彼章"强行者有志"，曰"勤能行之，其志必获，故曰强行者有志矣"。

[二] 若存若亡："若"，"犹或也"（高亨语）。"存"，谓明白或理解。"亡"，谓迷惑或困惑。此句义为：中士之于道似明非明、似知非知。

关于本句之义，注家多解以"若存若无"，亦有学者释曰"且信且疑"。说皆未安。"存"与"在""省"义相近，本皆谓"察"（参见《尔雅·释诂》）。而"察"者，义为仔细地辨析，引申有明白、知晓之义。本章之"存"，即谓明白或理解。"亡"本谓逃跑，引申有丧失之义。本章之"亡"，与"存"义相对。"存"既曰明白或理解，"亡"便谓"明"之丧失，义为迷惑或困惑。《老子指归》曰："中士所炫。"则严遵即是以"迷惑"解"亡"字（按："炫"者，《说文》曰"烂耀也"，引申有迷惑、惑乱之义）。

[三] 下士闻道，大笑之："笑"，谓讥笑或嘲笑，含轻侮之义。

三十五章曰："故道之出言，淡乎其无味，视之不足见，听之不足闻。""下士"好高骛远、蒙昧不达，其"闻道"而"大笑之"，实为自然。

[四] 建言："建"，设也、立也。

关于"建言"之义，注家主要有三说：其一曰"建言"即"立言"或"设言"，谓老子通过立言设喻（即下文"明道若昧"等句）以明道。其二亦曰"建言"即"立言"，然"立言者"则为古人或"圣人"。其三曰"建言"乃是古书之名。三说中，当以第一说为是。否则，"明道若昧"以下十数句便非老子所言，而是全引自古人或古书。然《庄子·寓言》述及阳子居问道于老子时，明引老子之言曰："大白若辱，盛德若不足。"其说与本章"大白若辱，广德若不足"，庶几文同。其所别者，唯在于"盛"与"广"之异。《后汉书·郎颛列传》引颛之上书云：《老子》曰：'大音希声，大器晚成。'"其所引之言亦是出自本章，且明谓"《老子》曰"。

又，本章所"建言"者，其义在他章中时得而见，如：十四章"视之不见名曰夷，听之不闻名曰希，搏之不得名曰微"，即与本章"大音希声，大象无形"义通；二十章"俗人昭昭，我独若昏"，即与本章"明道若昧"义通；二十八章"知其白，守其辱"，即与本章"大白若辱"义通；四十五章"大盈若冲"，即与本章"上德若谷"相通，等等。"建言"云云之出于老子，未可疑也。

［五］明道若昧："昧"，昏暗、不明。

王《注》："光而不耀。"

［六］夷道若纇："夷"，平坦。"纇"，本谓丝节，此喻崎岖、不平。

［七］大白若辱："白"，洁白。"大白"，犹曰至白。"辱"，谓黑或混浊。

"大白若辱"之"白""辱"，义犹二十八章"知其白，守其辱"之"白""辱"（参见是章"注［四］"）。

［八］广德若不足："广德"，广大之德。

王《注》："广德不盈，廓然无形，不可满也。"蒋锡昌曰：

"二十八章'常德乃足',三十八章'上德不德',六十五章'常知楷式,是谓玄德','广德'并与'常德'、'上德'、'玄德'谊同。'不足'即谦下卑弱之义。此言广德之人,谦下卑弱,若不足也。"皆得其义。

[九] 建德若偷:"建",立也。"偷",苟且。

本句"建"与"偷"对言。王《注》:"建德者因物自然,不立不施,故若偷匹。"苏辙曰:"建德若偷,因物之自然而无立者,外若偷惰,而实建也。"皆以"建"与"偷惰"(或"偷匹")对言。而"偷惰"或"偷匹"又非为真偷惰或真苟且,乃不欲"速务有所建"(王雱语)之谓,实喻"无为"。相应地,"建"则喻"有为"。以为"有为"方能"建立",正是流俗之见。

[十] 质真若渝:"质",质朴,或通作"至"。"质真",义犹至诚。"渝",本谓变污,此喻善变无信。此句义为:至朴之诚犹若善变无信。

王《注》:"质真者,不矜其真,故渝。"吴澄曰:"质、真皆实也,犹云实之实也。渝,不守信也。必守信而后为实,实之实者反若渝而不信。"吴氏以"不信"释"渝",甚达其"变"义。《孟子·离娄下》:"大人者,言不必信,行不必果,惟义所在。"亦是此意。

[十一] 大方无隅:"方",方正。"隅",角也。

方物必有其角,方角有棱而尖锐,由是而有伤物之虞。"大方无隅"者,既谓至大之"方"无棱角,亦谓此"方"无伤物之患。王《注》:"方而不割,故无隅也。"王《注》此意,后人常失之。

［十二］大器晚成："大器"，至大的器物。"晚成"，"很晚"才成就，喻涵养蓄积的必要性。

范应元曰："器之大者，真积力久，故晚而成。"其说颇得"晚成"之义。

［十三］大音希声："希"，通作"稀"，罕、少。"希声"，谓"大音"混沌，没有"声"的分别性。

古代"音""声"有别。《礼记·乐记》："凡音之起，由人心生也。人心之动，物使之然也。感于物而动，故形于声。声相应，故生变；变成方，谓之音。比音而乐之，及干戚羽旄，谓之乐。"又云："情动于中，故形于声。声成文，谓之音。"人心感物而有"动"，其发之于口，是为"声"；"五声（即宫、商、角、徵、羽）""相应生变"而"成方"（即"声成文"），是为"音"；"比音"合舞，是为"乐"。所以，"声"言分而"音"言合。王《注》："听之不闻名曰希，不可得闻之音也。有声则有分，有分则不宫而商矣。分则不能统众，故有声者，非大音也。""五声"有别，清晰可辨，是以"可得而闻"；"音"则为众"声"之"合"（按：此"合"亦有"和"义），为浑全，"不可得而闻之"。"大音"更是混沌，故曰"大音希声"。"希声"是说"大音"没有"声"的分别性，而非谓"寂寥无声"。就此而言，"希"又与"空无"之"无"有别。

［十四］大象无形："大象"，谓道之象状。王《注》："有形则有分。有

分者，不温则凉、不炎则寒。故象而形者，非大象。"

关于"大象"之义，经文多有论及。如十四章云："视之不见名曰夷，听之不闻名曰希，搏之不得名曰微。此三者，不可致诘，故混而为一。其上不皦，其下不昧，绳绳不可名，复归于无物。是谓无状之状、无物之象，是谓惚恍。"二十一章亦云："道之物，惟恍惟惚。惚兮恍兮，其中有象；恍兮惚兮，其中有物。"皆谓"道之象状"混沌恍惚，非一般事物之形状可比拟，故曰"无形"。

[十五] 道隐无名："隐"，通作"殷"，大也。"无名"，不可命名。此句义为：道因为"至大"而不可命名。

[十六] 善贷且成："贷"，通作"始"。"成"，终也。"善始且成"，谓善始善终。

【翻译】

上士听闻道，勤勉践行它；中士听闻道，似懂非懂；下士听闻道，大声嘲笑它。道若不被嘲笑，便不足以成其为道。

因此，立言设喻以下诸例以明道：光明之道犹若暗昧，前行之道犹若退却，坦荡之道犹若崎岖。至德犹若虚谷，至白犹若浊黑，广大之德犹若不足，立德之行犹若怠惰不为，至朴之诚犹若善变无信。至大之方没有棱角，（是以于物无伤）；至大之器（需要"涵养蓄积"，是以）"很晚"才能成就；至大之音（没有"五声"之别，是以）难以"听清"；至大之象（没有形体可见，是以）混沌"无形"。道因其大而无可称名。

唯有道，方能善始且善终。

【解义】

本章与三十五章之义相发明：彼章既云"道之出言，淡乎其无味，视之不足见，听之不足闻"，本章则曰"中士闻道，若存若亡；下士闻道，大笑之"，以此果（"若存若亡""大笑之"）而应对彼因（"无味""不足见""不足闻"）。尽管如此，平淡无奇之"道"却展现出至上之功与无尽之用，故彼章又曰"执大象，安平太""用之不可既也"，而此章亦云"夫唯道，善贷且成"。同时，本章还立言设譬，通过"明道若昧""上德若谷"等说模拟道、德的种种象状，以喻融"平淡性"和"至大性"于一体的道何以会"大"而"无名"。

四十二章

道生一，一生二，二生三，三生万物[一]。万物负阴而抱阳[二]，冲气以为和[三]。

人之所恶，唯孤、寡、不穀[四]，而王公以为称[五]。故物或损之而益，或益之而损[六]。

人之所教，亦我而教人[七]。故强梁者不得死[八]。吾将以为教父[九]。

【注释】

[一] 道生一，一生二，二生三，三生万物：此说盖喻世界由一体而分化、由单一而杂多、由混沌而清晰的演变过程。

关于经义，自古以来异说纷纷。其中，又以持生成论者为多。若作此解，则势必视"一""二""三"皆为实存之"物"。三者之别，唯在于产生早晚耳。故注家训"一"，多曰混沌未分之"气""元气"或"冲气"。个别虽有曰"一"为"太极"者（如林希逸、范应元等），其实亦是指"气"。而"二"者，注家多以天地或阴阳之气训之。至于"三"，注家多释以阴阳交感之"和气"；或谓"三"为"和、清、浊三气，分为天、地、人也"（河上公语）；或者直训"三"为"三才"即天、地、人（如林希逸）；或曰"三"乃是"一"（"太极"）与"二"（阴、阳）相合之谓（如范应元），等等。生成论之说影响颇大，今学者亦多从之。除了生成论之释，亦有学者以"道"训"一"且从名、实关系的角度解说（如吕惠卿、苏辙）。此说盖源于庄子，如《齐物论》云："天地与我并生，而万物与我为一。既已为一矣，且得有言乎？既已谓之一矣，且得无言乎？一与言为二，二与一为三。自此以往，巧历不能得，而况其凡乎！"相对于生成论的拘泥性，此说颇具"思辨性"和想象力。然而，以"道"合其名为"二"，且又据此"二"与作为道的"一"推衍至"三"，乃至更衍至无穷，亦显牵强或不经。

前面已云（见三十九章"注[一]"）：在古典思想中，"一"含蕴丰富：它既是计数之始，又意味着事物的源起；既可谓"纯一不杂"，又意味着一物之所以为其所是者；既可指一体不分，又意味着混沌暗昧。相应地，"二"作为"一"的衍变，意味着"事物"之"生长"；"三"作为"二"的衍变，意味着"事物""生长"之延续。在此过程中，世界由一体而趋于分化，由单一走向杂多，由混沌变得清晰。二十八章曰："朴散则为器。"即有此意。所谓"事物"者，不仅指人伦日用中的具体之物，而更谓语言、观念、社会关系乃至文明形态等。"器成"与"朴散"是一个"同向展开"的过程，器物愈"完善"、愈"成熟"，"朴"亦"散"之愈甚。事物愈"发展"，便也愈僵化，其与他物之间的分别、对峙便也愈严重。老子之所以尚"反复"、崇柔弱，即欲以此消解上述分化所导致的消极后果。故"一"训为道，固无不可，然"二"与"三"则不可实解。否则，则必有僵执之病。

［二］万物负阴而抱阳："负"，依恃。"抱"，怀藏。经文"负"与"抱"相对为文。此句喻万物皆涵摄阴、阳二性于一体。

［三］冲气以为和："冲气"，涌动、激荡之气。此句义为：阴阳二气交感和合。

［四］人之所恶，唯孤、寡、不穀："恶"，憎恶、厌恶。"孤""寡""不穀"，皆谓寡德或不善（辨见三十九章"注［十四］"）。

［五］称：称谓。

［六］故物或损之而益，或益之而损："或"，表可能性。"损""益"，二字在此对文，分别谓贬损或增益。

［七］人之所教，亦我而教人：前"人"，谓古人。"亦我而教人"，今

王本作"我亦教之",此据西汉简、帛本与王《注》正。"而",以。"亦我而教人",也是我以之教人的。

奚侗曰:"上'人'字谓古人。凡古人流传之善言以教我者,我亦以之教人,述而不作也。"其训上"人"曰"古人",义胜。据上下文义,所谓古人所教我者,乃是指上文"故物或损之而益,或益之而损"。

[八]故强梁者不得死:王本原作"强梁者不得其死",此据帛甲、汉简及经义正。"强梁者",谓强横之人。"不得死",谓不得善终。

河上公曰:"强梁者,谓不信玄妙、背叛道德、不从经教、尚势任力也。不得其死者,为天命所绝、兵刃所伐、王法所杀,不得以寿命死也。"说可参。

[九]吾将以为教父:"教",觉悟。"父",谓始、本。"教父",觉悟之本。

【翻译】

道生一,一生二,二生三,三生万物。万物皆包含有阴、阳两个方面。阴阳二气交互感应,产生和气,(从而化生万物)。

人们所厌恶(和唯恐避之不及)的,唯有"孤""寡"和"不穀",然而王公却用来自称。因此,事物或因贬损而得增益,或因增益而致贬损。

古人所教给我的(善言),也是我用来教人的。因此,强横之人皆不得善终。我将把此理作为使人悟道的根本。

【解义】

　　本章之义分为两层：其一，本章展示了道的"分化"过程及其结果，并指出了阴阳和合生物之理；其二，基于"古人"所传的"损益"之理，本章又引出、强调了持柔尚弱或恪守谦卑的基本处世态度。

四十三章

　　天下之至柔，驰骋于天下之至坚^[一]。无有入于无间^[二]。吾是以知无为之有益。

　　不言之教、无为之益，天下希及之^[三]。

【注释】

［一］天下之至柔，驰骋于天下之至坚："至柔"，最柔弱者。"驰骋于"，王本原作"驰骋"，此据西汉简、帛及范应元等本补"于"。"驰骋"，谓车马飞奔状，在此喻统御。"至坚"，最刚强者。

　　焦竑曰："坚，犹刚强。不曰刚强而曰坚，变文叶韵也。至刚者，天下莫能胜，而至柔能役之。"

［二］无有入于无间："无有"，谓"虚无"之用。"于"，王本原无，此据西汉简、帛本补。"无间"，无隙也。

　　物若有"间"，有空隙可入，便能容纳其他更细小之物。《庄子·养生主》喻云："彼节者有间而刀刃者无厚，以无厚入有间，恢恢乎其于游刃必有余地矣。"物若"无间"，没有空隙，自然无可容物，此之谓"以有入有，捍不相受"（苏辙语）。经文"无有"，非谓实有之物，乃指"虚无"之用；而"无间"虽然"无隙"，亦可曰"无"（即"没有空隙"），却是"实存的"（即"无间"这件事是存在的），即"有"。所谓"无有入于无间"者，乃是设喻，以言"虚无"或"无为"的通达、不测之功。

[三] 不言之教、无为之益，天下希及之：此说乃是承接上文"至柔""无有"诸句之义而发。"不言之教"与"无为"，皆是"虚无"的现实运用和具体表现。二章亦曰："是以圣人处无为之事，行不言之教。""希及"，即"稀及"，罕有人达到。

【翻译】

天下最柔弱者，能统御天下最刚强之物。（唯有）"虚无"能"入"于"无间"之物。我因此知道"无为"的好处。

不言的教化、无为的好处，天下罕有人达到这种境界。

【解义】

本章基于"天下之至柔，驰骋于天下之至坚"及"无有入于无间"之喻，再申"虚无"之妙或"无为"之功。"至柔""无有"皆为"虚无"之"象"（表现），也是"虚无"的具体展开。唯有"虚无"，方能真正做到因物性、法自然，以御众"有"。因此，所谓"弱者道之用""有生于无"（四十章）云云，实则皆因"虚无"而得成就。

四十四章

名与身孰亲[一]？身与货孰多[二]？得与亡孰病[三]？是故甚爱必大费[四]，多藏必厚亡[五]。

故知足不辱[六]，知止不殆[七]，可以长久。

【注释】

[一] 名与身孰亲："名"，名爵或名誉。"身"，本谓身体，今人训"身"曰"生命"，嫌宽，当取其本义。"孰"，通作"谁"，义为哪一个（下同）。"亲"，亲近。

所谓"名与身孰亲"，并非意味着抑名扬身。"亲名"有害，此固不论；倘若以"身"为"亲"，亦属执着，故十三章曰："何谓贵大患若身？吾所以有大患者，为吾有身。及吾无身，吾有何患！"后二句同此。

[二] 身与货孰多："货"，财物。"多"，义犹"轻重"之"重"。

[三] 得与亡孰病："亡"，丧失。"病"，义犹"忧"或"患"。

[四] 是故甚爱必大费："甚"，过分的。"爱"，谓贪得、吝啬。"费"，谓损耗、耗费。"甚爱"与"大费"，相对为言。

[五] 多藏必厚亡："藏"，匿也，此谓聚敛。"厚亡"，义犹大亡。"多藏"与"厚亡"，亦是相对为言。

注家解"甚爱"与"多藏"，多以上文"名""货"分别对应之，即谓"甚爱者"为"名","多藏者"为"货"。说嫌于拘泥。王《注》:"甚爱,不与物通;多藏,不与物散。求之者多,攻之者众,为物所病,故大费、厚亡也。"说得经义。

[六]故知足不辱:"故"字,王本原无,此据郭店简、帛甲、汉简三本补。"知足",即"知止"(辨见三十三章"注[三]")。不过,"知足"与"知止"亦义各有所重:"知足"重在言"知道满足","知止"则重在言"知有所止"。而且,唯有能"知止",方能"知足"。"辱",耻也。

[七]殆:危险。

【翻译】

名位与身体,哪一个更值得"亲近"?身体与财货,哪一个更值得看重?得到与失去,哪一个更值得忧虑?因此,贪得愈甚,损耗必愈多;聚敛愈甚,丧失必愈大。

所以,知道(何为)满足,则会免于耻辱;知道(如何)取舍,则会免于危险。(若能如此,)便可安处久远。

【解义】

欲明本章之义,则须明一"止"字。唯有有所"止",且知"止"之于"何地",心、身方得"安定",不致陷溺于"物"(如"名""货""身""得""失"等),从而免除辱、殆。二十八章曰"复归于朴",十九章曰"见素抱朴,少私寡欲"。"素""朴"者,盖老子之所欲"止"之"地"也。

四十五章

大成若缺， 其用不敝[一]。 大盈若冲， 其用不穷[二]。
大直若屈， 大巧若拙， 大辩若讷， 大盛如绌[三]。
躁胜寒， 静胜热[四]。 清静为天下正[五]。

【注释】

[一] 大成若缺，其用不敝：“大”，义犹至、最（下同）。“成”，成就、
成功。“缺”，谓残缺、亏损。“敝”，王本原作“弊”，此据郭店
简、汉简二本及经义正。“不敝”，义犹圆满。

河上公曰：“大成者，谓道德大成之君也。若缺者，灭名藏誉，
如毁缺不备也。”王《注》：“随物而成，不为一象，故若缺也。”
二说立言角度虽异，义均通。

[二] 大盈若冲，其用不穷：“冲”，通作“盅”，喻虚无、空虚（参见
四章“注［一］”）。“穷”，尽。

“冲”不仅通“盅”而得“虚”义，且亦有“和”义。四十二章
曰：“万物负阴而抱阳，冲气以为和。”此“冲”便有“虚”“和”
二义。故“大盈若冲”者，亦是合“虚”“和”之蕴以言“大
盈”。且唯其为“虚”“和”，“大盈”之用方无穷尽。六章曰：
“谷神不死，是谓玄牝。……绵绵若存，用之不勤。”四章云：
“道冲而用之又不盈。”其说皆可与本章“大盈”之论互看。

王《注》:"大盈充足,随物而与,无所爱矜,故'若冲'也。"说可参。

[三]大直若屈,大巧若拙,大辩若讷,大盛如绌:"直",端直。"屈",弯曲。"辩",善言、善辩。"讷",口吃。"大盛如绌",王本原无此句,此据诸简、帛本补。"盛",丰满、丰盛。"绌",通作"黜",短缺、不足。

王《注》:"随物而直,直不在一,故'若屈'也。大巧因自然以成器、不造为异端,故'若拙'也。大辩因物而言、己无所造,故'若讷'也。"说善。

[四]躁胜寒,静胜热:"躁",谓急动。"静",谓静定不扰。

[五]清静为天下正:"清静",其义落在"静"字上,实曰"虚静"。学者或训"清静"曰"无为也"(吴澄语),亦通。"正",端正、不偏,此喻事物是其所是、如其所是的本来状态。

本句与三十七章"不欲以静,天下将自定"之说,可互看。

王《注》:"静则全物之真,躁则犯物之性,故惟清静,乃得如上诸大也。"说可参。

【翻译】

最成功的犹若有所不足,却展现出圆满的功用。最充盈的犹若虚无,却展现出无穷的用处。

最端直的犹若弯曲,最巧妙的犹若笨拙,最善辩的犹若口吃,最丰盛的犹若短缺。

急动能御寒,静定可消热。"清静"才是天下万物的本来状态。

【解义】

　　本章先言"诸大"之"象"及其不测之"用",最后点明了此"象"、此"用"之何所成,即因于"虚静"或"无为"。正如王弼所言:"静则全物之真,躁则犯物之性。"唯有"虚静""无为",方能不滞不溺、"随物而成"、"随物而与"、"随物而直"等,从而成就"大成""大盈""大直"等至大之境。

四十六章

天下有道, 却走马以粪[一]。 天下无道, 戎马生于郊[二]。
罪莫大于可欲[三], 祸莫大于不知足[四], 咎莫憯于欲得[五]。
故知足[六]之足, 常足矣。

【注释】

[一] 却走马以粪:"却",有摒弃之义,此谓"返还"。"走马",即善奔之马。马善奔则利于兵事,故"走马"即下文"戎马",亦即"战马也"(焦竑语)。"粪",本谓扫除,此喻耕作。

[二] 戎马生于郊:"郊",郊野,此喻战场。

　　河上公曰:"战伐不止,戎马生于郊境之上,久不还也。"《盐铁论·未通篇》亦云:"师旅数发,戎马不足,牸牝入阵,故驹犊生于战地。"前者是基于战争经历之久而发，后者则是就战事频仍、损耗巨大以致怀孕的母马也须服役而言。二说合看，经义益明。王《注》："贪欲无厌，不修其内，各求于外，故'戎马生于郊'也。"说亦可参。

[三] 罪莫大于可欲：王本原无此句，此据西汉简、帛等本补。"可欲"，读作"多欲"。（马叙伦："'多''可'声同歌类通假。……此作'多'是。"）

[四] 祸莫大于不知足："祸"，害也。"不知足"，即"不知止"（参见三十三章"注[三]"、四十四章"注[六]"）。

[五] 咎莫憯于欲得："咎"，"灾也"（《说文》）。"咎"与前"祸"义近，皆谓灾祸、灾害等。"憯"，王本原作"大"，此据诸简、帛本及经义正。"憯"，"痛也"（《说文》），引申有甚、大等义。"欲得"，贪得。

[六] 知足：义见本章"注[四]"。今人仅以"满足"训"足"，义嫌浅薄。

【翻译】

　　有道之世，（兵革不起，）善奔之马也被"还"之于民用来耕作。无道之世，（战事不休，以致）战马产驹于疆场。

　　罪过莫大于多欲，祸患莫过于不知足，灾殃莫甚于贪得。

　　因此，知道何为"知足"之"足"，将会获得恒久之"足"。

【解义】

　　本章之义亦是重在言一"止"字：唯有"知止"，方能"知足"。"知止知足"，则能节欲戒贪、无放纵外求之过，从而免罪除咎。四十四章曰："故知足不辱，知止不殆，可以长久。"即此谓也。对于治者而言，倘其"知止知足"，自能"无求于外，各修其内"（王《注》）。如此，则天下清宴、兵革不起，生生之德可得而遂也。当然，欲明"止"之何所向以及何为"知足"，则又须以明道为本。范应元曰："人能明道，自然知足。"诚哉斯言。

四十七章

不出于户，以知天下；不窥于牖，以知天道[一]。其出弥远，其知弥少[二]。

是以圣人不行而知，不见而名，不为而成[三]。

【注释】

[一] 不出于户，以知天下；不窥于牖，以知天道：今王本原作"不出户，知天下；不窥牖，见天道"，此据西汉简、帛本与王《注》正。"户"，本谓单扇门，此喻屋室。"天下"，谓天下事物之理。"窥"，观、看（按：经文原作"闚"。此二字本各有其音、义，今"闚"字废）。"牖"，本谓交窗，此泛指窗。在人伦日用中，"户""牖"是人们观照、交接外物的必由"通道"。所谓"不出

于户""不窥于牖",实喻虚静自守、不逐外物。

[二] 其出弥远,其知弥少:"弥",益、愈。

王《注》:"无在于一,而求之于众也。道视之不可见,听之不可闻,搏之不可得。如其知之,不须出户;若其不知,出愈远愈迷也。"说虽嫌玄,却达经义。

[三] 是以圣人不行而知,不见而名,不为而成:"知",谓通达道、理。"名",命名。"成",成就,义犹"功成事遂"(十七章)之"成""遂"。

欲命名事物,则需对命名的对象有所判定,知其性、达其理,明了其与其他事物的究竟关系。如此,所得之"名"方可谓"客观"而"中正",合于物性。故"不见而名"者,乃谓虽于物未得"亲见",却能通达物性。注家训"名",或曰"得是非之理可得名也"(王《注》),或曰"名其理"(吴澄语)等,说亦可参。王《注》:"道有大常,理有大致。……得物之致,故虽不行,而虑可知也。"则其训"知",乃曰"知理""知道"。此训与首句"不出于户,以知天下;不窥于牖,以知天道"之"知"相应,且于义为善,当从之。

【翻译】

不出户门,可知天下之理;不观窗外,可知天下之道。出行得越远,知道得越少。

因此,圣人没有向外探察,却能明道达理。没有交接外物,却能通晓物性。没有有所作为,却能成事遂物。

【解义】

　　本章重在言虚静、自守之于明道达理的重要意义。唯有虚静，方能真正地容受万物，不以己意而裁断之，由是而得明物性、达事理；唯有自守，方能心有所止而意有所定，于物无滞无溺，由是而得反观内省、中有所明。倘非如此，神驰于外，逐物不已、随其流转，终将劳心费力，内乏所得。故曰："其出弥远，其知弥少。"同时，虚静自守亦是"成物"之方。唯有如此，方能因物之性、随物之缘，以成其生生，而彰其大用。

四十八章

　　为学者日益，为道者日损[一]。损之又损，以至于无为。无为而无不为[二]。

　　取天下常以无事[三]。及其有事，又不足以取天下[四]。

【注释】

[一] 为学者日益，为道者日损：今王本作"为学日益，为道日损"，此据西汉简、帛及范应元等本与王《注》补二"者"。"学"，谓俗学。河上公曰："学者，谓政教礼乐之学也。""益"，增益。"损"，减损。

基于"损""益"之说,《道德经》在此彰显了两种不同的"修学"方式及其相应结果。即"学"可分而为二:一曰"俗学"或"浮学",一曰"正学"或"实学"。"俗学"者,或可增进"知识",或可提升"能力",或可化民易俗,等等。实则皆是务于外求、弃本逐末,非能明道。二十章曰:"绝学无忧。"其欲"绝"者,即是此"学"。"正学"则抱本反朴,以明道达理为务。因此,为"俗学"者("为学者")必欲"进",以日益其"知";为"正学"者("为道者")则必欲"退",以日损其"知"。关于本章"学"之所指,诸家论说或有不同。结合下文"取天下"之说,河上公所谓"学者,谓政教礼乐之学也",似更得其义。

[二]损之又损,以至于无为。无为而无不为:"之",谓"知"。"无为",谓无为于"知"。

"以至于无为"之"无为",义承于上文"损之又损(之)"。"之"既曰"知"(此"知"乃是因"俗学"而得),则"无为"当是指"无为于知"。此"无为"至乎其极,则"俗学"尽绝、"伪知"尽弃、内心"虚明"。十章曰:"修除玄鉴,能无疵乎?"即此谓也。治者达乎此"德",无以智行治(十章:"爱民治国,能无以智乎?"),因物性、法自然,从而有"功成事遂"(十七章)之盛。尾句结以"无为而无不为",乃总括本段经义。

王《注》:"有为则有所失,故无为乃无所不为也。"说可参。

[三]取天下常以无事:"取",获取、得到。"无事",吴澄曰"无所事,即无为也",王《注》曰"动常因也"。说可互看。

五十七章曰:"以正治国,以奇用兵,以无事取天下。"是"无事"、"无为"乃"取天下"之管钥。

[四] 及其有事，又不足以取天下："及其"，犹曰至其或待其（"其"
可谓治者）。"有事"，有为。"又不足以"，王本原无"又"字，
此据汉简本及经义补。"又"，连词，表转折。

【翻译】

"为学者"（孜孜不倦，）日益其知，"为道者"（抱本反朴，）日损
其知。对于"知识"，减损而又减损，以至于对它"无所作为"。"无所
作为"，便能"无所不为"。

获取天下常以"无为"。逮及治者有所作为，则不足以取得天下。

【解义】

本来，"为学"即以明道，其与"为道"本非为二。然而，倘若
"学"非为正，或溺于俗见，或执着不通，或追新逐奇，或贪多求炫
等，则所学愈多而背道愈甚。故经文通过"损"、"益"之喻，以明"为
学"（即"俗学"之"学"）与"为道"在"知识"（即源于"俗学"之
"知"）上的此消彼长。待到"俗学"尽绝、"知识"尽弃、心地"虚
无"、一无旁依，则"无疵"之"玄鉴"（即"真明"）自然可达。《庄
子·人间世》曰："虚室生白。""白"者"明"义，亦是言"明"由
"虚"生。"虚明"之得不仅是"为道"之大成，而更是平治天下的前
提。因为，唯有"虚明"不昧，方得无滞无溺、无偏无颇，治道的展
开也才能真正地因物之性、法物自然。

四十九章

圣人常无心， 以百姓之心为心[一]。

善者吾[二]善之， 不善者吾亦善之， 德善[三]。 信者吾信之， 不信者吾亦信之， 德信[四]。

圣人之在天下也， 歙歙焉[五]， 为天下浑心[六]。

百姓皆注其耳目[七]， 圣人皆孩之[八]。

【注释】

[一] 圣人常无心，以百姓之心为心：王本原作"圣人无常心，以百姓心为心"，此据西汉简、帛本正。"无心"，此"心"乃是统摄情、欲、思、意等为言，"无心"即谓"无情""无欲""无思""无意"等，是心之"虚无"的表现。

"无心"并非是说心的绝对"空无"，而是意味着心不陷溺、执着于任何内外之"物"。唯能"无心"，方可免于师心自用，不以己之是非为是非，真正地敞开自己，容受、倾听万物。如此，方能真正做到"以百姓之心为心"，顺应民意，法物自然。

[二] 吾：结合上下文，"吾"谓"圣人"（下同）。

[三] 德善：谓天下归于善（辨见下条）。

[四] 德信：谓天下归于信。

欲达"善者吾善之，……德信"此段文义，关键在于如何理解文中二"德"字。王《注》释"德善"句云："各因其用，则善不失也。无弃人也。"其以"无弃人"释"德善"，似以"德"为本字。严遵曰："去我情欲，取民所安；去我智慧，归之自然。……与之俯仰，与之浮沉。随之卧起，放之屈伸。……四海之内，无有号令，皆变其心。善者至于大善，日深以明；恶者性变，浸以平和；信者大信，至于无私；伪者情变，日以至诚；残贼反善，邪伪反真，善恶信否，皆归自然。"则严氏乃以"得"训"德"，且谓"得善""得信"皆是就民而言。

其后学者亦多训"德"为"得"，而尤以范应元之说为备，曰："百姓之善者，能明本善，循乎自然也。圣人以道而善之，则其善心自固矣。百姓之不善者，未明本善，私欲蔽之也，圣人亦以道而善之，则将化而复归于善也，此所谓'德善'矣。……百姓之信者，以其诚实也，圣人以道而信之，则信心自不变矣。百姓之不信者，因私欲而诈伪也，圣人亦以道而信之，则将化而复归于信也，此所谓'德信'矣。……是以圣人非察察分别天下之善与不善、信与不信而区区生心作意以为善为信也，惟守道而已。"据范说，所谓"德善""德信"可从两方面看：一曰基于圣人之化，"不善者""不信者"复归于善、信，即"残贼反善，邪伪反真"（此借用严遵说），此谓民之"得善"与"得信"；一曰基于圣人之化，"不善者""不信者"复归于善、信，则天下亦将复归于善、信，此谓天下之"得善"与"得信"。上述两义中，后义也涵摄前义。较之他说，范说于义为胜，可从。

［五］圣人之在天下也，歙歙焉：今王本作"圣人在天下歙歙"，此据

西汉简、帛本与王《注》正。"之在",之于。"歙歙焉",闭藏

貌,喻虚静无为。

［六］浑心:今王本作"浑其心",此据帛甲、汉简本与王《注》正。

"浑心",谓圣人虚静无为,犹若"愚钝无知"、无欲无求。

王《注》:"无所察焉,百姓何避;无所求焉,百姓何应。无避

无应,则莫不用其情矣。"严遵云:"废我之所欲为,襄天之所欲

得。"河上公曰:"言圣人为天下百姓混浊其心,若愚暗不通也。"

均得其义。而"浑心"与上文"歙歙焉",义亦贯通。

［七］百姓皆注其耳目:此句原为今王本所无,然王《注》有释文,则

今本误夺之。"注",本谓灌注、注入。此句以水之注入容器为

喻,以明百姓皆重耳目之知,务于外求。

李荣曰:"百姓……而乃纵心逐欲,注耳目于声色、专鼻口于香

味,因兹惛惑,以此聋盲。"说可参。

［八］圣人皆孩之:"孩",通作"阂",闭塞,乃是针对"圣人之耳目"

而言。"圣人皆阂之",谓圣人自闭其耳目,其义与四十七章"不

出于户""不窥于牖"相通。又,"阂"与前句"注"字相呼应。

一"阂"一"注",以见"圣人"和"百姓"对于"耳目之知"

的态度之异。

【翻译】

圣人恒常地"无心",以百姓之心为心。

(圣人惟道是从:)对于善人,"我"以道善待他;对于不善之人,

"我"也以道善待他,则天下归于善。对于信者,"我"以道信任他;

对于不信者，"我"也以道信任他，则天下归于信。

圣人治理天下，闭藏其意、无欲无识，为天下百姓混沌其心。

百姓皆务于外求，借助耳闻目察以获取"知识"；圣人则闭其耳目，不假外求。

【解义】

本章之义承接上章。表面上，本章是论"常无心"及其如何展开，实则曰"无为而治"何以可能及其表现。作为"虚无"之心，"无心"是"为道者""损之又损，以至于无为"的结果。若达乎此境，则臻于"圣人"。因其"常无心"，"圣人"应世才能虚静无为、"以百姓之心为心"，因任自然、顺遂其性。从而，不仅"善者""信者"能全其"善""信"，纵使"不善者""不信者"亦得受其化，归于"善""信"。倘能如此，即为"以无事取天下"。对于天下百姓而言，"圣人"的"无心"之象犹若"浑心"：其混沌"愚钝"，无欲无求。欲得此"心"，唯有不惑于耳目之知、虚心悟道。

五十章

出生入死[一]。生之徒十有三[二]，死[三]之徒十有三。而民生生，动皆之死地之十有三[四]。夫何故也？以其生生也[五]。

盖闻善摄生[六]者，陵行不避兕虎[七]，入军不被甲兵[八]。兕无所投其角^[九]，虎无所措^[十]其爪，兵无所容其刃^[十一]。夫何故？以其无死地焉^[十二]。

【注释】

[一] 出生入死：谓人始于生而终于死。

关于文义，注家颇有异说。《韩非子·解老》曰："人始于生而卒于死。始之谓出，卒之谓入。故曰：'出生入死。'"吴澄亦云："出则生，入则死。出谓自无而见于有，入谓自有而归于无。《庄子》曰：'万物皆出于机，入于机。'又曰：'其出不欣，其入不距。'又曰：'有乎出，有乎入。皆以出为生，以入为死。'"吴氏引庄说为据，益增其信。

[二] 生之徒十有三："生"，在此谓高寿长生。"徒"，类、属。"十有三"，十分之三。

关于本句与以下诸句之义，吴澄曰："十者，总计上中下三等之人，大率分为十类。有三者，十类之中有三类也。凡不以忧思嗜欲损寿、不以风寒暑湿致疾、能远刑诛兵争压溺之祸者，生之徒也。其凡是者，逸贵之人内伤、劳贱之人外伤、粗悍之人不终其正命，死之徒也。各于十类中有其三焉。"此解义明而理达，可参焉。

[三] 死：谓夭折短命。

[四] 而民生生，动皆之死地之十有三：今王本作"人之生，动之死地亦十有三"，此据西汉简、帛本与王《注》正。"生生"，义犹七

章"天地之所以能长且久者，以其不自生"之"自生"，谓贵生、厚生。"动"，妄为。"之死地"，谓至死地。

"生生"之说，《庄子·大宗师》亦有之，曰："杀生者不死，生生者不生。"李颐："矜生者不生也。"崔譔："常营其生为生生。"二说义通，皆以"贵生"或"厚生"训"生生"。七章云："天地之所以能长且久者，以其不自生，故能长生。"是"生生"亦即"自生"之义。

[五] 夫何故也？以其生生也：王本原作"夫何故？以其生生之厚"，此据西汉简、帛本正。"生生"，义犹五十五章"益生曰祥"之"益生"。

严遵曰："而民皆有其生而益之不止，皆有其身而爱之不已，动归有为，智虑常起，……夫何故哉？大有其身而忘生之道也。"说可参。

[六] 摄生：养生。

"摄"者，"引持也"（《说文》），引申有辅助、佐助等义。河上公曰："摄，养也。"成《疏》："摄，卫也，养也。"皆是基于辅助之义而发。

[七] 陵行不避兕虎："陵""避"，王本原作"陆""遇"，此据西汉简、帛本及经义正。"兕"，《说文》："如野牛而青。象形。"学者多谓"兕"即犀牛。

[八] 入军不被甲兵："入军"，喻在战争中。"被"，谓蒙受、遭受，义犹《战国策·燕策》"秦王复击轲，被八创"之"被"。"甲兵"，谓兵器。

［九］投其角：谓用其角抵。

［十］措："置也"（《说文》），此谓用、施。

［十一］容其刃："容"，义犹上文"投""措"，谓施展。"刃"，刀锋。

［十二］以其无死地焉："死地"，喻绝境。"焉"，王本原无，此据帛甲、汉简、傅奕等本补。而且，本句若有尾字"焉"，于文为胜，兹补之。

　　本章"兕无所投其角"诸句，与五十五章"含德之厚者，比于赤子。蜂虿虺蛇不螫，猛兽攫鸟不搏"之说义通。"赤子"即"婴儿"（十章、二十章），喻不失根本者。王《注》于五十五章曰："赤子无求无欲，……不犯于物，故无物以损其全也。"其于本章亦云："故物苟不以求离其本，不以欲渝其真，虽入军而不害，陆（引按：当作"陵"）行而不可犯也。赤子之可则而贵，信矣。"可互看。

【翻译】

　　人始于生而终于死。（其中，）属于高寿长生的，约有十分之三；属于夭折短命的，约有十分之三；由于妄自厚养以致皆走向死地的，约有十分之三。原因何在？这是他们"益生"的缘故。

　　听说善于养生者，入于深山不用避让兕、虎等猛兽，在战争中不会为敌人所伤。兕无所施展它的锐角，虎无所施展它的利爪，兵器无所施展它的锋刃。原因何在？这是因为他们（能虚无自然，）免于使自己陷入绝境。

【解义】

　　本章以如何"摄生"为例，以明持本虚无和道法自然的不测之功。在老子看来，世人有十分之三者本可长生，然因其"欲生"太过而妄自"生生"，结果反而"伤生"，乃至折寿"短生"，殊为可叹！正如王弼所云："善摄生者无以生为生，故无死地也。器之害者，莫甚于戈兵；兽之害者，莫甚于兕虎。而令兵戈无所容其锋刃、虎兕无所措其爪角，斯诚不以欲累其身者也，何死地之有乎！……故物苟不以求离其本、不以欲渝其真，虽入军而不害、陵行而不可犯也。"进而言之，所谓"不以求离其本、不以欲渝其真"，何止于"摄生"哉？世事皆然。

五十一章

　　道生之，德畜之，物形之，势成之[一]。是以万物尊道而贵德[二]。

　　道之尊、德之贵，夫莫之命而常自然[三]。

　　故道生之、畜之[四]，长之、育之[五]，亭之、毒之[六]，养之、覆之[七]。生而不有，为而不恃，长而不宰[八]，是谓玄德[九]。

【注释】

[一]道生之，德畜之，物形之，势成之："生"，生成。"畜"，畜养。

"物形之"，义犹万物彼此相因成形。"势成之"，义为运势成就之。四"之"，皆谓万物。

王《注》："物生而后畜，畜而后形，形而后成。何由而生？道也。何得而畜？德也。何因而形？物也。何使而成？势也。唯因也，故能无物而不形。唯势也，故能无物而不成。凡物之所以生、功之所以成，皆有所由。有所由焉，则莫不由乎道也。故推而极之，亦至道也。随其所因，故各有称焉。"说善。

[二] 是以万物尊道而贵德："尊道而贵德"，王本原作"莫不尊道而贵德"，此据西汉简、帛本正。

王《注》："道者，物之所由也；德者，物之所得也。由之乃得，故不得不尊；失之则害，故不得不贵也。"

[三] 夫莫之命而常自然："自然"，自己如此。

范应元曰："道德非有爵，而万物常自然尊贵之。苏云：'恃爵而后尊贵者，非实尊贵也。'"吴澄云："人之尊贵必或命之：天子之尊，以上帝命之而后尊；诸侯之贵，天子命之而后贵。道尊德贵则非有命之者，而万物常自如此尊贵之也。"二说义通，且得经旨。

今学者或谓"自然"义为道、德不干涉万物而"任其自化"或"顺任自然"，乃误会了经文。

[四] 畜之：王本原作"德畜之"。世传本多无"德"字，西汉简、帛本亦作"畜之"，王本显衍此字。

[五] 长之、育之：谓长养、抚育之。

《说文》："育，养子使作善也。""育"在此既有"养"义，又有辅以向善之义。

[六] 亭之、毒之："亭"，谓古代行旅之人住宿、会集的馆驿，本已含有安、定之义。"毒"，"厚也"（《说文》）。"亭之、毒之"，谓道安定、笃厚万物。

王《注》："亭谓品其形，毒谓成其质。""品其形"即"定"其类（"品"有类、等级等义），"成其质"即"笃"其本（"质"有本、性等义）。

[七] 养之、覆之："养"，涵养。"覆"，谓庇护。

"生之畜之""长之育之""亭之毒之""养之覆之"，均是说道"生养"万物。然其各自所指当亦有别，高明曰："从文义分析，'长'、'育'而谓体魄，'亭'、'毒'而谓品质，'养'、'覆'则谓全其性命耳。"说可从。至于"生""畜"，当谓其形。且"畜"盖如"蓄"，侧重于蓄积、积聚之义。如范本即作"蓄"，《注》曰："蓄，积也。"

[八] 生而不有，为而不持，长而不宰："生而不有"，谓道创生万物而不占有之。"持"，王本原作"恃"，此据西汉简、帛本与王《注》正。"为而不持"，义犹三十四章"成功而不名有"。"长而不宰"，义犹三十四章"衣养万物而不为主"。

[九] 玄德：暗昧不可测之德，喻至德（参见十章"注[九]"）。

王《注》："有德而不知其主也，出乎幽冥，是以谓之玄德也。"

【翻译】

道生成万物，德畜养万物，万物相因而化生成形，运势成就万物。

因此，万物皆尊崇道而贵重德。

　　道、德为万物所尊贵，这并非是因为谁的命令，而是万物恒久地如此。

　　因此，道之于万物：创生、蓄积其形，长养、抚育其体，安定、笃厚其质，涵养、庇护其性。道创生万物却不占有它们，成就万物却不自以为有功，覆育万物却不宰制它们，这就是玄德（的表现）。

【解义】

　　本章首句虽言道、德、物、势之于万物的"生""养""形""成"之功，然因德、物、势皆源于且会归于道，故究竟而论，本章实是说道之于万物的"生育涵养"之功。道之流行，虚无自然。其"生养"万物亦以"不养"为"养"，虽"成就"万物，却无有功、宰制之"心"，"功遂身退"（九章）。唯因如此，道方展现出深远与广大之德（"玄德"），从而为天下万物恒久地尊贵。

五十二章

　　天下有始[一]，以为天下母。既得其母，以知其子；既知其子，复守其母[二]，没身不殆[三]。

　　塞其兑、闭其门[四]，终身不勤[五]；开其兑、济其事[六]，终身不救[七]。见小曰明，守柔曰强[八]。用其光，复归其明，无遗身殃^[九]，是谓习常^[十]。

【注释】

［一］始：本也、母也、体也。

［二］既得其母，以知其子；既知其子，复守其母："子"，末也、
　　　用也。

　　　王《注》："母，本也；子，末也。得本以知末，不舍本以逐
　　　末也。"王弼既以"本末"解"母子"，又强调持本守母之旨，
　　　其义甚达。后世学者常从之。注家亦喜以"道"与"万物"
　　　释"母""子"，说亦通，且可与"本末"之说相补。又有以
　　　"道""一"训"母""子"者（如河上公、范应元等），其义则
　　　未安。

［三］没身不殆：此句十六章已见，义为终生不会遭受危险。

［四］塞其兑、闭其门："塞"与"闭"义通，谓堵塞、封闭。"兑"，
　　　"阅"之省文，通作"穴"，与"门"义通，皆喻官窍，引申为意
　　　欲和认知。

［五］终身不勤："终身"，即一生。"勤"，勤苦、劳苦。
　　　王《注》："无事永逸，故终身不勤也。"

［六］开其兑、济其事："兑"，亦读为"穴"（见"注［四］"）。"济"，
　　　成就。

［七］终身不救："不救"，不可挽救。
　　　关于以上诸句（自"塞其兑、闭其门"至"终身不救"）之义，

王《注》："兑，事欲之所由生。门，事欲之所由从也。无事永逸，故终身不勤也。不闭其原，而济其事，故虽（引按："虽"字疑误）终身不救。"说是。观王《注》，"兑""门"义既相通，又各有所重："兑"（即"穴"）本喻耳目鼻口等官窍，进而又喻嗜欲、知见、事为等（此即两"其"之义）产生的"主体"根源，故曰"事欲之所由生"；"门"则喻嗜欲、知见、事为等表现或实现的"主体"通道，故曰"事欲之所由从也"。"塞其兑，闭其门"，强调的依然是虚、静或"孩之"（四十九章）之理。

[八] 见小曰明，守柔曰强："见"，察也。"小"，喻事物萌发之际。"明"，洞达。"守"，谓看护不失、因而不背。

所谓"见小"，有察微知著之义。故"见小曰明"，河上公曰："萌芽未动，祸乱未见为小，昭然独见为明。""守柔曰强"，王《注》："守强不强，守柔乃强也。""柔"与"弱"义通，"守柔"亦即"守弱"。老子思想以虚、无为本，虚、无之道的展开常示以"柔弱"之象，故曰"弱者道之用"（四十章）。又，事物的"成长"过程往往表现为由"小"到"大"、由"弱"至"强"。然而"物壮则老"（三十章），"柔弱"又是生命力的象征，持守"柔弱"亦是"深根固柢、长生久视之道"（五十九章）。因此，相对于世俗以"有力"为"强"的观念，《道德经》则崇尚"柔弱之强"，曰："守柔曰强。"此说在《道德经》中时得而见，如"弱之胜强"（七十八章）、"强大处下，柔弱处上"（七十六章）、"专气致柔，能婴儿乎"（十章）、"天下之至柔，驰骋于天下之至坚"（四十三章）等。

［九］用其光，复归其明，无遗身殃："光"，光华、光芒。"明"，义犹"明道若昧"之"明"。就二者的关系而言，"明"为本而"光"为末（辨见下条）。"无"，通作"毋"，义为不要。"遗"，义犹九章"自遗咎"之"遗"，谓给、留。"殃"，灾祸。

［十］是谓习常："谓"，王本原作"为"，此据西汉简、帛本正。"习常"，即"袭裳"，"袭"与"裳"义同，皆谓掩藏、遮蔽。"袭常"即曰"韬藏其明"，义犹庄子所言"葆光"。

就"光"与"明"而言，"光"发于"明"而彰于外，是"光"为末而"明"为本。"明"若不彰、"漆黑一团"，则"明"为虚寂、非为"真明"；"光"若亮耀过甚、炫人眼目，则为"强光"，与上文"守柔"之旨不合。所谓"真明"乃曰"明"既发而为"光"，又要掩藏其"光"，故曰："用其光，复归其明。""复归"二字，已隐含掩藏之义。又，"复归其明"与"明道若昧"（四十一章）、"和其光，同其尘，是谓玄同"（五十六章）以及"光而不耀"（五十八章）等说相通。而"无遗身殃"亦表明：若"光"而炫耀，还会招致灾祸。

【翻译】

天下万物皆有其本始，是为天下之母。已经"获得"此"本"，进而便可明晓其"末"；已经明晓了"末"，当再复归而持守其"本"。（若能如此，）终生都不会危困。

堵塞事欲得以产生的耳目鼻口等官窍，封闭它们得以表现或实现的通道，终身没有劳苦。敞开上述官窍与通道，成就事为，终身危殆而不可挽救。见微知著叫做"明"，持守柔弱叫做"强"。既展现出光华，又能返归其"明"而掩藏其光，不给自己带来灾祸，这叫做"袭裳"。

【解义】

本章文字始终围绕着"本末之辨"而展开。"本"为"末"的存在根源或基础，"末"为"本"的发用或表现，故《道德经》以"母子"喻"本末"。无"本"则无"末"，达"本"亦能知"末"；反之，无"末"则"本"亦无所依或无所显，"本"将沦为虚寂之体。因此，老子既强调即"本"而达"末"，曰"既得其母，以知其子""用其光"，又强调因"末"而反"本"，曰"既知其子，复守其母""守柔""复归其明"等。基于前一方面，以见老子思想的现实关怀与实践精神；基于后一方面，以见老子思想的虚、无之旨和破执之法。然总体而言，老子更重"反本"或"守母"，故又有"塞其兑，闭其门"之说。

五十三章

使我介有知[一]，行于大道，唯施是畏[二]。

大道甚夷，而民好径[三]。

朝甚除，田甚芜，仓甚虚[四]；服文彩[五]，带利剑，厌食[六]，财货有余[七]。是谓盗夸，非道也[八]！

【注释】

[一]　使我介有知："使"，倘若、假使。"我"，注家多谓老子之自托。"介有知"，王本原作"介然有知"，此据西汉简、帛本正。"介"，通作"挈"，持有。

[二]　唯施是畏："唯"，唯独、只有。"施"，施为，谓有为。"畏"，畏惧。

关于"施"之义，注家主要有三说：其一训"施"曰"施为"。此说又可细分为二：一谓"施为"或"施设"指有为（如严遵、河上公、王弼、苏辙、范应元等），二谓"施为"指所施或所行（如成玄英、陆希声、吕惠卿、林希逸等）。其二训"施"为"矜夸张大"（吴澄语）或"夸张"（焦竑语）。其三曰"施"通作"迤"（如王念孙）或"斜"（如钱大昕），义为邪。第三说起兴于清末，其后多为学者（如刘师培、马叙伦、蒋锡昌、朱谦之、张舜徽等）所从。

诸说相较，"施为"或"施设"之说为胜："唯有为是畏"更切于老子的无为之旨。而且，"施为"亦与上文"挈有知"之说相应：借"知"而为，以至胶滞，乃世俗常见之失；而若曰借"知"而流于邪道，于理稍欠。又，"唯有为是畏"可涵摄"唯邪道是畏"，反之则不行。

[三]　大道甚夷，而民好径："大道"，既谓大路，又喻上文"行于大道"之"大道"。"夷"，通作"易"，平坦。"径"，小路。

王《注》："言大道荡然正平，而民犹尚舍之而不由，好从邪径，况复施为以塞大道之中乎？故曰：'大道甚夷，而民好径。'"经文"民"字，盖为尊者讳而言，当与一般意义上的"人"字同义。

［四］朝甚除，田甚芜，仓甚虚："朝"，谓宫室。"除"，谓华美整洁。"芜"，谓田园荒废、长满杂草。"仓"，府库。

所谓"朝甚除"，《老子指归》曰："丰屋荣观，大门高户，饰以奇怪，加以采文。"河上公亦云："高台榭，宫室修。"王《注》："朝，宫室也；除，洁好也。"说皆相通。"朝甚除"与下文"服文彩，带利剑，厌食，财货有余"之说颇协，均谓人主骄奢无度之状。而且，由"朝甚除"进而言"田甚芜，仓甚虚"，义甚遂顺。故王《注》曰："朝甚除，则田甚芜、仓甚虚。设一而众害生也。"又，老子论治，主"见素抱朴，少私寡欲"（十九章），曰"圣人去甚、去奢、去泰"（二十九章）。本章言人主"朝甚除""服文彩"等云云，正与此宗旨相悖，故下文斥之曰"盗竽"。

［五］服文彩："文彩"，谓华丽的衣服。

［六］厌食：王本原作"厌饮食"，此据西汉简、帛本正"饮"。"厌（厭）"，本作"猒"，饱食之谓。

［七］财货有余："财货"，"财"与"货"义通，"财货"即财物。

［八］是谓盗夸，非道也："夸"通作"竽"，"盗竽"，谓大盗或盗首。"非道也"，王本原作"非道也哉"，此据帛乙、汉简二本正。

《韩非子·解老》曰："由是观之，大奸作则小盗随，大奸唱则小盗和。竽也者，五声之长者也，故竽先则钟瑟皆随，竽唱则诸乐皆和。今大奸作则俗之民唱，俗之民唱则小盗必和。故'服文采，带利剑，厌饮食，而货资有余者，是之谓盗竽矣'。"

【翻译】

倘使"我"持有知识，行大道于天下，唯独畏惧（背离自然，）失之有为。

大道甚为平坦正直，然而民众却喜欢走弯曲不平的小径。

宫室极其华美整洁，田野（却）极其荒芜，府库极其空虚。（治者）穿着华丽之服，佩戴锋利之剑，厌倦了美食，财货丰余。（这些人）就叫做盗首，（他们的行为是）多么无道啊！

【解义】

在《道德经》八十一章中，直斥治者荒淫无耻与败政害民之祸者，盖唯本章耳。而"盗竽"之喻，亦使丧德败政者的本来面目昭彰无遗。同时，"介有知"云云亦表明：即便是怀知负明，亦当有戒惧之心，以免履失于有为。

五十四章

善建者不拔[一]，善抱者不脱[二]，子孙以其祭祀不辍[三]。

修之身，其德乃真[四]；修之家，其德有余[五]；修之乡，其德乃长[六]；修之国，其德乃丰[七]；修之天下，其德乃普[八]。

　　以身观身[九]，以家观家，以乡观乡，以国观国，以天下观天下。吾何以知天下之然哉？以此[十]。

【注释】

[一]善建者不拔："建"，设也、立也。"拔"，拔除。

　　　　王《注》："固其根而后营其末，故不拔也。"

[二]善抱者不脱："抱"，抱持。"脱"，脱手。

　　　　王《注》："不贪于多、齐其所能，故不脱也。"

[三]子孙以其祭祀不辍：王本原无"其"字，此据郭店简、汉简二本
　　　　及经义补。"辍"，止也、绝也。

　　　　王《注》："子孙传此道，以祭祀则不辍也。"

[四]修之身，其德乃真："修"，治也。"修之身"，今王本作"修之于
　　　　身"，此据诸简、帛本与王《注》删"于"。"其"，谓"身"（下
　　　　文诸"其"，分别谓"家""乡""国""天下"）。"真"，喻质朴
　　　　之德。

　　　　"修之身"及下文"修之家""修之乡""修之国""修之天下"，
　　　　谓治身、治家、治乡、治国、治天下。诸"之"均作介词，无实
　　　　义。诸"修"之所据，"道"也。"修道"之所成，则"凝聚"为
　　　　"德"。故诸"修"之后，便皆曰"其德"如何。

　　　　又，观河上公《注》："修道于身，爱气养神，益寿延年。其德如
　　　　是，乃为真人。修道于家，父慈子孝，兄友弟顺，夫信妻贞。其
　　　　德如是，乃有余庆及于来世子孙。……人主修道于天下，不言而

化，不教而治，下之应上，信如影响。其德如是，乃为普博。"则河上所谓"其德"之"其"，皆谓人主。而范应元曰："自修之身，其德乃真，而至于家之有余、乡之长久、邦之丰盛、天下之周普，此皆建德无为之效也。"则范氏所谓"其德"之"其"，分别谓"身""家""乡""国""天下"。统观上下文，范说似胜。

［五］有余：今王本作"乃余"，此据诸简、帛本与王《注》正。"余（餘）"，丰饶，盈余。

［六］修之乡，其德乃长："乡"，据周制，一万二千五百家为一"乡"。"长"，长久。

［七］丰："丰厚"（河上公语）或"丰盛"（范应元语）。

［八］普：通作"溥"，周遍也。

［九］以身观身：王本原作"故以身观身"，此据西汉简、帛本等正。"观"，此有洞达之义（下同）。

关于"以身观身"以及下文"以家观家""以乡观乡"等句之义，注家主要有四说：其一曰基于修道的"我身（或"家""乡""国"等）"之是，以"观"不修道的"他身（或"家""乡""国"等）"之非。其二曰因物之性，顺物自然。其三曰基于治"我"（谓"人主"）以治家、国、天下。其四曰基于诸"德"之厚薄以"观"身、家、乡、国等修治与否。

上述诸说中，以第四说为胜。陈锡勇曰："'观'，审视也。'以其身之德审视其治身'，是谓'以身观身'。'以其家之德审视其治家'，是谓'以家观家'。……'以其天下之德，审视其治天下'，是谓'以天下观天下'。'吾何以知天下之然哉？以此'，'此'指

'德'，以'德'之厚薄可知'身'、'家'、'乡'、'邦'、'天下'
之治乱也。故老子'重积德'也，观其德可以知天下之治否也。"
其说颇善，其解亦明。

[十] 吾何以知天下之然哉? 以此："天下之然"，王本原作"天下然"，
此据帛乙、《韩非子·解老》、河上公、傅奕等本及文义补"之"。
"天下之然"，义为天下之如此，谓"身""家""乡""国""天
下"治之与否。"以此"之"此"，指上文所云诸"德"。

【翻译】

善于创设者，(其所立之物)不会被拔除;善于抱持者，(其所抱
之物)不会脱手。子孙若守道不失，方能祭祀永续。

以道治身，其德则质朴;以道治家，其德则"有余";以道治
乡，其德则长久;以道治国，其德则丰盛;以道治天下，其德则无
所不至。

基于其德是否质朴，可以察知身之修治与否;基于其德是否"有
余"，可以察知家之修治与否;基于其德是否长久，可以察知乡之修治
与否;基于其德是否丰盛，可以察知国之修治与否;基于其德是否无
所不至，可以察知天下之修治与否。我如何知道天下治之与否? 就是
基于上述诸德。

【解义】

本章明示了道、德之间的内在关系:德乃修道而成，且德之成
亦非仅限于一己之身，可"扩充"于家、乡、国、天下。由是，老子

"道法自然"思想的伦理政治空间性便得以"打开"，且展现出开放的精神。进而，本章还提出了"观德"之法，即基于身、家、乡、国及天下之"德"以见其治之与否。而"善建者"与"善抱者"等喻，正以明至德之隆与至功之大。

五十五章

含德之厚者，比于赤子[一]：蜂虿虺蛇不螫[二]，猛兽攫鸟不搏[三]，骨弱筋柔而握固[四]；未知牝牡之合而全作，精之至也[五]；终日号而不嗄，和之至也[六]。

和曰常[七]，知和曰明[八]。益生曰祥[九]，心使气曰强[十]。

物壮则老，谓之不道。不道早已[十一]。

【注释】

[一] 含德之厚者，比于赤子："含"，本谓口衔，此谓怀藏、负有。

　　"厚者"，今王本原无"者"字，此据诸简、帛本与王《注》补。

　　"厚者"谓德行笃厚者。"比"，犹曰比如、有如。"赤子"，婴儿。

　　婴儿为人之初生状态，可喻事物的根、本。且婴儿无知无识、

　　无意无念，若有虚无之德。因此，老子常以婴儿以喻道境。如

　　十章曰："专气致柔，能婴儿乎？"二十章云："如婴儿之未孩。"

二十八章亦云：“复归于婴儿。”苏辙曰：“老子之言道德，每以婴儿况之者，皆言其体而已，未及其用也。夫婴儿泊然无欲，其体则至矣，然而物来而不知应，故未可以言用也。道无形体，物莫得而见之也，况可得而伤之乎？”说得经义。

［二］蜂虿虺蛇不螫：“虿”，蝎属。“虺”，蛇类。“螫”，谓毒虫刺或咬。

［三］猛兽攫鸟不搏：王本原作“猛兽不据攫鸟不搏”，此据诸简、帛本正。“猛”，凶恶、凶狠。“攫”，本谓鸟迅疾地抓取。“攫鸟”，谓猛禽。“搏”，“捕”之本字，此谓伤害。

本章“蜂虿虺蛇不螫，猛兽攫鸟不搏”，与五十章“兕无所投其角，虎无所措其爪，兵无所容其刃”义同，皆谓“含德之厚者”虚己应物、不为物所伤之意。故王《注》曰：“赤子无求无欲，不犯众物，故毒虫之物无犯之人也。含德之厚者，不犯于物，故无物以损其全也。”

［四］骨弱筋柔而握固：“握固”，握拳紧固。此非谓持物紧固，而是言握拳之状。

王《注》：“以柔弱之故，故握能周固。”

［五］未知牝牡之合而全作，精之至也：“牝牡”，本分别谓雌、雄的禽兽，此喻女、男。“合”，交合。“全”，通作“朘”，男性生殖器。“作”本谓起身，引申有振起、兴起等义。“朘作”，谓婴儿阳物勃起之状。“精之至”，谓精气纯一至极。

河上公释曰：“赤子未知男女之合会而阴作怒者，由精气多之所致也。”王《注》：“作，长也。无物以损其身，故能全长也。言含德之厚者，无物可以损其德、渝其真。柔弱不争而不摧折，皆若此也。"前者从涵养精气的角度作训，后者从虚弱无欲的角度诠解，可互看。

［六］终日号而不嚘，和之至也："号"，号哭。"嚘"，王本原作"嗄"，此据诸简、帛本及经义正，噎气也。"终日号而不嚘"，义为整天号哭，却不会噎气。"和之至也"，义即"至和"。

"和"不仅谓阴阳和合，亦有柔（如柔和之"柔"）或虚、无（参见四章"注［一］"）之义。故"和之至也"，既是云赤子精气至柔，亦是言其无情无欲、虚无至极之状。王《注》："无争欲之心，故终日出声而不嚘也。"

［七］和曰常：王本原作"知和曰常"，此据诸简、帛本正。"曰"，犹则（下文三"曰"同）。

表面上看，自"含德之厚者"至"和之至也"，本章大部分文字似皆以"赤子"之喻以明道境之不测。实则经文至此，不过是言一"和"字而已。"和"既是"含德之厚"的基本内涵，亦是上述境界得以成就的修养基础。顺承此义，此处曰"和曰常"、曰"知和曰明"（下文），实为自然。

［八］知和曰明："知"，体认、通达。"和"，王本原作"常"，此据郭店简、帛甲、汉简及经义正。

［九］益生曰祥："益生"，即五十章所云"生生"，皆谓厚自奉养。"祥"，本谓吉凶之兆，此谓凶。

［十］心使气曰强："心使气"，谓执意或妄自运气。"强"，勉强。

"强"是对上文"使气"之行的一种"定性"，即失之自然。所谓

“心使气曰强”，王《注》：“心宜无有，使气则强。”说是。注家
训“强”，多曰刚强或强盛，或曰强梁、强壮或刚暴，或谓“强”
通作僵化之“僵”。均不确。

[十一] 物壮则老，谓之不道。不道早已：此文亦见于三十章，彼处
文字与此稍异。本章王本“谓之”，彼章作“是谓”，余文二
章相同。关于其义，辨见三十章“注 [八]”“注 [九]”。

【翻译】

　　道德笃厚者犹如婴儿：蜂、蝎子、蛇等毒虫不会毒害他，凶猛的
禽兽不会伤害他；他虽筋骨柔弱，却握拳紧固；他还不懂得男女交合
之事，阳物却能充盈勃起，这是由于他精气纯一至极的缘故；他整天
号哭，却不会噎气，这是由于他精气至和、无欲无求的缘故。

　　（精气）至和则恒久，体认了“和”则明达。有意于养生则不祥，
心执意于运气则为勉强。

　　事物达其盛壮时就会衰老，这叫做不合于道。不合于道则必速亡。

【解义】

　　本章文字始终围绕着一“和”字而展开：“和”作为至德，其中正
自守、无欲无求、无情无意，故可曰虚、无；其自然而发、因物之性、
无所争执，故可曰柔、弱。无欲无求，于物无犯，故亦不为物所伤；
因物之性，无争无执，虽似柔弱却能有“握固”“不嗄”之功。德苟至
于此，方可谓恒常；知苟达于此，方可谓明达。若背“和”而行、有
为“任性”，则必有凶咎之灾。

五十六章

知者不言，言者不知[一]。

塞其兑，闭其门[二]，挫其锐，解其分，和其光，同其尘[三]，是谓玄同[四]。

故不可得而亲，亦不可得而疏[五]；不可得而利，亦不可得而害；不可得而贵，亦不可得而贱。故为天下贵。

【注释】

[一] 知者不言，言者不知："知者"，谓知道者。"不言"，谓不言说道。"言者"，谓言说道者。"不知"，不知道。

"知者"，当指"知道者"。首章曰："道可道，非常道。"相对于言说，道更为"根本"：道是言说得以产生与展开的前提，道"高于"且"领先于"言说。故"知道者""明道者"虽于道有所悟、有所达，然却不能言道、说道。《道德经》此说，《庄子》亦喜言（如《天道》与《知北游》均有引述），曰"至言无言"（《知北游》）、"大道不称"（《齐物论》）等。

"知者不言"，王《注》："因自然也。""言者不知"，王《注》："造事端也。"是王弼以"无为""有为"之说作训，且将经义引入伦理政治视域。察下文"亲疏""利害""贵贱"以及"为天下贵"等说，王《注》颇得经旨。

［二］塞其兑，闭其门：义见五十二章"注［四］"。

［三］挫其锐，解其分，和其光，同其尘："分"，读为"纷"，杂乱、
　　　争执。关于诸句之义，参见四章"注［三］"。

［四］玄同："玄同"，深远、暗昧之"同"，谓德或境界。"玄同"者，
　　　既是总结以上六句之义，又引发下文诸"不可得"句之意。
　　　《老子指归》："与世混沌，与俗玄同。"则严遵以"混沌"释
　　　"玄"，义亦达。吴澄云："与世齐同，妙不可测，故曰'玄同'。"
　　　说亦通。

［五］故不可得而亲，亦不可得而疏："亲"，亲近。"亦不可"，王本原作
　　　"不可"，此据诸简、帛本补"亦"（下同）。"疏"，谓疏远、疏离。
　　　关于"不可得而"诸句之义，王《注》："可得而亲，则可得而疏
　　　也。可得而利，则可得而害也。可得而贵，则可得而贱也。"吴
　　　澄亦云："我既玄同，则人不能亲疏、利害、贵贱我矣。"蒋锡昌
　　　进而曰："此言圣人治国，清静无为，无形可名，无兆可举，故
　　　民不可得而亲，不可得而疏，不可得而利，不可得而害，不可得
　　　而贵，不可得而贱，故为天下贵也。"说皆有得。

【翻译】

　　知道者不言说道，言说道者则不知道。

　　闭塞事欲得以产生的耳目鼻口等官窍，封闭它们得以表现或实现
的通道，消磨锋芒，解除纷乱，不显不炫、隐而不彰，混同尘世、与
俗同流，这就是"玄同"的境界。

　　因此，"玄同"之人既不为人们所亲近，也不为人们所疏远；既

无法利益他，也无法伤害他；既不得尊贵他，也不得卑贱他。所以，他才为天下所尊贵。

【解义】

　　本章文字皆以"玄同"为核心而展开：既论述了通达"玄同"境界的修养之法（"塞其兑，闭其门，挫其锐，解其纷"），亦展现了"玄同"之德的表现（"和其光，同其尘"）及其伦理政治功用（诸"不可得而⋯⋯"句以及"故为天下贵"）。而且，唯有"玄同者"方能契会妙道、因物之化、不囿于言辞。

五十七章

　　以正治国[一]，以奇[二]用兵，以无事取天下[三]。

　　吾何以知其然哉[四]？夫天下多忌讳而民弥贫[五]，民多利器而国家滋昏[六]，人多智而奇物滋起[七]，法物滋彰而盗贼多有[八]。

　　是以圣人之言云[九]：我无为而民自化，我好静[十]而民自正，我无事而民自富，我欲不欲而民自朴[十一]。

【注释】

[一] 以正治国："正"，谓端正之道。

注家训"正",解颇不同。观其所论,主要表现有三说:其一谓"正"通作"政",义为名教法令或政事(如王弼、成玄英、唐玄宗、林希逸、奚侗等)。其二谓"正"指清静、无为之道(如释德清、蒋锡昌、朱谦之等)。其三以"正"为本字,或解作正直之人(如河上公),或解作端正或端正之道(如严遵、苏辙、吕惠卿、范应元、李息斋、王夫之等),或释曰"正名"(如陆希声),或释曰修正(如吴澄)。味其义,"正"与下文"奇"字对应,故以"正"为"政"之说似有不确。而"治国"与"取天下"层次有别,若谓"正"为清静无为之道,则其与下文"无事"(即无为)将无异矣。故"正"当为本字。

又,河上公以"正身之人"释"正",亦与上下文不洽。《老子指归》曰:"道德之情,正信为常。"又曰:"故王道人事,一柔一刚,一文一武,中正为经。"又曰:"故用心思公,不若无心之大同也;有欲禁过,不若无求之得忠也;喜怒时节,不若无为之有功也;思虑和德,不若无事之大通也;……是故,明王圣主无欲无求、不创不作、无为无事、无载无章、反初归朴,海内自宁。"则严说不仅以"正"与"奇"对应,且亦明"正"与"无事"、"治国"与"取天下"之别。其说善,当从。

[二]奇:谓奇诡之道。

[三]以无事取天下:"无事",谓没有事为,义犹"无为"。"取",取得、获得。

学者训"取",或曰"治"或"治理",或读"取"为"聚",释曰"天下聚合"。说皆不确。二十九章曰:"将欲取天下而为之,

吾见其不得已。”正以“取”与“不得”对言，“取”训作取得，
未可疑也。“以无事取天下”，谓以无事得天下。林希逸曰：“无
为而为，而可以得天下之心，故曰‘以无事取天下’。”朱谦之亦
云：“取天下者，谓得民心也。四十八章：‘取天下常以无事；及
其有事，不足以取天下。’”

[四]吾何以知其然哉：王本原作“吾何以知其然哉？以此”，此据诸
　　简、帛本正。“其”，谓“以无事取天下”。

[五]夫天下多忌讳而民弥贫：“夫”，王本原无，此据诸简、帛本及文义
　　补。“忌讳”，河上公、林希逸解曰“防禁也”，吴澄释曰“畏避”。
　　前者就君上立说，后者就庶民设言，义通互补。“弥”，愈、益。
　　魏启鹏曰：“‘忌讳’的初义，见《周礼·春官·小史》：‘若有事，
　　则昭王之忌讳。’郑司农《注》：‘先王死日为忌，名为讳。’……
　　《老子》此句，当指各诸侯邦国行苛政的种种禁令和训诫。”说
　　可参。

[六]民多利器而国家滋昏：“利器”，便利之器。“而”，王本原无，此
　　据诸简、帛本补，表转折。“滋”，益也。“昏”，谓昏昧、混乱。
　　关于“利器”之义，注家训解有别：或曰“权”或“权谋”（如
　　河上公、苏辙等），或曰“利己之器”（王弼语）或“人世便利
　　之器”（林希逸语）或“利便于民之器”（吴澄语），或曰“杀人
　　之器”（范应元语），或曰“贤者”（释德清语），或曰“圣智”
　　（奚侗语）等。细审文义，当以王弼、林希逸等说为是。八十章
　　曰：“使有什佰人之器而不用，使民重死而远徙，有舟车无所乘
　　之，有甲兵无所陈之，使民复结绳而用之。”“什佰人之器”“舟

车""甲兵"（此又涵摄范说）等，皆属于本章所谓"利器"。"利器"虽便利于人伦日用，然亦会催生人们的逐利争巧之心，从而背离素朴之道。《庄子·天地》："有机械者必有机事，有机事者必有机心。机心存于胸中，则纯白不备。""机械"即属"利器"。

[七] 人多智而奇物滋起："智"，今王本作"伎巧"，此据诸简、帛本与王《注》正。"而"，王本原无，此据诸简、帛本补。"奇"，偏邪、不正。"物"，谓事。"奇物"，即"邪事"（王《注》）。"起"，兴、作。

[八] 法物滋彰而盗贼多有："物"，王本原作"令"，此据诸简、帛本正。"法物"，谓礼法制度。"彰"，彰显。"而"，王本原无，郭店简亦无，而帛书、汉简俱有。为与以上三句文协，兹于王本补"而"字。

如何理解"法物"，学者之间亦颇显争议：或曰"法物，好物也"（河上公语。高明、彭浩等从之）；或读"法物"为"乏物"，谓其与"奇物"同义，皆指珍奇之物（如李零、刘钊等）；或曰"（郭店）简文'法物'，当指钱币，……指依法制造通行的货币"（魏启鹏语）；或曰"法，谓法令；物，谓权势所招来之备物也"（郑良树语）；或谓"法物"指仪仗器物（如徐志钧）；或曰"法物"犹"法令"，义为法令条文等（如裘锡圭、许抗生等）；或谓"法物"指礼法制度等（如赵建伟、陈锡勇、丁四新等）。诸说中，唯礼法制度之说者为善。汉简整理者亦曰："'法物'当泛指统治者用以规范、教化百姓之物，包括政令、礼乐、制度相关之物，后世'法物'一词则专指礼乐仪仗之器。"

［九］是以圣人之言云：王本原作"故圣人云"，此据郭店简与帛书，正王本"故"作"是以"，使之与其他各章（如三章、七章、十二章、二十二章、二十六章、二十七章、四十七章、六十三章、七十二章等）相协；同时，补其"人"后所脱"之言"二字。

［十］好静："好静"与前句"无为"及后句"无事""欲不欲"义通，皆谓虚静无为。

［十一］我欲不欲而民自朴："我欲不欲"，今王本作"我无欲"，此据郭店简、帛乙、汉简等本正。"欲不欲"，义犹无为。

所谓"不欲"之"欲"，学者多训以"贪欲"，说有不确，其义当与三十七章"不欲"之"欲"相同。而"欲不欲"，即曰"以不欲为欲"。

【翻译】

以端正之道治国，以奇诡之道用兵，以"无所作为"取得天下。

我怎么知道是这样的呢？天下的禁忌戒令越多，则民众越发贫困；民众拥有的便利器械越多，则国、家越发昏乱；人多小慧，则邪事益兴；礼法愈彰，则盗贼益多。

因此，圣人有言曰：我无为则民众自然化育，我好静则民众自然端正，我无事则民众自然富足，我"以不欲为欲"则民众自然素朴。

【解义】

关于本章意旨，可概之曰：人主欲得天下归心、行大治于天下，唯在于己之"无为"耳。而"无为"之展开，则为"无事""好

静""欲不欲"等。若进而言之，则二章"行不言之教"、三章"不
尚贤""不贵难得之货""不见可欲"、十九章"绝圣弃智""绝仁弃
义""绝巧弃利"等，均是"无为之治"的具体表现，皆以此保持与
"呵护"民众的素朴、"虚无"之心。只有治以无为，天下方自然化育、
端正富足。

五十八章

其政闷闷，其民淳淳^[一]；其政察察，其民缺缺^[二]。

祸兮福之所倚，福兮祸之所伏^[三]。孰知其极^[四]？其无正
也^[五]，正复为奇、善复为妖^[六]。人之迷，其日固久矣^[七]。

是以方而不割^[八]，廉而不刿^[九]，直而不肆^[十]，光而不耀^[十一]。

【注释】

[一] 其政闷闷，其民淳淳："政"，政教，此谓治世。"闷闷"，或读
为"昏昏"，与下文"察察"相对，谓昏聩不明。淳淳：质朴、
敦厚貌。

河上公："其政教宽大，闷闷昧昧，似若不明也。"则其本虽作
"闷闷"，其训则曰"昧昧""不明"，似是以"闷"通"昏"。释
德清曰："闷闷，无知貌。"似亦是以"昏"字为据。

王《注》："言善治政者，无形无名、无事无政可举，闷闷然而卒
至于大治，故曰'其政闷闷'也。其民无所争竞、宽大淳淳，故
曰'其民淳淳'也。"其虽以"闷闷"为本字，说亦可参。

[二] 其政察察，其民缺缺："察察"，严苛明察貌。"缺缺"，既可谓民
之素朴、敦厚之性不再，亦可曰民生之浑然、自足之状已残。

河上公曰："政教急疾，民不聊生，故缺缺日以疏薄。"王《注》：
"立刑名，明赏罚，以检奸伪，故曰'其政察察'也。殊类分析，
民怀争竞，故曰'其民缺缺'也。"说皆可参。

[三] 祸兮福之所倚，福兮祸之所伏："倚"，依附、依赖。"伏"，隐
伏、隐藏。"依"与"伏"二字义互补，当合看。

[四] 孰知其极："孰"，通作"谁"。"极"，穷、尽。此句义为：祸、
福相依相生，无有止境（河上公："祸、福更相生，谁能知其穷
极时？"）。

"祸兮福之所倚，……孰知其极"诸句，其义与上下文似不条贯。
蒋锡昌曰："按：圣人无为，天下自化。既无所谓福，亦无所谓
祸。自俗君有为，以智为治，天下乃纷纷扰扰，竞以奸伪相胜。
于是祸福依伏，而莫知其极矣。"说可参。

[五] 其无正也："其"，谓治者或人主。"无正"，即失正，谓不以清静
之道治世。"也"，王本原无，此据帛书等本及经义补。

蒋锡昌曰："按：'其'谓人主也。'正'……，谓清静之道也。
'奇'邪也，七十四章王注'诡异乱群，谓之奇也'。'妖'为善
之反，恶也。此言人主如无清静之道以为治邪，则民之本清静者
将复化为邪乱，民之本良善者将复化为凶恶也。今本以'其无正

邪'误属上句。"说善。

［六］正复为奇、善复为妖："复为"，反转为、复变成。"奇"，邪也。
"妖"，恶也。

注家训"妖"，多曰妖孽或妖怪。奚侗则曰："'奇'有'邪'
谊。《管子·白心篇》：'奇身名废。'房《注》：'奇，谓邪，不
正。''妖'，当训为'恶'。《晋语》：'辨妖祥于谣。'高《注》：
'妖，恶也。'上以'察察'为政，使人民不能安其性命之情。性
本正也，反为邪矣；性本善也，反为恶矣。"说是。

［七］人之迷，其日固久矣："人"，谓人主。"迷"，惑也。"固"，本来、
已经。"矣"，今王本无，此据帛乙、汉简二本与王《注》补。

人之所以会迷惑，乃是由于失道不明。人主之所以治以有为，乃
至"察察"而使民性流于邪僻，亦是其迷惑失道所致。

［八］是以方而不割："是以"，王本原作"是以圣人"，此据帛乙、汉
简二本及经义正。"方"，方正。"割"，谓分割、割裂。

［九］廉而不刿："廉"，端直、清廉。"刿"，伤害。

王《注》："廉，清廉也。刿，伤也。以清廉导民，令去其污，不
以清廉伤于物也。"

［十］直而不肆："直"，率直、率真。"肆"，纵肆、放纵。此句义为：
率直而不纵肆。

王《注》："以直导物，令去其辟，而不以直激拂于物也。所谓大
直若屈也。"

［十一］光而不耀："光"，谓明亮。"耀"，谓耀眼、炫目。

王《注》："以光鉴其所以迷，不以光照，求其隐匿也。所谓明

道若昧也。"

又，以上四句，"方而不割"与"廉而不刿"义近，皆谓行道端正而无棱角、利锋，故于物无伤；"直而不肆"与"光而不耀"义近，均谓"和光同尘"，彰而有度、含蓄内敛。

【翻译】

人主治世若"昏聩不明"，民性便质朴、敦厚；人主治世若严苛明察，民性便亏缺不全、朴厚不再。

祸患，为福运所依伏；福运，亦为祸患所隐匿。（祸与福相依相生，）有谁知道哪里是尽头呢？（倘若）人主失其清静之道，则正反转为邪、善复变为恶。人主失道迷惑，已经很久了。

因此，应当行为方正而不割裂物，清廉端直而不伤害物，率真而不肆扬，明亮而不耀眼。

【解义】

对于本章之文，历来诸本属章有异，学者训解亦颇分歧。观其大要，仍不过是倡言治当无为。唯有治以无为，"无形无名、无事无政可举"（王《注》），才不会损伤民性，存其"淳淳"。治者倘若惑道失政，治以妄为，民则有"正复为奇，善复为妖"之病。章末"方""廉""直""光"之说亦表明：表面上的"闷闷"之政，并非意味着治者真的晦暗无明、蒙昧无知，其行自有正直、光明之道在。而且，治者因能"和光同尘"、顺民之性，故于"闷闷"中亦得以成其化民成俗之功。

五十九章

治人、事天，莫若啬[一]。

夫唯啬，是以早服[二]。早服是谓重积德[三]，重积德则无不克[四]，无不克则莫知其极[五]，莫知其极可以有国[六]，有国之母可以长久[七]。

是谓深根固柢[八]、长生久视[九]之道。

【注释】

[一] 治人、事天，莫若啬："治人"，即治民。"事天"，谓养身。"啬"，谓涵养之法。"莫若啬"，义为莫过于"啬道"。

注家训"天"，说有不同，其要可概之为二：一曰"天"指"天道"或"自然"，则"事天"义为"用天道"（河上公语）或"服事天道"（范应元语）等。二曰"天"指"身"，则"事天"谓治身或养生。如《韩非子·解老》曰："所谓'事天'者，不极聪明之力，不尽智识之任。苟极尽，则费神多。费神多，则盲聋悖狂之祸至，是以啬之。"奚侗亦云："《吕览·先己篇》：'所事者，末也。'高《注》：'事，治也。'又《本身篇》：'以全其天也。'高《注》：'天，身也。'《说文》：'啬，爱涩也。'啬以治人，则民不劳；啬以治身，则精不亏。"韩非与奚侗之说颇辩，亦合于下文"深根固柢、长生久视"之说。观本章之文，乃治人与治身并论。

故关于"事天"之义，似以韩非等说为胜。

又，"啬"本谓吝爱或爱惜，在此指涵养之法，可名曰"啬道"（或"啬术"）。《解老》："少费之谓啬。"吴澄："啬，所入不轻出，所用不多耗也，留形惜气要术也。"二说皆突出了"啬道"的涵养、积蓄之义，善训。

[二] 是以早服："是以"，王本原作"是谓"，此据诸简、帛本正。"早"，先行、事先。"服"，服从、循守。"早服"，喻守道不失、远离祸患。

王本"早服"，世传本或作"早复"。今观帛乙、汉简、严遵与河上公等汉代诸本，其俱作"服"，则经文当以"服"字为是。然严遵谓"早服"曰"未攻而天下服"，说则非。《解老》曰："夫能啬也，是从于道而服于理者也。众人离于患、陷于祸，犹未知退，而不服从道、理。圣人虽未见祸患之形，虚无服从于道、理，以称蚤服。"即释"服"为服从、循守，且谓"服"之对象为道、理（严遵谓"明王"，说非），说颇浃洽。王《注》："早服常也。"则王弼盖以"常"指"道"，其说与《解老》义通。

又，"早"者，"晨也"（《说文》）。段《注》："引申为凡争先之称。"依《解老》"圣人虽未见祸患之形，虚无服从于道、理，以称蚤服"之说，"早服"之"早"（"争先"）乃是针对"祸患之形"而言。河上公云："早，先也。服，得也。"则"早服"，义为"能先得天道"。说亦通。

[三] 早服是谓重积德："是谓"，王本原作"谓之"，此据郭店简、帛乙与汉简本正。"重"，"厚也"（《说文》），引申有多义。"积"，

聚也。"重"与"积"义通，林希逸曰："重，愈积之意也。"

河上公曰："先得天道，是谓重积德于己也。"王《注》："唯重积德，不欲锐速，然后乃能使早服其常。故曰'早服谓之重积德'者也。"说皆可参。

［四］重积德则无不克："克"，胜也。

河上公曰："积德于己，则无不胜也。"奚侗曰："德积既厚，则无为也而尊，天下莫之能胜矣。"说皆可参。

［五］莫知其极："其"，谓道德及其功用。"极"，穷也、尽也。

关于此句之义，注家或解曰"道无穷也"（王弼语），或解曰"则莫有知己德之穷极也"（河上公语），或解曰"用之不尽也"（林希逸语）等，于义均通。《解老》曰："其术远，则众人莫见其端末。莫见其端末，是以莫知其极。"此说流于权术之变，恐非。

［六］可以有国："有国"，喻天下来归。

王《注》："以有穷而莅国，非能有国也。"河上公曰："莫知己德有极，则可以有社稷，为民政福。"二说义互补。范应元云："通乎此者，非以图国而人自归之，则其德可以有国也。"其以"归往"之义训"有国"，不仅义甚善，且合于古人关于"王"的天下归往之之义（《说文》："王，天下所归往也。"）。

［七］有国之母可以长久："母"，喻根、本。

注家训"母"，常取"养"义。此解既不协句义，且与上下文亦乏呼应，恐非。《解老》、河上公、李荣、范应元、释德清等训"母"曰"道"。在老子思想中，以"母"训道固可。然就本章而言，"母"则喻"本"，与下文"根""柢"义通。五十二章曰：

"既知其子，复守其母，没身不殆。""本"若得"固"，"母"若得"守"，"治人事天"自然没有危险或疲困（即"殆"）之虞。而"固本"或"守母"之法，即本章所谓"啬道"。王《注》："国之所以安，谓之母。重积德，是唯图其根，然后营末，乃得其终也。"则王弼即以"根"训"母"。所谓"重积德，是唯图其根"，即曰以"啬道"涵养其"根"。又，苏辙曰："吾是以知啬之可以有国，可以有国，则有国之母也。……以啬治人，则可以有国是也。以啬事天，则深根固蒂者是也。"其义益明。

［八］深根固柢："根"，即曼根。"柢"，即直根。

浑言之，"根"与"柢"皆谓根。若析言之，则如《解老》所云："树木有曼根，有直根。直根者，书之所谓柢也。柢也者，木之所以建生也；曼根者，木之所以持生也。"故《道德经》"深根""固柢"之说甚洽。

［九］长生久视："久视"，即久活，与"长生"义近。

朱谦之曰："'长生久视'为当时通行语。《荀子·荣辱篇》云：'是庶人之所以取暖衣饱食、长生久视以免于刑戮也。'《吕氏春秋·重己篇》云'世之人主贵人，无贤不肖莫不欲长生久视'，高诱《注》：'视，活也。'《老子》义同此。"其说辩。"长生"与"久视"（即"久活"），正相对言。

【翻译】

治民与养身，没有比"啬术"更重要的了。

唯有奉行"啬术"，所以能守道不失、远离祸患（即"早服"）。

"早服"叫做"重积德","重积德"则无所不胜，无所不胜则道德及其功用将不可穷尽，不可穷尽则天下来归，天下来归而有其根本则可长久。

这就是深根固柢、恒久生生之道。

【解义】

本章主要是言"啬道"及其治世、养生之功。"啬"谓含藏、蓄养，"啬道"即"固本""守母"之法。倘能恪守"啬道"，"本"得其固、"母"得其守，则无论内以自养抑或外以行治，皆将无枯竭、危殆之忧。

六十章

治大国若烹小鲜[一]。

以道莅天下[二]，其鬼不神[三]。非[四]其鬼不神，其神不伤人。非其神不伤人，圣人亦不伤[五]。夫两不相伤[六]，故德交归焉[七]。

【注释】

[一] 治大国若烹小鲜："烹"，烹饪。"小鲜"，即小鱼。

小鱼易碎、烂，烹饪时不宜多翻动。老子以"烹小鲜"之法喻清静无为之道，甚传神！王《注》："不扰也。躁则多害，静者全真。故其国弥大，而其主弥静，然后乃能广得众心矣。"范应元云："治大国者，譬若亨小鳞。夫亨小鳞者不可扰，扰之则鱼烂。治大国者当无为，为之则民伤。盖天下神器，不可为也。"王《注》重在言"清静"能"广得众心"，范《注》则突出"有为"伤民之义。二说义互补，当合看。

［二］以道莅天下："莅"，临也。"道"，此谓清静无为之法。此句义为：以"道"治天下。

［三］其鬼不神："其"，语助词（下文诸"其"同）。"鬼"，与下文"其神不伤人"之"神"（神灵）相应，谓鬼怪。"神"，与下文"其神不伤人"之"伤人"义近，谓"鬼""神"因为人的悖逆自然之行而施加的灵验之罚。

［四］非：为"不唯"之合音（高亨说），义为不仅（下"非"仿此）。

［五］圣人亦不伤："不伤"，王本原作"不伤人"，此据西汉简、帛本正。据经义，"伤"后应有"人"字。此句无，当为涉前句"人"字而省。

对于以上诸句之义，王《注》："以道莅天下，则其鬼不神也。神不害自然也。物守自然，则神无所加。神无所加，则不知神之为神也。道洽，则神不伤人。神不伤人，则不知神之为神。道洽，则圣人亦不伤人。圣人不伤人，则亦不知圣人之为圣也。犹云非独不知神之为神，亦不知圣人之为圣也。夫恃威网以使物者，治之衰也。使不知神圣之为神圣，道之极也。"王弼以"鬼""神"

无"灵"可施，以彰清静无为的不测之功，颇达经义。苏辙亦云："圣人无为，使人各安其自然。外无所烦，内无所畏，则物莫能侵。虽鬼无所用其神矣。非其鬼之不神，亦有神而不伤人耳。非神之不伤人，圣人未尝伤人，故其鬼无能为耳。"其说亦明而善。

[六] 夫两不相伤：谓"鬼神"和"圣人"俱不伤人。

注家解义，有谓"上不与民相害，而人不与鬼相伤，故曰'两不相伤'"（《韩非子·解老》），有谓"鬼与圣人俱两不相伤也"（河上公语），有谓"人"与"鬼"（如苏辙）或"人"与"神"（如吕惠卿）互不相伤，有谓"夫圣人不伤人，神亦不能为人之伤，是两不相伤也"（李贽语）等，恐皆非。观上文"非其神不伤人，圣人亦不伤"云云，则"两不相伤"当谓"神"与"圣人"俱不伤人。王《注》："神不伤人，圣人亦不伤人；圣人不伤人，神亦不伤人。故曰两不相伤也。"《老子指归》："故鬼以其神养物于阴，圣人以其道养物于阳。福因阴始，德因阳终。鬼神降其泽，圣人流其恩。"其以"鬼神"与"圣人""养物"作训，则"两不相伤"翻有新义。

[七] 故德交归焉："交归"，谓"神"与"圣人"之"德"俱归之于民，喻天下各遂其性、生生流行。

《解老》："上（引按：谓"圣人"）盛畜积而鬼不乱其精神，则德尽在于民矣。故曰：'两不相伤，则德交归焉。'言其德上下交盛而俱归于民也。"《老子指归》："鬼神降其泽，圣人流其恩。交归万物，若性自然，流道沉德，洽和同真。"王《注》："神、圣合道，交归之也。"说皆可参。

【翻译】

治理大国之法，如同烹饪小鱼。

以道治理天下，（天下之民各安其自然。）鬼怪没有灵验伤害人；不仅鬼怪没有灵验伤害人，神灵也没有灵验伤害人；不仅神灵没有灵验伤害人，圣人也不伤害人。"鬼神"和"圣人"俱不伤害人，因而其"德"皆会归于天下万民。

【解义】

本章以"烹小鲜"之法以喻清静无为之旨，简明生动、影响深远。五十七章曰："我无为而民自化，我好静而民自正，我无事而民自富，我欲不欲而民自朴。"即是言清静无为的具体表现。本章指出：治者倘能治以无为，生民便各安其自然，无悖逆巧诈之事、乏亵鬼渎神之行，从而不受惩罚、不致灾异，皆得以养，生生不息。

六十一章

大国者下流也，　天下之牝也。　天下之交也，　牝常以静胜牡[一]。以其静也，　故为下[二]。

故大国以下[三]小国，　则取小国[四]；　小国以下大国，　则取于大国^[五]。 故或下以取， 或下而取^[六]。 大国不过欲兼畜^[七]人， 小国不过欲入事^[八]人。 夫两者各得其所欲， 则大者宜为下^[九]。

【注释】

[一] 大国者下流也，天下之牝也。天下之交也，牝常以静胜牡：今王本作"大国者下流，天下之交。天下之牝，牝常以静胜牡"，此据西汉简、帛本与王《注》正。"下流也"，喻谦卑能容。"牝"，本谓雌性的禽兽，此喻谦卑、柔弱、虚静。"交"，交合、交接。"牡"，本谓雄性的禽兽，此喻刚强、充实等。

"大国者下流也"，谓大国当如水之就下，谦卑有容。谦卑犹若柔弱，有容则能包含，故下文曰"天下之牝也"。"牝"者，"畜母也"（《说文》），本即含有"雌"与柔弱之义。二十八章曰："知其雄，守其雌，为天下谿。"此说可为"下流"之义作训。又，六章曰："玄牝之门，是谓天地之根。绵绵若存，用之不勤。"则"下流"之功亦有绵绵不尽之义。"牡"者，"畜父也"（《说文》），本即含有"雄"与刚强之义，与"牝"字相对。"天下之交也，牝常以静胜牡"，乃以雌雄交合为喻，以明虚静与柔弱之功。四十三章云"天下之至柔，驰骋于天下之至坚"、七十八章云"弱之胜强"，均可为此说作注。

[二] 以其静也，故为下：今王本作"以静为下"，此据西汉简、帛本与王《注》正。"以"，因为。"为下"，处下。

王《注》又曰："以其静复能为下，故物归之也。"其说以虚静、谦下作为天下来归的前提，颇合经义。

［三］大国以下：王《注》：“犹云以大国下小国。”

［四］取小国：谓为小国所归附。王《注》：“小国则附之。”

［五］则取于大国：王本原作“取大国”，于义不协，此据西汉简、帛本补“则”“于”。“取”，纳、容。此句义为：（小国）为大国所容纳。

［六］故或下以取，或下而取：“或”，“不定也”（成玄英语）。“下以取”，“谓大国能下以取小国之附也”（吴澄语）。“下而取”，“谓小国能下而取大国之容也”（吴澄语）。

王《注》：“言唯修卑下，然后乃各得其所欲。”

［七］兼畜：“兼”，并也。“畜”，养、育。

［八］入事：“入”，谓归附。“事”，侍奉、服事。

［九］则大者宜为下：今王本无“则”字，此据帛乙与王《注》正。

关于句义，王《注》：“小国修下，自全而已，不能令天下归之。大国修下，则天下归之。故曰‘各得其所欲，则大者宜为下’也。”吴澄曰：“然小者素在人下，不患乎不能下；大者非在人下，或恐其不能下，故曰‘大者宜为下’。”说皆善。

【翻译】

大国当如水之流下，（谦卑含容，）就像天下的雌类一样。天下雌雄相交，雌类总是以其虚静而胜过雄类。雌类因其虚静，因此宜处于卑下之地。

因此，大国对小国谦下，小国就会归附它；小国对大国谦下，大国就会容纳它。因此，（无论是大国还是小国，）有的以谦下取得小国的归附，有的以谦下取得大国的包容，（从而各得其所）。大国不过是想兼有、蓄养小国，小国不过是想归附、服事大国。两者若想皆如其所愿，那么大国应当谦下以待小国。

【解义】

　　本章之义易致误解：嫌于为大国慑服小国作辩。尽管这一慑服的前提是以谦下为本。实际上，本章所谓的大国之"兼"，乃是言天下归往之之义；而"畜"者，亦以明大国的蓄养天下之责。天下归往之谓之"王"。天下之所以能归往于"王"，在于其能收服天下之心，而非赖于威慑与征服。六十六章曰："江海所以能为百谷王者，以其善下之，故能为百谷王。"其说与本章之义正相发明。

六十二章

　　道者万物之奥[一]，　善人之宝[二]，　不善人之所保[三]。
　　美言可以市，　尊行可以加人[四]。　人之不善，　何弃之有[五]？故立天子，　置三公[六]。　虽有拱之璧以先驷马[七]，　不如坐而进此[八]。　古之所以贵此者，　何也[九]？不曰求以得[十]、　有罪以免邪？故为天下贵[十一]。

【注释】

[一] 道者万物之奥："奥"，谓渊宗、幽微和庇护。此句义为：道作为
天地万物化育的渊宗，幽微无形。

"奥"本谓"室之西南隅"（《说文》）。因其所在隐秘与幽静，
"奥"在古代常为陈设神主或尊者所居之处。范应元曰："'奥'
字，《玉篇》：'深也，内也，主也，藏也。'"《玉篇》诸训，均
是基于"奥"之本义引申而来。注家训"奥"，各有侧重：或曰
"无有之形，无状之容"（《老子指归》语），或曰"藏也"（河上
公语），或曰"犹暖也，可得庇荫之辞"（王弼语），或曰"深密
也，亦藏府也"（成玄英语），或曰"最贵者"（吴澄语）等，义
均通。

[二] 善人之宝：王《注》："宝以为用也。"成《疏》："故能宝而贵之。"
说互补。

[三] 保：保全或自保其身。

[四] 美言可以市，尊行可以加人："美言"，令人甘美之言，此谓合道
之言。"市"，谓交易。"尊"，尊崇、尊奉。"尊行"，谓奉道之
行。"加"，增、益。"美言可以市"，谓无物贵于合道之言。"尊
行可以加人"，谓奉行道自可增益于人。

关于经义，注家之说颇显异趣。参核比较，唯王《注》为善，
曰："言道无所不先，物无有贵于此者也。虽有珍宝璧马，无以
匹之。美言之，则可以夺众货之贾，故曰'美言可以市'也。尊
行之，则千里之外应之，故曰'可以加于（引按：据经文，"于"

当为衍文）人'也。"据此，"美言""尊行"乃互文，分别谓奉道之言、行。既为奉道，故曰"美言之""尊行之"。前既云"道者万物之奥"，即"物无有贵于此者也"（王《注》），故"美言可以市"，实则谓无物贵于合道之言；"尊行可以加人"，实则谓奉行道自可增益于人。此二句既是伸张上文"善人之宝"之蕴，亦与下文"古之所以贵此者何也""故为天下贵"之说相呼应。

[五] 人之不善，何弃之有："弃"，放弃、抛弃。

关于经义，王《注》："不善，当保道以免放。""保道"即抱道或怀道；"免放"即不弃（《说文》："放，逐也。"），亦即经文所谓"何弃之有？"故《注》义实曰：对于不善之人，亦当怀道而不放弃他。河上公亦云："人虽不善，当以道化之，盖三皇之时，无有弃民，德化淳也。"此皆曰圣人不弃人，义与二十七章"是以圣人常善救人，而无弃人"之说相通。吴澄云："不善人以道保身者，畏威寡罪、身获全安。是不善之人，道亦何尝弃之也？"两说均通。学者多从前说。若结合下文"故立天子，置三公"，则前说更合经义。

[六] 立天子，置三公："立""置"义通，建也、设也。"三公"，谓太师、太傅、太保（古文家说），或司徒、司马、司空（今文家说）。

所谓"故立天子，置三公"，乃是承接上文"不善之人，何弃之有"之意，"欲使教化不善人"（河上公语）。王《注》亦云："言故立天子，置三公，尊其位，重其人，所以为道也。"范应元言之更确，曰："谓自有生民，不可无道，故立天子以主道，置三公以迪道，则可以化民反善，不善者皆归于善也。"

[七] 虽有拱之璧以先驷马："虽有"，犹曰与其。"之"，王本原无，此据帛甲、汉简二本补。"拱之璧"，谓两手合抱之大璧。"驷"，谓四马之车，即"一乘也"（《说文》）。"拱之璧以先驷马"，谓先献拱之璧而后献驷马。

吴澄云："拱璧先驷马，犹《春秋传》言'乘韦先十二牛'也。"蒋锡昌亦曰："《左传》襄公十九年，《正义》：'僖三十三年，郑商人弦高以乘韦先牛十二犒师，谓以韦为牛先也。二十六年郑伯赐子展先路三命之服，先八邑，谓以车服为邑之先也。皆以轻物先重物。……非以贱先贵。'可知古之献物，轻物在先，重物在后。'拱璧以先驷马'，谓以拱璧为驷马之先也。"蒋说辩，可从。

[八] 不如坐而进此：今王本作"不如坐进此道"，此据西汉简、帛本与王《注》正。"坐"谓跪坐：古人席地而坐，坐时两膝着席，臀部压在脚跟上。"进"，进献。"此"，谓道。

王《注》："物无有贵于此者，故虽有拱抱宝璧以先驷马而进之，不如坐而进此道也。"

[九] 古之所以贵此者，何也：王本原作"古之所以贵此道者何"，此据帛甲、汉简二本正。"此"，亦谓道。

[十] 不曰求以得：王本原作"不曰以求得"，此据帛乙、汉简二本正。

[十一] 故为天下贵：此句既是总结上文之义，亦是呼应首句"道者万物之奥"之旨。故王《注》曰："以求则得求，以免则得免，无所而不施，故为天下贵。"

【翻译】

道作为天地万物化育的渊宗，幽微无形。善人珍重而行之，不善之人也须仰赖它保全自己。

合道之言比任何事物都珍贵，奉行道能够增益于人。人纵有不善，为何就放弃他？因此，（为了教化不善之人，）便须拥立天子，置设三公，（以行清静之道）。臣下与其向君上进献拱璧、驷马等宝器美物，还不如进献此道。古时，人们之所以尊崇道，原因何在？难道不是说求则可得、有罪则以免吗？正因此故，道才为天下人所尊崇。

【解义】

本章的意旨甚为显明，即全章文字皆以"道为天下贵"为核心而展开。道之所以被赋予如此至上的地位，不仅在于它"渊兮似万物之宗"（四章），是天地万物化育的隐秘之源，而且也是人们成德免祸的修养之本。同时，"人之不善，何弃之有？故立天子，置三公"之说也表明：圣人有救世化民之责，不当任其流失。因此，无为而治并非意味着任物自为、"漠然置之"，其中自有疏导、教化之"为"在。

六十三章

为无为，事无事，味无味[一]。大小、多少，报怨以德[二]。图难于其易，为大于其细[三]。天下之难事作于易，天下之大事作于细^[四]。 是以圣人终不为大， 故能成其大^[五]。

夫轻诺必寡信， 多易必多难^[六]。 是以圣人犹难之， 故终无难矣^[七]。

【注释】

[一] 为无为，事无事，味无味：此三句句型相同、内容相贯，皆以明道法自然之义。

王《注》："以无为为居，以不言为教，以恬淡为味，治之极也。"范应元曰："无为言其虚，无事言其静，无味言其淡，本皆自然，而致之、守之、甘之则在乎人，故不可不曰为、曰事、曰味也。"

[二] 大小、多少，报怨以德：据范应元说，"大小、多少"，谓世人憾风雨、寒暑等失宜或失时，或怨圣人恩泽、赏罚等失度或不齐；"德"，谓天地生成之德或圣人教化之德。

关于文义，因"大小多少"等说语意浑沦，历来学者异解纷纭。河上公曰："陈其戒令也。欲大反小，欲多反少，自然之道也。修道行善，绝祸于未生也。"王《注》："小怨则不足以报，大怨则天下之所欲诛。顺天下之所同者，德也。"其后，学者益逞己说，令人不知所从。

近世以来，学者多谓"大小多少"前后有脱文，故义不可解。然朱谦之辟此说，认为："'大小多少'，即下文'天下难事必作于易，大事必作于细'之说，谊非不可解。……此谓大由于小，多出于少。"又，"报怨以德"之说，尝为夫子所辟。《论语·宪问》："或曰：'以德报怨，何如？'子曰：'何以报德？以直报怨，以德报德。'"对于老子此说，王弼以"顺天下之所同者"训"德"、以"天下之所欲诛"训"大怨"，实则亦有"以直报怨"之意。只不过，《注》义是据于"道"或"天下"的立场而发。范应元曰："天下之大，人犹有所憾者，以天地有形迹，故得以憾其风雨、寒暑大小、多少之或不时，然天地未尝以人有憾而辍其生成之德。圣人之大，人亦有所怨者，以圣人有言、为，故得以怨其恩泽、赏罚大小、多少之或不齐，而圣人亦岂可以人有怨而辍吾教化之德？故曰'报怨以德'。"统观诸说，范氏之说颇显平正，似更合经义，兹暂从之。当然，范氏所谓"教化之德"，乃曰"不言之教"与"无为"之德。

[三] 图难于其易，为大于其细："图"，本谓筹划，此曰解决。"细"，微也、小也。

[四] 天下之难事作于易，天下之大事作于细：王本原作"天下难事必作于易，天下大事必作于细"，此据西汉简、帛本正。"作"，"起也"（《说文》），引申有兴起、产生之义。

[五] 是以圣人终不为大，故能成其大：此句义为：圣人德行功名虽"大"不可测，然皆由其"小"开始。

《老子指归》释曰："夫大事之将兴也，犹水之出于山也：始于润湿，见于涟涟；绵绵涓涓，流为溪谷；汩汩汤汤，济舟漂石；以成江海，深大不测。是以圣人之建功名也：微，故能显；幽，故能明；小，故能大；隐，故能彰。……德与天地相参，明与日月同光。"说可参。

[六] 夫轻诺必寡信，多易必多难："轻诺"，轻易许诺。"寡"，少也。"寡信"，即少信。"多易"，是就心言，实谓轻视困难。

[七] 是以圣人犹难之，故终无难矣："犹"，尚且。"难"，在此作意动用法。此句义为：圣人能以畏难之心处事，从而最终没有难事。王《注》："以圣人之才，犹尚难于细易，况非圣人之才，而欲忽于此乎？故曰犹难之也。"吴澄曰："上言事之难易，此言心之难易。始焉轻易诺人者，其终难于践言，则寡信矣。始之多易者，终必多难，故不待至终难之时，而心以为难。虽始易之时，而心犹难之，始终皆不敢易，所以终无难。"说皆达。

【翻译】

以无为而为，以无事而事，以无味而味。世人或怨圣人的恩泽赏罚有大小、多少的不同。虽然，圣人仍为无为、事无事，不辍其德。

欲解决疑难，应在其易处理时着手；欲成就大事，当从细小处开始。天下之难事皆始于简易，天下之大事皆起于细小。因此，圣人做事始终从细小处入手，故能成就其大。

轻率的许诺必定会失信，轻视困难必定会导致更多困难。因此，圣人能以畏难之心处事，从而最终没有难事。

【解义】

本章由清静无为之说转而论小大、易难之理。小之为大、易之翻难，其变有渐。倘因"虚无"之心而能谦卑容"细"，以"难心"处事，则终可致"无难""成大"之境。

六十四章

其安易持，其未兆易谋[一]；其脆易泮，其微易散[二]。为之于其未有，治之于其未乱[三]。合抱之木，生于毫末[四]；九层之台，起于累土[五]；百仞之高[六]，始于足下。

为之者败之，执之者失之[七]。是以圣人无为故无败，无执故无失。民之从事，常于其几成而败之[八]。慎终如始，则无败事[九]。是以圣人欲不欲，不贵难得之货[十]；学不学，复众人之所过[十一]。以辅万物之自然[十二]，而不敢为[十三]。

【注释】

[一]其安易持，其未兆易谋："安"，定也。"持"，持守、掌控。"兆"，征兆、预兆。"谋"，筹划、谋划。

王《注》："以其安不忘危，持之不忘亡，谋之无功之势，故曰易也。"此谓事物尚处于"安"与"未兆"的阶段，故曰"无而未有"。

[二]其脆易泮，其微易散："脆"，谓弱小。"泮"，消解、化解。"微"，细微。"散"，消散、消除。

王《注》："虽失无入有，以其微、脆之故，未足以兴大功，故易也。"即是解此二句之义。乃谓事物虽"失无入有"，毕竟尚未进展，故曰"微""脆"。"微""脆"尚小，易于纠偏去弊，故曰

"易也"。《注》又曰："此四者，皆说慎终也。不可以无之故而不持，不可以微之故而弗散也。无而弗持则生有焉，微而不散则生大焉。故虑终之患如始之祸，则无败事。"此是总结前四句文义，且彰下文"慎终如始"之义。

[三] 为之于其未有，治之于其未乱：王本原无二"其"字，此据郭店简、汉简二本及文义补。

河上公曰："欲有所为，当于未有萌芽之时，豫塞其端也；治身治国，当于未乱之时，豫闭其门也。"苏辙云："方其未有，持而谋之足矣。及其将然，非判而散之不去也。然犹愈于既成也。故为之于未有，上也；治之于未乱，次也。"说皆可参。

[四] 生于毫末："毫末"，即毫毛之末，喻极小。

[五] 起于累土："累"，通作"蔂"，谓藤筐。"蔂土"，即一筐土，喻土之少。

[六] 百仞之高：王本原作"千里之行"，此据西汉简、帛本正。"仞"，《说文》："伸臂一寻，八尺。"

以上诸句，其义相通。皆喻事物微之而显、小之为大的演变过程，以结上文"为之于其无有，治之于其未乱"之义。

[七] 为之者败之，执之者失之：二"之"，今王本原无，此据诸简、帛本与王《注》补。

关于文义，王《注》于二十九章曰："万物以自然为性，故可因而不可为也，可通而不可执也。物有常性而造为之，故必败也。物有往来而执之，故必失也。"其于本章曰："当以慎终除微，慎微除乱。而以施为治之，形名执之，反生事原，巧辟滋作，故败失也。"说虽不同，旨意则通。只不过，前说是基于"自然"立言，此处乃是合上文"合抱之木，……始于足下"之义发论。

[八] 民之从事，常于其几成而败之："从"，"为也"（河上公语）。"其"，王本原无，此据诸简、帛本补，谓"民"。"几（幾）"，庶几、几乎。

[九] 慎终如始，则无败事："慎"，谨也，此有忧患之义。"终"，谓事之成。"始"，谓事之初。

《老子指归》："夫诚能慎终如始，为所不欲，守所不处，动于未元，反于未始，为若不为，有若不有，虽若不成，物自然也。"说得经义。

[十] 是以圣人欲不欲，不贵难得之货："欲不欲"，谓以不欲为欲。"难得之货"，指珍贵的财物。

"欲不欲"与下文"学不学"相应。关于其义，注家或释曰"圣人欲人所不欲""圣人学人所不能学"（河上公语），或释曰"以不欲为欲""以不学为学"（吴澄语）。二说中，当以后者为是。"欲不欲""学不学"与上章"为无为""事无事""味无味"之说，文、义俱类。

王《注》："好欲虽微，争尚为之兴；难得之货虽细，贪盗为之起也。"范应元曰："欲乎不欲，常无为也；学乎不学，体自然也。"皆得经义。

[十一] 学不学，复众人之所过："学不学"，谓以"不学"为"学"。"复"，返回。"过"，过失。后句义为：由"众人"重"学"之过失，而"返回"于"不学"之自然。

如何理解"复众人之所过",学者之间颇显分歧。其一如韩非,以"重复"众人的"过失"释之,曰:"故知者不以言谈教,而慧者不以藏书箧。此世之所过也,而王寿复之,是学不学也。故曰:'学不学,复归众人之所过也。'"其二如林希逸,以"过"之本义即经过或经历解经,曰:"众人之所过而不视者,圣人反而视之。"其三如王弼,曰:"不学而能者,自然也;喻于学者,过也。故学不学,以复众人之所过也。"即谓"圣人"由"众人"重"学"之过失,而"返回"于"不学"之自然。其四如朱谦之,以《庄子·德充符》"夫无趾,兀者也,犹务学以复补前行之恶,而况全德之人乎!"之意解之,谓"复也者,犹复补也"(陈鼓应、许抗生、徐志钧、高明等皆从此说)。其五如魏启鹏、丁四新等,以"过越"训"过",谓"此句义为,返回那被众人过越而远离的本始"(魏氏语),等等。

诸说中,当以王弼之说(陆希声、释德清、奚侗等人说亦近)为正。王《注》以"学"与"不学"之别以明"众人"与"圣人"之异,不仅符合经义,而且也通达二十章"绝学无忧"之义:"众人"重"学",故有"忧"("过"则有"忧"也);"圣人"绝"学"(即"学不学"),故无"忧"。王雱曰:"不学之学非无学也,所学在于不学耳,以复众人之所过故也。众人逐末多事,圣人以不学之学救其过而反之道。"其说甚明。

[十二] 以辅万物之自然:"以",通作"能"。"辅",助也。"辅万物之自然",义犹《礼记·中庸》"赞天地之化育",皆是曰圣人之

功德。

[十三] 而不敢为：谓不敢造作有为。

河上公曰："圣人动作因循，不敢有所造为，恐远本也。"

【翻译】

（事物）在其安定时容易掌控，（事物）在其未变时容易筹划；（危机）在其弱小时容易化解，（隐患）在其细微时容易消除。应谋之于其未有之时，当治之于其未乱之际。合抱粗的大树生于细小的芽苗，九层的高台起于一小筐土，百仞的高处始于一步步的攀登。

妄加作为者将会有所败坏，执着不放者将会有所丧失（按：此处译文仍从二十九章之义）。因此，圣人无所作为故无败坏，无所执着故无丧失。人们做事，常在他们几乎成功时失败了。（倘能）以患终之心以慎其始，就不会有失败之事了。因此，圣人以不欲为欲，不珍爱稀罕的财物；以不学为学，不蹈众人"好学"之弊，而返归质朴。（故）能辅助万物自化，而不敢造作有为。

【解义】

本章乃是合原经文二章之文而成，故其义稍嫌不凑。统而言之，前一部分主要是彰未雨绸缪、防微杜渐之旨，故曰："为之于未有，治之于未乱。"后一部分则基于"慎终如始"之义而明"有为""执着"之患，彰显以"无为"之法辅育万物自化之旨，故曰：圣人"欲不欲""学不学"，"以辅万物之自然，而不敢为"。

六十五章

古之为道者^[一]，非以明民，将以愚之^[二]。民之难治，以其智也^[三]。故以智治国，国之贼^[四]；以不智治国，国之德^[五]。

常知此两者，亦稽式^[六]。常知稽式，是谓玄德^[七]。玄德深矣、远矣、与物反矣^[八]，乃至大顺^[九]。

【注释】

[一] 古之为道者：王本原作"古之善为道者"。此据西汉简、帛本正。"为道"，行道。结合下文，"为道"在此主要指以道治国。

[二] 非以明民，将以愚之："明"，启发、"昭然揭示之意"（释德清语）。"愚之"，谓使其复朴归淳。

"愚"与"明"、下文"智"，义皆相对。王《注》："明，谓多智巧诈，蔽其朴也。愚，谓无知守真，顺自然也。多智巧诈，故难治也。"则本章"智"字，义犹十八章"智慧出，安有大伪"、十九章"绝圣弃智，民利百倍"之"智"，皆谓私意巧诈之小智，而非见道成德之"大智"。相应地，此所谓"明"亦非"真明"，而为"浮明"。因此，老子所谓"愚之"者，其意非谓愚弄民众，使其蒙昧鄙陋，而是试图呵护其质朴敦厚之心，以免其陷于轻薄巧诈之行。二十章曰："我愚人之心也，沌沌兮！"本章"愚之"之"愚"，亦即"沌沌"之义。

〔三〕以其智也："智也"，王本原作"智多"，此据西汉简、帛本及文义正。

苏辙曰："古之所谓智者，知道之大全，而览于物之终始，故足贵也。凡民不足以知此，而溺于小智，以察为明，则智之害多矣。故圣人以道治民，非以明之，将以愚之耳。盖使之无知无欲而听上之所为，则虽有过，亦小矣。苟以智御人，人亦以智应之，则上下交相贼耳。"说可参。

〔四〕贼：害、祸。

〔五〕以不智治国，国之德：王本原作"不以智治国，国之福"。此据西汉简、帛本正。"不智"，与前句"以智治国"之"智"相对，义犹上文之"愚"。"德"，犹福。

〔六〕常知此两者，亦稽式："常"，王本原无，此据西汉简、帛等本补。"此两者"，指上文"以智治国，国之贼""以不智治国，国之德"这两种治国方式及其相应结果。"稽式"，法式、法则。

所谓"知行合一"，"知"则能"行"，故"常知此两者"亦可谓"常行此两者"（下文"常知稽式"同）。"此两者"，注家多以为指"智"与"不智（或"不以智"）"。然细审文义，"此两者"当谓"以智治国，国之贼""以不智治国，国之德"这两种治国方式和相应的结果。

〔七〕玄德：幽眇、不可测之德。

"玄德"之说，十章、五十一章已言，皆谓幽眇、不可测之德。其义与"上德"（三十八章、四十一章）、"广德"（四十一章）相通。

〔八〕玄德深矣、远矣、与物反矣："反"，复也。

"深""远"，皆是"玄"之内涵的呈现。《老子指归》："众世莫见，故曰玄德。"又曰："玄德深矣，不可量测；远矣，不可穷极。""玄德"之所以暗昧难明，皆是因其"深""远"之故。又，"反"者，复也。王《注》："反其真也。"吕惠卿云："与物反本。"林希逸云："反，复也。与万物皆反复而求其初也。"皆得其义。

[九] 乃至大顺：王本原作"然后乃至大顺"，此据汉代诸本正。"大顺"，至顺，谓"玄德"的展开完全因应自然、不逆物性。

【翻译】

古时，以道治国者不是开启"民智"，而是呵护、维持民众的质朴、敦厚之性。民之所以难治，就是因其有智巧诈伪之能的缘故。因此，以智巧治国，是国家之祸；以不智治国，是国家之福。

常知晓以"智"或"不智"治国所导致的不同结果，也就知晓了治国的法则。常能行此法则，即为"玄德"。玄德深不可测、远不可及，它与物相偕、复朴归真，从而达到大顺的境界。

【解义】

本章的意旨甚为简明，即治国理世应当摒弃智巧之术，以呵护、维持民众的质朴与敦厚之性为依归。如此，则民风朴真、民俗纯美、上下交信。就治者而言，倘能知"不智之治"之"德"、能行"不智之治"之"道"，与物不逆、因其自然，则不仅可达于"大顺"之至治，其德亦臻于"玄德"之境。学者或据本章"非以明之，将以愚之"等说，而辟老子的治世思想有"愚民"之意，未达经义。

六十六章

江海所以能为百谷王[一]者，以其善下之，故能为百谷王[二]。

是以圣人之欲上民，必以言下之；其欲先民，必以身后之[三]。是以处上而民不重、处前而民不害[四]，是以天下乐推而不厌[五]。以其不争[六]，故天下莫能与之争。

【注释】

[一] 百谷王："百"，喻多，非实指。"谷"，本谓两山间的水流，此谓河流。"王"，归往，"王之为言天下所归往也"（焦竑语）。

[二] 以其善下之，故能为百谷王："下"，谓卑下自处。

河上公曰："江海以卑下，故众流归之，若人民归就王者。以卑下，故能为百谷王也。"《老子指归》亦云："百川并流，而江海王之。……是故，江海之王也，非积德政、累仁爱、流神明、加恩惠以怀之，又非崇礼义、广辞让、饰知故、设巧能以悦之也，又非出奇行变、起权立势、奋武扬威、重生累、息百事以制之也。清静处下，虚以待之，无为无求而百川自为来也。"所谓"清静处下，虚以待之，无为无求而百川自为来也"者，善言也。

[三] 是以圣人之欲上民，必以言下之；其欲先民，必以身后之："圣人之""其"四字，王本原无，此据诸简、帛本补。"欲上

民"欲先民"，皆谓欲使民众服从。

[四] 是以处上而民不重、处前而民不害：“是以”，王本原作“是以圣
人”，此据诸简、帛本正。“重”，重压、负担。“害”，伤也。

经文此“害”，究竟是指圣人不“害”民，抑或是民不“害”圣
人？对此，注家看法不一。严遵、林希逸、吴澄、释德清、奚侗
等取前说，曰“虽居天下之前，而民不以为害己”（林氏语）；河
上公、成玄英、吕惠卿、范应元等则取后说，曰“圣人在民前，
不以光明蔽后，民亲之若父母，无有欲害之者”（河上公语）。今
人则多从前说。表面上看，二说均通。若结合前“重”字，则
当以前说为是。蒋锡昌曰：“‘不重’与‘不害’，词异谊一。”
说是。

[五] 乐推而不厌：“推”，谓拥戴。“厌”，厌弃。

[六] 以其不争：“不争”，乃就“心”而言。圣人以“虚无”为本，
“无欲无求”，故能“不争”。

释德清曰：“盖无我之至，乃不争之德也。此争非争斗之谓，盖
言心不驰竞于物也。”

【翻译】

江海之所以能成为众流所汇归者，是因其善于“卑下”自处，所
以能为众流所汇归。

因此，圣人要想使民众率服，就须在言辞上卑下于他们；要想使
民众率从，就须在身行上谦后于他们。因此，（圣人）高居上位，而民
众不以他为负担；处于人前，而民众不怕他对己有害。所以，（圣人）

才为天下人所乐于拥戴，而不被厌弃。因为他谦下不争，所以天下无人能与他争。

【解义】

　　本章主要是论"不争"之德及其伦理政治之功。"不争"表现为卑下、谦退，亦是"虚""无"内涵的呈现或展开。圣人因其"虚无""不争"，于物有容、不逞于强，故而利物"生长"。由是万物来归，犹如百川众流汇聚于江海。而"天下乐推而不厌""天下莫能与之争"云云，亦可见天下归心之诚与往意之坚。据此，老子王道政治思想的丰厚意蕴亦可见一斑。

六十七章

　　天下皆谓我大，以不肖[一]。夫唯大，故不肖[二]。若肖，久矣其细也夫[三]。

　　我恒有三宝，持而宝之[四]：一曰慈，二曰俭，三曰不敢为天下先[五]。慈，故能勇[六]；俭，故能广[七]；不敢为天下先，故能为成器长[八]。今舍其慈且勇[九]，舍其俭且广，舍其后且先，则死矣[十]！

　　夫慈，以战则胜[十一]，以守则固。天将救之[十二]，如以慈卫之[十三]。

【注释】

[一] 天下皆谓我大，以不肖："我大""以不肖"，王本原分别作"我道大""似不肖"，此据西汉简、帛与严遵、河上公等本正。"大"，乃是就境界而言。"以"，而、且。"肖"，类也、似也。"不肖"，谓"我"与"俗人"有别。二十章曰："我欲独异于人。"

[二] 夫唯大，故不肖："夫唯"，犹曰正因为。"不肖"，王本原作"似不肖"，此据西汉简、帛本及经义正。

[三] 久矣其细也夫："久矣其细"，"犹曰'其细久矣'"（王《注》）。"细"，微、小。"久矣"，义犹很早以前或早就。

[四] 我恒有三宝，持而宝之："恒"，王本原无，此据西汉简、帛本补。前"宝"，宝物、珍宝。"持"，谓守而不失。后"宝"，今王本原作"保"，此据帛乙本、范应元说及经义正，谓珍惜、珍贵。范应元曰："韩非、王弼、傅奕同古本。老子自谓'我有三宝'，持守而珍贵之，谓下文也。韩非云：'事必万全，而举无不当，则谓之宝矣。'谓以三者为宝，吾执持而宝之，珍惜之义也。"则王本后句，原亦作"持而宝之"。而且，"持而宝之"较"持而保之"，于义为胜。

[五] 一曰慈，二曰俭，三曰不敢为天下先："慈"，慈爱、惠爱。"俭"，俭约、省俭。"不敢为天下先"，义犹上章"必以身后之"或"不争"，谓虚静谦退。

[六] 慈，故能勇："勇"，谓民众、士卒之勇。

关于经义，《老子指归》曰："夫慈之为行也，甚和其真。动得人力，静合天心。卑损弱小，为万物君。匡世救俗，和顺天人。战不可败，守不可攻。……（天地）佑我将相，助我万民，怒我士卒，以至群生。"则严遵谓"勇"，乃指万民、士卒、群生之勇。此说为胜。王《注》："夫慈，以陈则胜，以守则固，故能勇也。"其说亦与严说相通。

[七]广：谓广土众民。王《注》："节俭爱费，天下不匮，故能广也。"

[八]故能为成器长："为"，王本原无，此据西汉简、帛等本补。"成器长"，谓天下之长，喻人君。

[九]今舍其慈且勇："舍"，舍弃、放弃。"其"，王本原无，此据西汉简、帛本补（按：后二句仿此）。"其"在此为语助，无实义。"且"，"犹取也"（王《注》）。

[十]则死矣："则"，王本原无，此据西汉简、帛本补。

[十一]夫慈，以战则胜："以战"，谓"以之战"，"以"谓凭恃、依赖。

[十二]天将救之："将"，义犹"其"。"救"，通作"建"。"天将建之"，谓天其立之，犹曰天成就之。

[十三]如以慈卫之："如"，王本原无，此据西汉简、帛本补，义犹则。"卫"，护卫。

关于经义，古人多谓天因人之"慈"而护卫之，今人则常谓"慈卫"指天之"慈卫"。味其义，后说未安。故"以慈卫之"，实曰以其慈而卫之。吕惠卿曰："夫唯慈故俭，俭故不敢为天下先，则慈者三宝之所自而始也。舍其慈则死，保其慈则生。则慈乃所以卫吾生者也。故曰'天将救之，以慈卫之'。慈立

　　而三宝举矣。"说善。

【翻译】

　　天下人都说我"大"，且与众不同。唯其因为我"大"，所以才与众不同。倘若我与众人相似，早就为"小"了。

　　我恒久地持有、珍爱三件宝物：一曰慈爱，二曰俭约，三曰不敢争天下之先。慈爱，故能得（民）勇；俭约，故能广土众民；不敢争天下之先，故能为天下之长。如今舍弃慈爱却求取民勇，舍弃俭约却求取广大，舍弃谦退却求取争先，则入于灭亡之地。

　　慈爱，依靠它战则胜、守则固。天（之所以）成就他，是以其慈爱而护卫之。

【解义】

　　本章先由"我大""不肖"之说，进而引出了"三宝"之论。在《道德经》看来，唯其持守、珍视"三宝"，"我"才得以成其为"大"，亦才得以与众不同（"不肖"）。就"三宝"而言，"俭"通于"啬"道（五十九章），唯因能持守"啬"道，才得以"重积德"而"无不克"（五十九章），才得以广大；"不敢为天下先"即"不争之德"，唯因"不争"，天下才"莫能与之争"（六十六章）、才"能为成器长"；而"慈"，实为"虚无之德"的展现。唯有德至于"虚无"，才能真正地敞开自己、泛爱万物，从而为天下所宗，"以战则胜，以守则固"（王《注》）。从根本上看，"俭"与"不争之德"亦皆以"虚无之德"为本，皆是基于后者而生发的。因此，表面上，经文最后似专论"慈"德，其实亦是含"俭"与"不争之德"而言。

六十八章

善为士者不武[一]，善战者不怒[二]，善胜敌者不与[三]，善用人者为之下[四]。是谓不争之德，是谓用人[五]，是谓配天，古之极[六]。

【注释】

[一] 善为士者不武："士"，此谓通于道者。"不武"，谓不崇尚武力或勇武。

[二] 善战者不怒："怒"，谓激发士气。

注家训"怒"，多取其本义，曰愤怒或激怒。说不确。林希逸曰："战而怒，忿兵也。""忿兵"者，激发士气也，有先取之之义。林氏以"忿兵"解"怒"，义胜。又，《孙子·作战篇》："故杀敌者，怒也。"曹操《注》："威怒以致敌。""威怒"即军威之盛。王《注》："后而不先，应而不唱，故不在怒。"则王弼释"怒"，亦有"忿兵"之义。

[三] 不与：不争也。

陶鸿庆曰："'与'即'争'也。《墨子·非儒》下篇云：'若皆仁人也，则无说而相与。'与下文'两暴交争'云云，文义相对。是'相与'即'相争'也。王氏引之《经义述闻》谓：'古者相当相敌，皆谓之与。'疏证最详。'当'与'敌'，并与'争'义近。"辨甚明。

［四］善用人者为之下："下"，谦下。

王《注》："用人而不为之下，则力不为用也。"范应元云："谦下者，人心悦服而愿为之用也。"可互看。

［五］用人：王本原作"用人之力"，此据西汉简、帛本正。"用人"，谓善于用人。

［六］是谓配天，古之极："配"，通作"妃"，匹也、合也（详参《说文》段《注》）。"极"，极致、穷尽，此是就德行或境界而言。"古之极"之"极"，其义上承"是谓不争之德，是谓用人，是谓配天"，当是就德行或境界而言。林希逸云："四者之善，皆不争之喻也。不争之德，可以配天，可以屈群力用天下，自古以来无加于此，故曰'古之极'。"吴澄亦曰："为之下者，不恃智能而用人之力成己之事，如天之无为而成，故曰'配天'。惟上古圣神之至极者能如此，故曰'古之极'。"说皆可参。

【翻译】

善于为"士"者，不崇尚武力；善于作战者，不依赖士气；善于胜敌者，不在于争斗；善于用人者，待人以谦下。这叫做不争之德，叫做善于用人，叫做合于天道，是古时的最高境界。

【解义】

　　本章主要论"不争之德"在兵事上如何表现。以世俗之见：两军相争，欲致其胜，必当崇尚武力、鼓舞军威、激发斗志。然在《道德经》看来，军事上的强大，既不在于一兵一时之勇，亦不在于一军一战之胜，而是归服军心、为众所宗。上章云"慈故能勇""夫慈，以战则胜，以守则固"，本章曰"是谓不争之德""是谓用人"，说实相通。从内容上看，本章可谓上章"三宝"之说的进一步展开。严遵、吴澄等本将此二章合而为一，得其旨也。

六十九章

　　用兵有言曰[一]：吾不敢为主而为客[二]，不敢进寸而退尺[三]。是谓行无行[四]、攘无臂[五]、执无兵，乃无敌[六]。

　　祸莫大于无敌[七]，无敌几丧吾宝[八]。故抗兵相若[九]，则哀者胜矣[十]。

【注释】

[一] 用兵有言曰："曰"，王本原无，此据西汉简、帛本补。

　　关于"用兵"之义，注家主要有二说：一曰"用兵"谓"用兵之道"，如河上公云："陈用兵之道，老子疾时用兵，故托己设其义

也。"一曰"用兵"谓"用兵者",如吴澄云："'用兵有言'者,
用兵者尝有是言。"学者多持后说。二说均通,而后说似稍胜。
因于后说,今学者多以"兵家"释"用兵"。

[二]吾不敢为主而为客:"主""客",喻交战双方:"主"谓进攻者,
"客"谓守御者。

关于主、客关系,一方面,客是至主人家为宾者,就此而言,客
动而主静、客进而主受。以此喻交战双方,则客谓进攻者而主
谓守御者。如《公羊传·庄公二十八年》曰:"《春秋》伐者为
客,伐者为主。"何休《解诂》:"伐人者为客,读伐,长言之,
齐人语也。见伐者为主,读伐,短言之,齐人语也。"另一方
面,客在主家,遂顺主人之道,此所谓客随主便。就此而言,主
动而客静、主进而客受。以此喻交战双方,则主谓进攻者而客
谓守御者。观后句"不敢进寸而退尺"之说,《道德经》之所谓
"主""客"乃是就后一种情形而言。

[三]不敢进寸而退尺:此说乃是彰谦退、守弱、尚虚之旨,非谓一味
地退让也。二十八章曰:"知其雄,守其雌,为天下谿。为天下
谿,常德不离。"可与本句互看。

[四]行无行:前"行",谓行军、出征。后"行",谓行列,喻军队
的阵型。古时军队编制,二十五人直排为一"行",其横排为
"列"。"行无行",谓军队出征不成行列。"行无行"与后文"攘
无臂、执无兵",皆以喻无为。

[五]攘无臂:"攘",通作"纕",捋衣。"捋无臂",谓欲"捋衣出臂"
而无臂可出。

"攘"本谓推让，常借作"纕"。"纕臂"有三义：一曰"捋衣出臂"以拱手敬礼，一曰"捋衣举臂"以示决心，一曰"捋衣出臂"以"使人退让"（即强制或胁迫之义）。结合上下文，"攘无臂"之"攘"，当取上述第三义。"攘无臂"，谓欲"捋衣出臂"而无臂可出。其与前句"行无行"、后句"执无兵"义通，既皆谓对他人不构成威胁，亦皆是伸张无为、谦退之旨。

[六] 执无兵，乃无敌：今王本作"扔无敌、执无兵"，此据西汉简、帛本与王《注》正。"执"，拿、持。"兵"，兵械、兵器。"无敌"，无可匹敌。

[七] 祸莫大于无敌："无敌"，今王本作"轻敌"，此据西汉简、帛本与王《注》正。"无敌"，谓无视敌人。

本句"无敌"与上文"乃无敌"之"无敌"，其义有别。"乃无敌"之"无敌"，谓无可匹敌。它是针对"行无行、攘无臂、执无兵"而言，是指这些无为、谦退之行所引发的自然结果。而"祸莫大于无敌"之"无敌"，则谓无视敌人。此种"无敌"是对谦退、守弱的背离，故下文云"几丧吾宝"。

[八] 无敌几丧吾宝："无敌"，王本原作"轻敌"，此据西汉简、帛本及经义正。"宝"，"三宝也。故曰'几丧吾宝'"（王《注》）。"三宝"者，即六十七章所谓"慈""俭"和"不敢为天下先"。

[九] 故抗兵相若："抗兵"，举兵。"若"，今王本作"加"，此据西汉简、帛本与王《注》正。"相若"，即相当。

[十] 则哀者胜矣："则"，王本原无，此据帛甲、汉简二本补。"哀"，

义犹慈。"哀者"，谓军之将帅。

关于经文"哀"，注家多训曰悲哀、悲愤或哀心，遂致经义扦格。成《疏》："哀，慈也。"则成玄英以"慈"训"哀"。蒋锡昌曰："《说文》：'哀，闵也。''闵'即六十七章所谓'慈'也。此谓两方举兵相当，其结果必慈者胜，六十七章所谓'慈以战则胜'也。"说善。又，本章与前二章之文一体条贯（吴澄本将此三章合为一章，盖有其据），故本章"哀者"或"慈者"，主要指"我"（六十七章）或"善为士者"（六十八章），亦即军之将帅。学者庶几皆以哀兵或哀军释"哀者"，于义不通。

【翻译】

用兵者有言，曰：我不敢先举兵而宁持守，不敢妄进一寸而宁退一尺。这就是行军却不成行列、捋衣而无臂可出、（欲）持械然无兵器可拿，（若此，）则无可匹敌矣。

祸患莫大于无视敌人，无视敌人几乎使我丧失"三宝"。因此，两军相争，若实力相当，则将帅慈爱士卒的一方会胜利。

【解义】

本章上承前二章之义，亦是言谦退、慈爱、虚无之德所展现的兵事之功。表面上，本章以上述诸德并列，若无层次，实则仍以虚无之德为本。故曰："祸莫大于无敌，无敌几丧吾宝。"唯有德至虚无、无有执着，所谓谦退、慈爱之功方不流于虚语。

七十章

　　吾言甚易知也、 甚易行也[一], 而天下莫之能知也、 莫之能行也[二]。

　　言有宗, 事有君[三]。 夫唯无知, 是以不我知[四]。 知我者希, 则我贵也[五]。 是以圣人被褐而怀玉[六]。

【注释】

[一] 吾言甚易知也、甚易行也:"吾", 盖老子自谓。二 "也", 今王本俱无, 此据帛书本与王《注》补。

　　"吾", 注家多谓为老子自称。亦有学者谓 "吾" 指圣人 (如苏辙)。

[二] 而天下莫之能知也、莫之能行也:今王本作 "天下莫能知、莫能行", 此据西汉简、帛本与王《注》正。"天下", 注家多谓指天下之人。

[三] 言有宗, 事有君:"宗", 宗旨。"君", 喻根本。所宗、所君者, 道也。

　　吴澄曰:"'宗' 贵于族而统一族, '君' 贵于国而统一国。""宗" 与 "君" 在此义通, 皆有主宰、统帅之义。故王《注》曰:"宗, 万物之主也; 君, 万事之主也。"范应元云:"吾言有所宗, 吾事有所主。宗主者何? 道德是也。"蒋锡昌亦曰:"'宗', 主也;

'君'，亦主也。主者何，即道也。此言圣人之教，虽千言万语，然其宗旨，总不离道，故知易，行亦易也。"范、蒋说皆是。

［四］夫唯无知，是以不我知："无知"，谓不能知。"不我知"，即"不知我"。

经文"无知"，注家多解作不能知，亦有释曰"愚而无知"者（如吴澄）。当以前说为是。至于"无知"的对象，注家或谓为"我"的暗昧之"道德"（如河上公），或谓为"理"（如陆希声），或谓为"我之至言也"（成玄英语），或谓为"至言至道之人"（林希逸语），或谓为上文"宗之与君"（吕惠卿语）等。本句上承"吾言甚易知也""而天下莫之能知也"之义，且"夫唯无知"亦正是针对"天下莫之能知也"而言。故"无知"的对象应指"吾言"，亦即成玄英所谓"我之至言"。同时，倘能明达"吾言"，则进而能"知我"；若不能明达"吾言"，何以能"知我"？故又曰："是以不我知""知我者希"。唯因"不知我"，"圣人"才"被褐怀玉"。

［五］知我者希，则我贵也："希"，通作"稀"，罕、少。"则我贵也"，今王本作"则我者贵"，此据西汉简、帛本与王《注》正。"则"，乃、于是。"贵"，可贵、难得。"则我贵也"，谓于是我才显得可贵或难得。

［六］被褐而怀玉："被"，本指被子，此谓穿着。"褐"，贱者之服。"被褐"，谓衣贱者之服，此喻圣人形似卑贱。"而"，王本原无，此据西汉简、帛本补。"怀玉"，怀抱美玉，此喻圣人怀藏美德。王《注》："被褐者，同其尘；怀玉者，宝其真也。圣人之所以

难知，以其同尘而不殊、怀玉而不渝，故难知而为贵也。"说甚有得。然河上公曰："被褐者薄外，怀玉者厚内。匿宝藏德，不以示于人也。"蒋锡昌亦云："怀藏其宝，不以示人也。"则训解谬也。圣人何尝不欲以道示人？唯世人庸常，难通妙道。正如四十一章所言："上士闻道，勤而行之；中士闻道，若存若亡；下士闻道，大笑之。不笑，不足以为道。"

【翻译】

"我"的话甚为易知、甚为易行，但天下人却不能明白、不能践行。

言说有其宗旨，事情有其根本。正因为不知"吾言"，人们才不知"我"。知"我"之人稀少，于是显得"我"难能可贵。因此，圣人形似卑贱而心怀"美玉"。

【解义】

本章颇彰道与庸行、圣人与庸众之间的张力关系。本来，道法自然，易知且易行。不过，此知、此行是以虚静、谦退之心为前提的。庸众因为"惑于躁欲""迷于荣利"（王《注》），不仅于道难通，其于圣人之言亦不得入于其心、践于其行。所以，圣人是孤独的。而这一孤独，恰也突显了圣人卓然于流俗的可贵性。不仅如此，唯有易知、易行之道，才能成就至大的功德。《易传·系辞上》曰："乾以易知，坤以简能。易则易知，简则易从。易知则有亲，易从则有功。有亲则可久，有功则可大。可久则贤人之德，可大则贤人之业。易简而天下之理得矣。天下之理得，而成位乎其中矣。"因此，圣人真正的孤独不在于他不为人知，而在于其理想的为众所泯。

七十一章

知不知，　上也^[一]；　不知知，　病也^[二]。　是以圣人之不病，　以
其病病，　是以不病^[三]。

【注释】

[一] 知不知，上也：前"知"，谓知"道"（辨见"注［二］"）。"不
　　知"，谓若无知。"上"，至上、最好，此犹曰明智、高明。"也"，
　　今王本无，此据西汉简、帛等本与王《注》补。

[二] 不知知，病也："不知知"，谓不知却自以为知"道"。"病"，本
　　谓重病，此谓弊病、毛病。"也"，今王本无，此据王《注》补。
　　关于此文与上文之义，注家解说纷纷。相较之下，河上公与吴澄
　　等说为胜。如河上公曰："知道而言不知，是乃德之上；不知道
　　而言知，是乃德之病。"吴澄亦云："知而若不知，上智之人，聪
　　明睿智，守之以愚，故曰'上'。不知而以为知，下愚之人，耳
　　目聋瞽，自谓有所闻见，故曰'病'。"成玄英、司马光、林希
　　逸、焦竑、王夫之、奚侗等人说亦近此，即其皆谓"知不知"之
　　"不知"，义为"而若不知"（林希逸语）或"以不知遣其知"（焦

竑语），亦即不恃其知、不执其知；其谓"不知知"之后"知"，

义为"无知而知"（成玄英语）或"而自以为知"（林希逸语），

亦即恃不知以为"知"。

［三］是以圣人之不病，以其病病，是以不病：王本原作"夫唯病病，

是以不病。圣人不病，以其病病，是以不病"，此据西汉简、帛

等本及经义正。"不病"，犹曰"无病"，谓没有弊病。"病病"，

谓以"不知知"为"病"。

关于"病病"，奚侗曰："以能病其所病。"刘笑敢亦曰："愚意以

为'病病'之第一个'病'字是意动词，即'以之为……'之

意，'病病'即以病为病，即承认缺陷，正视不足之意。"说是。

结合上文，"病病"谓以"不知知"为"病"。

【翻译】

知"道"而若无知，则为明智；不知却自以为知"道"，则为

弊病。因此，圣人没有弊病，是因为他以"病"为"病"，所以没

有弊病。

【解义】

本章文虽简略，其义则明，即：何以处"知"以及何为去"病"

之方。需要指出的是：《道德经》虽以圣人为例，实则是对常人而言。

因圣人通达妙道、德备己身，其自然而发，本即谦虚守弱、"知不知"，

无"不知知"之"病"。常人因不脱执着之心，常有"不知知"之

"病"。能"病病"虽可得"不病"，却并非意味着已具有"知不知"之

德。从"逻辑上"看，作为修养工夫的"病病"，不过是实现"知不知"之德的前提而已。

七十二章

民不畏威，　则大威至[一]。　无狎其所居，　无厌其所生[二]。　夫唯弗厌，　是以不厌[三]。

是以圣人自知而不自见、　自爱而不自贵[四]，　故去彼取此[五]。

【注释】

[一] 民不畏威，则大威至：前"威"，威罚。"大威"，喻大祸患。

关于经义，注家释解亦显纷纭。从内容上看，本章为告诫、劝勉人主之言，其文分为"两阕"：自"民不畏威"至"是以不厌"，皆是直陈诚勉之言；自"是以圣人自知而不自见"至"故去彼取此"，则是以"圣人之德"为例总结全章之旨。因此，"畏威"之"威"乃谓威罚或威刑，它出自于人主；"大威"则犹"天罚"，乃喻"上下大溃"所导致的大祸患。王《注》："离其清静、行其躁欲，弃其谦后、任其威权，则物扰而民僻。威不能复制民，民不能堪其威，则上下大溃矣，天诛将至。故曰'民不畏威，则大威至'。"此解义达旨明，当从。

[二] 无狎其所居，无厌其所生："无"，通作"毋"，禁止之辞，义犹
　　不要。"狎"，通作"狭"，迫隘、压制。"其"，指民。"居"，居
　　处，喻生存。"居"与后句"生"义通。"厌（yā。按：此为压
　　迫之"压"的本字）"，压迫、压制，与前句"狭"义通。

　　王《注》："清静无为谓之居，谦后不盈谓之生。……'无狎其所
　　居，无厌其所生'，言威力不可任也。"奚侗曰："'狭'即《说
　　文》'陕'字，隘也。隘有迫谊。'厌'，《说文》：'笮也。'此言
　　治天下者无狭迫人民之居处，使不得安舒；无压笮人民之生活，
　　使不得顺适。"说皆是。

[三] 夫唯弗厌，是以不厌："夫唯"，唯其。"弗厌"，王本原作"不
　　厌"，此据西汉简、帛本正。"弗厌（yā）"，即"弗压"，谓无所
　　压迫。"不厌（yàn）"，不被厌弃。

[四] 自知而不自见、自爱而不自贵：二"而"，王本原无，此据西汉
　　简、帛和傅奕、范应元诸本补。"自见"，自以为是。"自爱"，谓
　　自我涵养、积蓄。

　　关于"自见"之"见"，历来学者多读作"现"，释曰表现或
　　炫耀等。此种释读实为不确。本章"自见"，义犹二十二章
　　"不自见故明"、二十四章"自见者不明"之"自见"，即：
　　"见"谓"看见"，"自见"谓自以为是。所谓"自知而不自
　　见"，义为自知而不自以为是。又，"自爱"之"爱"，义犹
　　五十九章"治人、事天，莫若啬"之"啬"。正如"啬"在彼
　　章主要谓涵养工夫，"爱"在此亦有涵养、积蓄之义。故河
　　上公释"自爱"曰："自爱其身，以保精气。"《老子指归》亦

云：“是以圣人智达无穷，能与天运，……犹以积德重厚，释

心意，……”

[五] 去彼取此：“去彼”，谓舍弃“自见”与“自贵”。“取此”，谓择

取“自知”与“自爱”。

【翻译】

民众若不畏惧威罚，则大祸患将会降临。不要狭迫民之所处，不

要压制民之所生。唯有不压迫他们，人主才不会为民众所厌弃。

因此，圣人“自知”却不自以为是、“自爱”却不自我尊贵。所

以，他舍弃后者而择取前者。

【解义】

本章主要为告诫、劝勉人主之言。《道德经》论治世，以无为

为宗、以虚静为本、以无事为要。故曰：“道常无为。侯王若能守

之，万物将自化。”“不欲以静，天下将自定。”（三十七章）又云：

“以无事取天下”“我无为而民自化，我好静而民自正，我无事而民

自富，我欲不欲而民自朴。”（五十七章）人主倘能无为、虚静，自

然谦卑守弱，不造作事端，亦不恃威逞强。如此，自然其“处上而

民不重，处前而民不害。是以天下乐推而不厌”（六十六章）。所

以，人主治世不仅不当依仗威刑，且这一依仗也是违背无为与虚静

之旨的。若因此依仗而致民怨怼、不畏威刑，乃至于天人共愤，则

天下庶几无救矣（“则大威至”）。故本章“夫唯弗厌，是以不厌”

之诫，殊可警哉！

七十三章

　　勇于敢则杀，勇于不敢则活[一]。此两者[二]，或利或害。天之所恶，孰知其故[三]？

　　天之道，不争而善胜、不言而善应[四]、不召而自来[五]、繟然而善谋[六]。天网恢恢，疏而不失[七]。

【注释】

[一] 勇于敢则杀，勇于不敢则活："敢"，义为进取，此喻有为。"杀"，此谓死。"不敢"，即不进取，喻无为。"活"，生。

注家训"敢"与"不敢"，或谓"敢，果决也"（成玄英语），或谓"敢"即"刚强"或"强梁"、"不敢"即"柔弱"（如吕惠卿、范应元、高延第等），或曰"敢"与"不敢"分别谓"敢为"和"临事而惧"（林希逸语），或曰"敢，敢为恶；不敢，不敢为恶"（吴澄语）等。说皆不确。今学者多谓"敢"即坚强或敢作敢为、"不敢"即柔弱或不敢作为，说亦非。《说文》"敢"作"敢"，曰："进取也。""敢"既曰进取，"不敢"即谓不进取。故"勇于敢则杀"，义为勇于进取则死；"用于不敢则活"，义为勇于不进取则生。在本章中，"敢"实喻有为，"不敢"则喻无为。通过对比"死""生"之验之异，《道德经》高扬了无为的积极意义。

[二] 此两者：谓上文"勇于敢"与"勇于不敢"。

［三］天之所恶，孰知其故：王本原作"天之所恶，孰知其故？是以圣
　　　人犹难之"，此据帛乙、汉简、严遵等本正。"恶"，厌恶。"故"，
　　　原故、缘由。

　　　《老子指归》曰："天心所恶，莫之能辨。"说得经义。

［四］不争而善胜、不言而善应："善胜"，喻万物于道无有违逆。"善
　　　应"，喻万物于道自然应和。

　　　吕惠卿曰："盖天之生物，因其材而笃焉。栽者培之，倾者覆之，
　　　则未尝与物争者也，而物莫能违之者，故曰'不争而善胜'。天
　　　何言哉？四时行焉，百物生焉，其行其生，未尝差焉，故曰'不
　　　言而善应'。"吕说义明且达，善解。

［五］不召而自来："召"，召唤。此句义为：天道自然、无所"召唤"，
　　　而万物生、壮、衰、亡皆应时而至。

［六］繟然而善谋："繟然"，宽绰安泰貌。"善谋"，谓谋无不成。此句
　　　义为：天道自然，其虽宽绰安泰、无人谋之虑，却能展现出"善
　　　谋"之功。

［七］天网恢恢，疏而不失："恢恢"，广大貌。"疏"，疏阔、稀疏。
　　　"不失"，无所漏失。

　　　关于经义，注家多以"（天网）虽希疏而不失，巨细善恶皆不可
　　　逃也"（范应元语）或"天道赏善罚恶，不失毫分"（蒋锡昌语）
　　　之义作解，恐有未安。味其义，此二句乃是对"天之道，不争而
　　　善胜、不言而善应"云云的概括与总结，其实曰：天道自然，其
　　　虽似罗网稀疏无形，而万物皆顺应、因循之，无得例外。李贽
　　　曰："胜以不争、应以不言、求以不召，正天之疏而不失也。若

争而后胜，虽不疏，必有失矣。"此说方善。

【翻译】

勇于进取则致死身，勇于不进取则可全生。这两种"勇"，或致利益或致祸害。对于天所厌恶的，谁能够知其究竟？

天道之功表现在：它谦退不争而万物莫能违逆，静默不言而万物自能应和，无所召唤而万物应时而至，宽绰安泰而谋无不成。天网广大，其虽疏阔而无所漏失。

【解义】

本章亦是高扬无为之旨。就内容而言，本章文字分为三层：首先，借助死、生之例，经文彰显了有为（"勇于敢"）之"害"与无为（"勇于不敢"）之"利"。其次，天道运行、自然无为，故所谓"天之道，不争而善胜、不言而善应"云云，进一步展现了无为的神妙之功。最后，"天网"之喻则表明：无为之道涵摄万物，物者虽欲背之，何可成耶！

七十四章

若民常不畏死[一]，奈何以杀惧之[二]？
若使民常畏死，而为奇者[三]，吾得[四]而杀之，夫孰敢矣^[五]！若民常必畏死，则常有司杀者^[六]。夫代司杀者杀，是代大匠斫也^[七]。夫代大匠斫者，则希不伤其手矣^[八]。

【注释】

［一］若民常不畏死：王本原作"民不畏死"，此据帛乙、汉简等本正。"常"，恒常，此犹曰"总是"。

［二］奈何以杀惧之："奈何"，为何。"杀"，王本原作"死"，此据西汉简、帛本正。"惧"，恐也，此谓恐吓。

［三］而为奇者："而"，犹若。"奇者"，谓偏邪、不正之人。

［四］得：王本原作"得执"，此据帛乙、汉简二本正。"得"，谓执、捕。

［五］夫孰敢矣：王本原作"孰敢"，此据西汉简、帛与严遵本正。

［六］若民常必畏死，则常有司杀者：王本原作"常有司杀者杀"，此据帛书本及文义补、正。"司杀者"，谓主管刑戮之官。《周礼·秋官·司寇》："乃立秋官司寇，使帅其属而掌邦禁，以佐王刑邦国。"则"司杀者"犹周之司寇。

［七］夫代司杀者杀，是代大匠斫也："夫"，犹"彼"。"代司杀者"，喻人主。"是代大匠斫也"，王本原作"是谓代大匠斫"，此据西汉简、帛本正。"大匠"，技艺高超的匠人。"斫"，击也，此喻惩罚。

经文在此乃为借喻："司杀者"谓天，"代司杀者"则谓人主。天道自然，其行中正。倘若物有不端、奇邪奸伪，自因其背离天道而为天所惩罚。故人主治世不可越俎代庖，滥施刑杀。苏辙曰："司杀者，天也。方世之治，而有诡异乱群之人恣行于其间，则天之所弃也，天之所弃而吾杀之，则是天杀之而非我也。非天之所杀而吾自杀之，是代司杀者杀也。"蒋锡昌云："按此言人君不能清静，专赖刑罚，是代天杀。代天杀者，是谓代大匠斫也。"二说可互看。

又，对于"司杀者"和"大匠"，注家皆解以"天"或"造物者"（如吴澄）。今学者多从此说。亦有学者认为："司杀者"和"大匠"皆指主管刑律的机关，而非谓天。说亦通。

[八] 则希不伤其手矣：王本原作"希有不伤其手矣"，此据西汉简、帛本正。"希"，通作"稀"，罕、少。

林希逸曰："为国而切切于用刑，是代造物者司杀也。以我之拙工而代大匠斫削，则鲜有不伤其手者。此借喻之中又借喻也。此章亦因当时嗜杀，故有此言，其意亦岂尽废刑哉？天讨有罪，只无容心可矣。"说善。

【翻译】

如果民众总是不怕死，为何要用刑杀来恐吓他们？

如果民众总是怕死，若其有奸邪不端者，我把他捕捉杀掉，谁还敢作恶！如果民众总是必然地怕死，那么也总是有主管刑戮者（来执行刑杀）。那种代替主管刑戮者执行刑杀的行为，就如同代替大匠进行砍削一样。那些代替大匠进行砍削的人，则少有不伤及自己手的。

【解义】

在十七章中,《道德经》尝根据治之优劣, 将君分为四等, 曰: "太上, 下知有之; 其次, 亲誉之; 其次, 畏之; 其次, 侮之。" 本章即是针对使民 "畏之" 之君及其治世方式而发。三章云: "弗为也, 则无不治。" 相较于隆恩尚贤、导民向善等有为之举, 恃威施暴、仗势好杀之行斯益下矣。不仅于此, 本章亦明: 若人主专赖刑杀以御民, 下民在无可退却之际反而会激起其 "不畏死" 之心。如此, 则人主亦可危也。不过, 本章并非意味着无为而治即是尽弃刑杀, 而是警戒人主不可仰人力以代天罚。故 "代大匠斫" 之喻, 可惊心也。

七十五章

人^[一]之饥, 以其取食税之多^[二], 是以饥。百姓之不治^[三], 以其上之有以为^[四], 是以不治^[五]。民之轻死^[六], 以其求生之厚^[七], 是以轻死。夫唯无以生为者, 是贤贵生^[八]。

【注释】

[一] 人: 王本原作 "民", 此据西汉简、帛与严遵等本正, 泛指人们。

[二] 以其取食税之多: "以", 因为。"其", 谓前句 "人"。"取", 王本原作 "上", 此据西汉简、帛本正。"税", 通作 "术(或

"隧""遂"），谓途径、方式。此句义为：因为他们获取享受的方式太多（据《老子指归》义）。

关于此句之义，河上公曰："人民所以饥寒者，以其君上税食下太多。"其后，学者解经，庶几皆若此说。

然《老子指归》释曰："道德之生人也，有分；天地之足人也，有分；侯王之守国也，有分；臣下之奉职也，有分；万物之守身也，有分；……守分如常、与天地通，损己余分、与道俱行，祭祀不绝、后世繁昌。过分取大，身受不祥。重累相继，后世有殃。此古人之所以弃损形骸、饥寒困穷者，以其动静不和、耕织不时，适情顺性、嗜欲不厌，食穷五味、衣重文采，丽靡奢淫、不知畏天，功劳德厚、不克其分，衣食之费、倍取兼人也。"严遵所谓"分"者，义为本分或职分。依严说，天地万物皆有其"分"，它是自然之道所赋予天地万物的规定性。若"守分如常、与天地通，损己余分、与道俱行"，则"祭祀不绝、后世繁昌"；反之，若"过分取大"，则"身受不祥"。至于"古人之所以弃损形骸、饥寒困穷者"，乃"以其动静不和、耕织不时，……衣食之费、倍取兼人也"。显然，严遵所论之"人"，既包含"民"，又包含君上。而据其解义，不仅可证今本"上"为"取"之讹，且其"税"字亦非谓租税，而是对于"取食"如何表现的描述，如"动静不和、耕织不时，适情顺性、嗜欲不厌，食穷五味、衣重文采"云云。考《老子指归》所论，严氏主要是从奢靡享受的角度释"取食税之多"，似更合经义。

[三] 百姓之不治：王本原作"民之难治"，此据西汉简、帛本正。

[四] 以其上之有以为："上"，人主、君上。"有以为"，王本原作"有为"，此据西汉简、帛本补"以"。"有以为"义犹有为。

河上公曰："民之不可治者，以其君上多欲，好有为也。"

[五] 不治：王本原作"难治"，此据西汉简、帛本正。

[六] 轻死：谓轻易或容易死亡。《老子指归》："民之所以细其命而大财宝。"是严遵以"细"训"轻"，取轻视之义，说亦通。

[七] 以其求生之厚："其"，谓前句"民"。"生"，谓养生之"生"，非生死之"生"。"厚"，重、多。

河上公曰："人民所以轻犯死者，以其求生活之事太厚，贪利以自危。以其求生太厚之故，轻入死地也。"林希逸亦云："凡人过于自爱，反以丧其身，饮食太多，亦能生病，此其一也。过于自爱自养，欲以谋身，故曰'求生之厚'。轻用其身以自取死，故曰'轻死'。"说皆可参。

[八] 夫唯无以生为者，是贤贵生："夫唯"，唯有。"无以生为者"，犹曰不执着于养生者。"是"，犹则，表结果。"贤贵生"，王本原作"贤于贵生"，此据西汉简、帛本正。"贤"，犹"胜"。"贵生"，"贵重其生，即生生之厚"（吴澄语）。

吴澄曰："求生之心重、保养太过，将欲不死而适以易死。至人非不爱生，顺其自然，无所容心，若无以生为者。然外其身而身存，贤于重用其心以贵生而反易死也。"蒋锡昌亦云："'贵生'即五十五章'益生'，亦即上文所谓'生生之厚'。此言夫唯无以厚其生为目的者，是乃胜于厚其生也。"

【翻译】

人们之所以挨饿，是因为他们获取享受的方式太多，所以挨饿。百姓之所以不可治理，是因为其君上有所作为，所以不可治理。民众之所以容易致自己于死地，是因为他们养生太过，所以容易致自己于死地。唯有不执着于养生，则胜于厚养其生。

【解义】

本章亦是伸张无为之旨。从方法上看，经文通过展现诸种有为之害以反衬无为之利。基于此诸例，无为之善益得昭彰也。

七十六章

人之生也柔弱[一]，其死也筋朋坚强[二]。万物草木之生也柔脆[三]，其死也枯槁[四]。故坚强者死之徒[五]，柔弱者生之徒[六]。是以兵强则不胜[七]，木强则亘[八]。强大处下，柔弱处上[九]。

【注释】

[一] 人之生也柔弱："柔"与"弱"义通，合曰"柔弱"，义为柔软。"柔弱"与下文"坚强"义相对。

吴澄曰："人生则肌肤柔软，而活动可以屈伸。"说是。河上公云："人生含和气、抱精神，故柔弱也。"其以"和气"解"柔弱"，善解。

[二] 其死也筋肕坚强："筋肕"，王本原无，此据西汉简、帛本补。"筋肕"，喻身体。"坚强"，谓僵硬。

吴澄曰："死则冷硬，而强直不能屈伸。"

[三] 柔脆：柔软。

"脆"，《说文》作"脃"，曰"小臾（引按："臾"通"软"）易断也"，则"脆"亦有软义。经文"柔脆"，义即柔软。结合前句"万物"之说，"柔脆"谓万物生时所展现的柔韧生机之态，与后句"枯槁"义相对。

[四] 其死也枯槁："枯"与"槁"义同，皆谓草木干枯之状。"枯槁"，喻万物死后所呈现的干枯无泽之状。

[五] 故坚强者死之徒："徒"，义犹五十章"生之徒十有三"之"徒"，谓"类也"（焦竑语）。"死之徒"，喻无生命力。

[六] 柔弱者生之徒："生之徒"，喻有生命力。

吴澄曰："凡坚强者不得其死，是死之徒也；柔弱者善保其生，是生之徒也。"蒋锡昌云："此言坚强者为短命之类、柔弱者为长寿之类也。"说皆可参。

[七] 兵强则不胜：王《注》："强兵以暴于天下者，物之所恶也，故必不得胜。"河上公曰："强大之兵轻战乐杀，毒流怨结，众弱为一强，故不胜。"范应元云："主兵者以慈则胜，若恃强而不义，则不胜也。"说皆互通。

[八] 木强则亘："亘（gèn）"，王本原作"兵"，此据西汉简、帛本及经

义正。"亘"本谓终了、结束，此谓被伐取。此句义为：树木长大时即有终了（按：此种终了，显为其材可用而被人伐取）之虞。

[九] 强大处下，柔弱处上："下""上"，皆是就价值取向而言。

对于经文"上""下"，注家多以方位而实解之。恐非。统观本章之文，自首句"人之生也柔弱"至"木强则亘"，经文皆是从功用或结果上论"柔弱者"之善与"坚强者"之不善。作为收尾之文，"强大处下，柔弱处上"乃是对全章内容的概括或总结，以伸崇弱卑强之旨。故所谓"处上"与"处下"，皆是基于价值取向的角度而发。林希逸曰："故知道者以柔弱为上、坚强为下。"斯说方善。

【翻译】

人活着时身体是柔软的，死后便变得僵硬了。万物草木活着时是柔韧的，死后便变得干枯了。因此，坚强者是缺乏生命力的，柔弱者是富有生命力的。

因此，兵力强盛则不会取胜，树木长大则会被伐取。强大是处于下位的，柔弱是处于上位的。

【解义】

三十七章曰："道常无为。"四十章曰："弱者道之用。"作为"道"之功用的表现，"柔弱"亦是"无为"的具体展开。因此，表面上看，本章通过对"柔弱"与"坚强"的功用对比以张其崇弱卑强之旨。而根本上，本章仍是为了彰显"无为"之益和"有为"之害。范应元曰：“有为多欲者，鲜有不强暴也。”相应地，“无为寡欲”之柔弱与宽容，亦可知也。不过，《道德经》所说的“柔弱”，非谓一味地软弱，而自是和气之发。诚如苏辙所云：“冲气在焉，则体无坚强之病；至理在焉，则事无坚强之病。”

七十七章

天之道，犹张弓与[一]！高者抑之，下者举之[二]；有余者损之，不足者补之[三]。故天之道[四]，损有余而补不足[五]。人之道则不然[六]，损不足以奉有余[七]。

孰能有余而有以取奉于天者[八]？唯有道者[九]。是以圣人为而弗有[十]，成功而不处[十一]。其不欲见贤也[十二]。

【注释】

[一] 天之道，犹张弓与：“天之道”，谓天道运行。“犹张弓与”，王本原作“其犹张弓与”，此据西汉简、帛本正。“犹”，犹如、好像。“张弓”，将弦安在弓上。“与”，通作“欤”，语助。

“张”本谓将弦安在弓上，即弓施弦。本章“张弓”，即取其“弓施弦”之本义，以喻天道。历来学者多以开弓之义解“张弓”，说非。

［二］高者抑之，下者举之：“高”“下”对言，分别谓弦位之高、低。
“抑”“举”亦对言，分别谓下压、抬高。

［三］有余者损之，不足者补之：“有余”“不足”对言，分别谓弓弦之
松弛、过紧。“损”“补”亦对言，分别谓收紧、松弛。

关于诸句（“高者抑之，下者举之；有余者损之，不足者补之”）
之义，学者亦多就“开弓”解说。不确。此实是借“张弓”的
调弦之法，以喻天道的平正和合之功。严遵曰：“夫弓人之为弓
也，既杀既生，既翕既张，制以规矩，督以准绳。弦高急者，宽
而缓之；弦弛下者，摄而上之。其有余者，削而损之；其不足
者，补而益之。弦质相任，上下相权，平正为主，调和为常。故
弓可抨而矢可行也。”高亨亦云：“盖施弦于弓时，弦之位高，则
抑之；弦之位下，则举之。弦之长有余，则损之；弦之长不足，
则补之。天道正如是耳。”说皆是。唯有弓弦长短合度，其位高
下适宜，射者运弓方能应手而得心。河上公曰：“言张弓和调之，
如是乃可用耳。”同样，天道运行，消息盈虚，其亦“自然地”
展现出损余补阙之功。故河上公又曰：“夫抑高举下，损强益弱，
天之道也。”

［四］故天之道：“故”，王本原无，此据帛甲及上下文义补。

［五］损有余而补不足：“损”，减损。“补”，补益。

河上公曰：“天道损有余而益谦，常以中和为上。”林希逸曰：“高
者必至于自抑，有余者必至于自损，而自下者必举，自屈者必
伸，自损者必益。是天之于物，每每然也。”说皆可参。

［六］人之道则不然：“人之道”，谓“人之为道”（林希逸语），亦即人

之所为。

　　天道运行，无为自然，故能平正调和，"损有余而补不足"。"人之为道"则不然：由于蔽于私欲或偏见，人之所为常不免有失无为与平正，故下文曰"损不足以奉有余"。

［七］损不足以奉有余："以"，犹"而"，表示目的。

［八］孰能有余而有以取奉于天者：王本原作"孰能有余以奉天下"，此据西汉简、帛本与王《注》正。"有"，通作"又"。"以"，语助。"有以取"，即"又以取"，义为"又取"。"奉于天"，即"奉天"，谓尊奉或效法天道。此句义为：谁能有余而又取法于天？能取法于天，即能如"天之道，损有余而补不足"也。

　　"奉"者，"承也"（《说文》），引申有尊奉效法等义。经文"奉于天"即曰"奉天"，义为尊奉或效法天道。在古籍中，"奉天"之说亦为习语。如《易传·乾·文言》："夫大人者，……先天而天弗违，后天而奉天时。"《汉书·郊祀志》："言奉天之道，贵以诚质大得民心也。"至于《春秋繁露·楚庄王》所谓"《春秋》之道，奉天而法古"，其"奉"与"法"实可互训。故所谓"孰能有余而有以取奉于天者"，即曰：谁能有余而又取法于天？观王《注》："言谁能处盈而全虚，损有以补无，和光同尘，荡而均者，唯有道者也。"其说与所校正之文，义正相通。

［九］有道者：即下文"圣人"。

［十］是以圣人为而弗有："为而弗有"，王本原作"为而不恃"，此据帛乙、汉简二本正。"为"，有所作为。"弗有"，不占有、不享其成。

［十一］成功而不处："成功"，王本原作"功成"，此据帛乙、汉简二

本正。"不处"，不拥有、不占有。此句义为：不贪其功。其

与上文"为而弗有"义稍有别。

[十二] 其不欲见贤也："见"，乃"现"之古文，此谓表露、炫示。

"贤"，贤能。"不欲见贤"，义为不欲显示自己的贤能。"也"，

王本原无，此据西汉简、帛本补。

王《注》："是以圣人不欲示其贤，以均天下。"

【翻译】

天道运行，就像将弦安在弓上一样啊！若弦位高了，则下压它；若弦位低了，则抬高它。若弓弦松弛，则收紧它；若弓弦过紧，则松弛它。因此，天之所为是减损有余的以补益不足的。人之所为则不然，它减损不足的以增益有余的。

谁能有余而又取法于天？唯有有道者。因此，圣人有所作为而不享有其成，成就事功而不据为己有。（之所以如此，是因为）他不想炫示自己的贤能而已。

【解义】

本章主要是彰显自然无为的平正和合之功。其"张弓"之喻，可谓贴切而生动也。二十五章曰："天法道，道法自然。"天道既是自然之道的具体展开，亦是后者的主要象征。天道运行，自然无为。在此运行中，道的平正和合之功也随之呈现。故三十二章曰："天地相合，以降甘露，民莫之令而自均。"不过，所谓"高"与"下"、"有余"与"不足"之说也表明：天道虽有平正和合之功，但这并非意味着事

物之间是无差别的齐一关系。物有不齐、事有参差，实为大化流行的自然结果。正因为不同事物的存在，世界才姿态万千、生机流行。在《道德经》看来，万物之不齐、世事之参差自有其"度"。唯有物丧其"度"、事失其"和"，天道才会发挥其"抑高举下""损有余而补不足"的调节之功。圣人奉天以制用，其亦以无为之法成平正和合之功。

七十八章

天下莫柔弱于水[一]，而攻坚强者莫之能先[二]，以其无以易之也[三]。

水之胜刚、弱之胜强[四]，天下莫不知，而莫能行[五]。是以圣人之言云[六]：受国之垢，是谓社稷之主[七]；受国之不祥，是谓天下之王[八]。

【注释】

[一] 天下莫柔弱于水：柔""弱"义通。"柔弱"与下文"坚强"，其义相对。

河上公曰："言水柔弱，圆中则圆，方中则方，壅之则止，决之则行。"吕惠卿云："天下之物，唯水为能因物之曲直、方圆而从之，则是柔弱莫过于水者也。"说皆可参。

[二] 而攻坚强者莫之能先：“攻”，击也。“先”，王本原作“胜”，此据严遵、傅奕等本及经义正，义犹超过。

[三] 以其无以易之也：今王本作“其无以易之”，此据帛乙、汉简与王《注》补“以”“也”。“以其”，谓就水的柔弱性之功用而言（据王《注》）。“易”，变易，此谓替代。

关于经义，注家所训颇显差异。此种差异，主要表现在如何理解“易”字上。首先，王弼以“变易”之义训“易”，在此谓替代。所谓“以其无以易之也”，义为：就其柔弱性之功用而言，没有其他东西能够替代水。严遵亦曰：“故百工之治，殊事异方：沤烂金石、破坚折刚、平微正妙、解缓群形、和调五味、荡涤臭腥、攻坚陷大，非水不行。”其次，以“简易”或“容易”训“易”。如河上公曰：“夫攻坚强者，无以易于水。”复次，以“轻易”即轻视之义训“易”。如释德清曰：“易，轻易也，即《左传》训师‘无易敌’之‘易’。”上述诸说似皆通，然若细审之，当以王弼之说为是。从语法的角度看，“以其无以易之也”之“其”与“之”，显皆谓“水”。若训“易”曰“容易”，则“易之”之说不通；若训“易”曰“轻易”，则其与“其”字抵牾（因“轻易”的主语为人）。又，观前文“天下莫柔弱于水，而攻坚强者莫之能先”，二句皆已含有水之无可替代之意（按：就水之柔弱性及其功用而言），故此处以“变易”解“易”，于义为顺：所谓“以其无以易之也”，正是对前二句之意的概括或总结。

[四] 水之胜刚、弱之胜强：王本原作“弱之胜强、柔之胜刚”，此据帛乙、汉简等本正。“胜”，克也。

［五］天下莫不知，而莫能行："天下"，谓天下人。结合下文及本章意
　　　旨，"天下"在此实指君上。"而"，王本原无，此据帛乙、汉简
　　　二本及经义补。

［六］圣人之言云：王本原作"圣人云"，此据西汉简、帛与傅奕诸本
　　　补"之言"。

［七］受国之垢，是谓社稷之主："垢"，谓污垢、耻辱。"是谓"，本谓
　　　"这叫做"，在此有匹配之意，犹曰称得上（下同）。"社稷"，喻
　　　国家。后"之"，王本原无，此据西汉简、帛本补。"主"，谓祭
　　　主，即主祭者。"社稷之主"，喻执掌国家权柄者。
　　　所谓"受国之垢"或"受国之诟"，义为能容受、包纳一国所存
　　　在的污浊或所给予的屈辱。此句与下文"受国之不祥"互文，皆
　　　是伸张谦退、守弱、虚纳之意。朱谦之曰："'垢'有垢污之义。
　　　按《庄子·天下篇》引老聃曰：'知其雄，守其雌，为天下谿。知
　　　其白，守其辱，为天下谷。人皆取先，己独取后。曰受天下之
　　　垢。'郭象注：'雌、辱、后、下之类，皆物之所谓垢。'"说可参。
　　　又，范应元曰："社稷者，古者建邦立国，左社右稷。社者五土
　　　之神也，稷者祈谷之所也。民以食为天，故有国必先社稷，而王
　　　者乃社稷之主也。"

［八］受国之不祥，是谓天下之王：王本原作"受国不祥，是为天下
　　　王"，此据西汉简、帛本等正。"不祥"，不吉或不善。
　　　关于"不祥"之所指，注家主要有三说：一曰"不祥"即"不
　　　美之名也"（林希逸语）。此说又脉分有二：其一如范应元，曰：
　　　"受国不祥者，谓自称孤、寡、不穀也。"其二如吴澄，曰"不

祥”，即"污秽不吉善之名"也。二曰"不祥"即指灾祸。所谓
"受国之不祥"，义为君王代民承受不祥之灾。如河上公曰："人
君能引过自与，代民受不祥之殃，则可以王天下。"三曰"不祥"
乃是合"污秽不吉善之名"与"引过自与"为一而言。如严遵
云："何谓受国不祥？曰：忍民所丑，受民所恶；当民大祸，不
以为德；计在丧国，不失天心；虑在杀身，不失民福。"（吕惠
卿说亦近此）

上述三说中，当以第二说（即谓"不祥"指灾祸者）为胜。因
为，"受国之不祥"与前句"受国之垢（诟）"并言，二说义虽相
关，然亦各有所重。既然前句"垢（诟）"字谓污秽或屈辱，则
其已含有"不美之名"义。故"受国之不祥"，当主要指君王代
民承受不祥之灾。又，《道德经》论"王"，亦取天下归往之义。
上文"受国之垢（诟）"云云，其义与二十二章"夫唯不争，故
天下莫能与之争"、六十六章"江海所以能为百谷王者，以其善
下之，故能为百谷王"等说相通，皆是强调以谦下、卑弱、虚纳
之德赢取天下的归往之心。而"受国之不祥"二句，则突出了
"谦弱"之君勇于担当的坚忍精神。二说义正互补。

【翻译】

天下没有比水更柔弱的了，然而若论攻破坚强之物，没有其他东
西能够超过它。（因此）就其柔弱性之功用而言，没有其他东西能够替
代水。

水能克刚、柔能胜强，天下无人不知（此理），然而却不能践行

它。因此，圣人有言曰：能够容纳一国所存在的污浊或所给予的屈辱，就称得上社稷之主；能够（勇于）承受降临于一国的灾祸，就称得上天下之王。

【解义】

本章以水之象喻"柔弱"之德，可谓生动而精当。正如滴水能够穿石、洪水可以决堤一样，"柔弱"并非意味着绝对的软弱，其中也蕴含着摧刚折强的巨大威力。故四十三章曰："天下之至柔，驰骋于天下之至坚。"不过，"柔弱"以及相应的谦卑、不争等皆是"虚无"或"自然"之德的展现。所谓"天下莫柔弱于水，而攻坚强者莫之能先"者，其实是昭彰了"虚无"之德的无上之功。这种功德体现在治世上，便是天下来归之之效。惜乎时君皆不明此理，好"坚"尚"强"、争"美"趋"善"，从而引发了《道德经》"天下莫不知而莫能行"之叹。

七十九章

正言若反[一]。

和大怨，必有余怨[二]。安可以[三]为善？是以圣人执左契，而不以责于人[四]。

故有德司契[五]，无德司彻[六]。天道无亲，常与善人[七]。

【注释】

[一] 正言若反："正言"，端正之言，谓合道之言。"若反"，谓违背俗情。

在世传本中，此句庶几皆被隶属于上章（即七十八章）之末，似为上章内容的总结之辞。严遵本则合上章与本章为一章，似乎又暗示了此句与本章之间有着某种思想关联。吴澄将此句隶于本章之首，曰："旧本以此为上章末句。今按：上章'圣人云'四字作结，语意已完，不应又缀一句之末。他章并无此格。'绝学无忧'章、'希言自然'章皆以四字居首为一章之纲，下乃详言之。此章亦然。又，'反''怨''善'三字叶韵，故知此一句当为起语也。"此说甚有理。朱谦之亦曰："吴说是也。'正言若反'，碑本、严本均不分章，亦其证。"

然而，在大多数学者眼里，吴、朱之说似显异端，故多不从之，仍因于旧习，隶此句于上章之末。今汉简出，其亦将上章与本章合为一章，如严本。此状表明：世传本七十八、七十九两章的内容极有可能原属一章。后人将其分而为二，当有割裂经文之误。尽管吴澄也将上述内容分为两章，然其依叶韵之理属"正言若反"句于后章之首，则颇显明智。同时，从内涵上看，"正言"，谓合道之言；"反"者，谓逆于俗情俗意。如河上公曰："此乃正直之言，世人不知，以为反言。"苏辙亦云："正言合道而反俗。"故"正言若反"者，谓合道之言听起来似乎逆于俗情。若以此言调和"大怨"，因其逆于俗情、不为人领受，自然有"余怨"之忧。由是，则"正言若反"句与本章之间亦有内涵上的关联性。兹于王本，因其分章之例，且据吴氏之说，移"正言若反"句于本章之首。

[二] 和大怨，必有余怨："和"，调和、化解。"和大怨"，化解深重的怨恨。"余怨"，余存的怨恨。

此二句文浅义明，似不足道。然观注家所释，其间却颇显分歧（兹不具引）。王《注》："不明理其契，以致大怨至，而德以和之，其伤不复，故必有余怨也。"此说彰显无为而治以息怨之旨。若结合下文"是以圣人执左契"云云，王弼之说为胜。又，若此二句与上文"正言若反"句连读，则其义似曰：如以"正言"调和大怨，因其逆于俗情，则必有余怨之忧。兹取王弼之说。

[三] 安可以："安"，犹"何"。"安可以"，即何可以。

[四] 是以圣人执左契，而不以责于人："契"，书契。书契包括两札，即左契与右契。其左右相合，可资凭证。"圣人执左契"，喻圣人与天合其德。后"以"，王本原无，此据西汉简、帛本补，谓意图、意向。"责"，诛责、责求。"人"，他人。

关于经义，注家异解纷纷。河上公曰："古者圣人执左契，合符信也。无文书法律，刻契合符以为信也。但刻契为信，不责人以他事也。"其义似彰无为之趣。然而，"圣人"何以"执左契"便能"合符信"？对此，河上公语焉不详。王弼曰："左契，防怨之所由生也。"此说语义浑沦，旨意不明。其后，注家各逞异说，似皆有据，令人莫之所从。

实际上，历来诸说尽管彼此有异，其立论的基础却并无不同，即对于"圣人执左契",诸说皆谓其是言"圣人"与百姓之间的关系。但此种解说避之不谈或者悬而未决的是:既然"圣人执左契",然则执右契者为谁?其为百姓耶?抑或为天耶?而且,无论老子时是否尚右,据《礼记》《商子》《战国策》等文献所记,先秦之所谓合书契者,皆是以左契合于右契。故左契为待合者,右契为所合者。经文虽未有合契之言,然其必有合契之意。若谓执右契者为百姓,则"圣人"以其左契以合百姓所执之右契,此究竟何喻?若谓执右契者为天,则"圣人"以其左契以合天之所执右契,此究竟又何喻?细审此二种可能,所谓以百姓为执右契者,说实不可解。而若以天为执右契者,则所谓"圣人执左契",乃是喻圣人与天合其德。《易传·乾·文言》曰:"夫大人者,与天地合其德。""大人"者,即"圣人"也。可见,在本章"圣人执左契"之说的背后,尚有其未言之"天执右契"之意。若不察此意,便不得"圣人执左契"之旨。在历代注家中,唯《老子指归》之说得此意。如严遵曰:"是以圣人执道之符,操德之信,合之于我,不以责人。故有德之主,将欲有为,必稽之天;将欲有行,必验符信。求过于我,不尤于民。归祸于己,不怨于人。故是非自定,白黑自分。未动而天下应,未令而万物然。"在此,严氏视"圣人"与下文"有德(者)"一体不分,故合言之。其所谓"必稽之天""必验符信"云云,正是伸张左契合于右契之义,且据以昭示以人合天、以德合道之旨。二十五章曰:"人法地,地法天,天法道,道法自然。"在《道德经》看来:"圣人"治世当"处无为之事,行不言之教"(二章)。"弗为也,则无不治"（三章）。以此法行治，"圣人"自然应自省己之所为（即"左契"）是否合于无为之道（即"右契"），自然不当苛责于民（即"而不以责于人"）。又，此处若以"必稽之天"的角度解说，下文"有德司契""天道无亲，常与善人"之义亦涣然冰释（辨见下文）。惜乎严说长期为学者无视，湮沉不彰。

[五] 故有德司契："故"，王本原无，此据西汉简、帛本补。"有德"，谓有德者。"司"，主掌、执守。"有德司契"，谓有德者（"圣人"）执守其德，以合天道。

严遵以"圣人"与"有德者"合而论之（见上所引），说是。王《注》："有德之人，念思其契，不令怨生而后责于人也。"申其义，亦可与严说相通。

[六] 无德司彻："无德"，谓无德者。"彻"，通作"辙"，喻过失。

观注家所训，其或以"辙"为本字，喻过失。如严遵曰："无德之人，务适情意，不顾万民。政失乱生，不求于身。专司民失，督以严刑。人有过咎，家有罪名。"河上公云："无德之君，背其契信，司人所失。"王《注》亦曰："彻，司人之过也。"亦有学者以"彻"为本字，或训为"通"（如苏辙、吕惠卿、黄茂材、李息斋、王夫之等），或训为"明"（如林希逸），或训为"彻法"（如释德清、吴澄、焦竑、魏源等）；亦有学者以"撤"为本字，解以"除去"义（如《老子节解》、范应元等），等等。今学者又有训"彻"为"剥"者（如大田晴轩、朱谦之），亦有疑"彻"为"杀"之误者（如高亨），多数学者则从古人"彻法"之训。细审诸说，当以严遵、河上公、王弼之解（即以"辙"为本字，

义为过失）为胜。因为，"无德司彻"与前句"有德司契"乃是
对应为说："有德者"念兹在兹者，唯在于己德是否合于天道；
"无德者"则不然，其治不仅失之无为，且以伺察、惩治人过为
主要手段。二种治法一美一恶、一是一非，粲然有别。下文曰
"天道无亲，常与善人"，不亦宜乎！

[七] 天道无亲，常与善人："亲"，谓私亲或偏爱。"天道无亲"，义犹
五章"天地不仁"，谓天道对于世间万物无所偏爱。"与"，偕同。
"善人"，即上文"有德（者）"或"圣人"，指无为之君。"常与
善人"，谓天道恒与"善人"共在。

此二句乃是《道德经》引用古语。朱谦之曰："此二句为古语，
见《说苑·敬慎篇》引《黄帝金人铭》，又《后汉书·袁绍传》注
引作《太公金匮》语，又《郎𫖮传》引《易》曰：'天道无亲，常
与善人。'"另，《左传·僖公五年》引《周书》云："皇天无亲，
惟德是辅。"《文子·符言》《淮南子·诠言》曰："天道无亲，唯
德是与。"说亦近此。

【翻译】

端正之言（听起来）似乎违背俗情。

（如果不能治以无为，却试图）调和（民众的）大怨，必然会留存
余怨。这怎么能称得上好的方法呢？所以，圣人以求德合于天道，而
不去责求他人。

因此，有德者执守其德，以合天道；无德者则紧盯着他人的过
错。天道无所偏爱，它恒与"善人"共在。

【解义】

据汉简与严遵二本，本章与上章之文原属一章。虽然，二者亦各有所重：前者既昭彰"柔弱"之功，此处则强调无为之用。盖因此故，后人遂分之为二。本章指出：人主唯有以德合天，治以无为，天下方能各遂其生，不滋怨怼。且唯有如此，道亦恒与其共在。反之，人主若不修己德，治以有为，甚乃以督责万民之过为务，则天下不仅怨怼滋生，亦不可调和矣。如此，其人、其治何可久耶?！

八十章

小国寡民[一]。

使有什佰人之器而不用[二]，使民重死而远徙[三]，有舟车无所乘之[四]，有甲兵无所陈之[五]，使民复结绳而用之[六]。甘其食，美其服[七]，乐其俗，安其居[八]。邻国相望，鸡犬之声相闻[九]，民至老死不相往来[十]。

【注释】

[一] 小国寡民："寡"，少也。"小国寡民"，《道德经》之所以作此说，当是针对周文疲敝和时为之盛而发。

与"上善若水"（八章）、"绝学无忧"（二十章）、"希言自然"

（二十三章）等句一样，作为章首之四字句，"小国寡民"对于全章内容亦具有概括、统领之功。又，关于本句及全章之旨，王《注》："国既小，民又寡，尚可使反古，况国大民众乎？故举小国而言。"是王弼谓《道德经》在此乃伸反古之义。说似未安。河上公曰："圣人虽治大国，犹以为小，俭约不奢泰。民虽众，犹若寡少，不敢劳乏之也。"则河上谓"小国""寡民"者，皆为《道德经》比拟之辞。此说亦不确。苏辙曰："老子生于衰周，文胜俗弊，将以无为救之。故于书之终言其所志，愿得小国寡民以试焉，而不得耳。"苏氏谓老子在此欲以质救文、伸无为之道。其说则是。然其所谓老子"愿得小国寡民以试"云云，亦属臆测。观注家所释，吕惠卿之说颇善，其曰："三代以来，至于周衰，其文弊甚矣。民失其性命之情，故老子之言救之以质，以反太古之治。'小国寡民，使有什伯之器而不用，……'此救之以质而反乎太古之道也。庄周称至德之世曰：'昔者容成氏、大庭氏、伯皇氏、中央氏、栗陆氏、骊畜氏、轩辕氏、赫胥氏、尊卢氏、祝融氏、伏羲氏、神农氏，当是时也，民结绳而用之，甘其食，美其服，乐其俗，安其居。邻国相望，鸡犬之音相闻，民至老死而不相往来。'则若此者，非特老子之言而已，古固有是道也。然《诗》《书》之所言，则止于尧舜三代，而老子欲反太古之治，何哉？曰：夫道与世之交相丧久矣，非大道不足使人反性命之情，言道而不及其世，不足以知大道之已试，此其所以必反太古之治也。然则世去太古也久矣，遂可以尽复乎？曰：未可也。然则其言之何也？礼至于兼三王，乐至于备六代，其文极矣。然而礼不以玄水、大羹而措之醴酒、和羹之下，乐不以嘒管、清声而加之朱弦、疏越之上者，使人知礼乐之意所不得已者如彼，而所欲反本复始者如此也。方斯时也，孔子方求文、武、周公之坠绪而赓之。老子论其道与世如此，其意犹是而已矣。"在吕氏看来，《道德经》所谓的"小国寡民"云云，乃是针对周文疲敝和时为之盛而发。其意并非是真的要复古，实则欲"救之以质而反乎太古之道也"。何况，"世去太古也久矣"，亦未可"尽复"也。

［二］使有什佰人之器而不用：王本原作"使有什伯之器而不用"，此据西汉简、帛本正。"什佰"，读十、百。"十百人之器"，谓十倍、百倍于人力的器械。

"十"与"百"皆为数字；"什"与"佰"则谓军队的编制。《说文》："什，相什保也。""佰，相什佰也。"段《注》："《族师职》曰：'五人为伍，十人为联，使人相保相受。'郑《注》：'保，犹任也。'"然则，经文究竟是读"十百"抑或是"什佰"？对此，注家多有异说。而且，因世传本多如王本"佰"讹为"伯"且其后夺"人"字，遂致注家关于"什伯之器"的理解愈显纷纷。逮及清儒俞樾，其据古军制，力证"什伯之器""乃兵器也"。此说一时风靡，学者多有从之。胡适《中国哲学史大纲》指出："'什'是十倍，'伯'是百倍。文明进步，用机械之力代人工，一车可载千斤，一船可装几千人，这多是'什伯人之器'。下文所说'虽有舟舆，无所乘之；虽有甲兵，无所陈之'，正释这一句。"统观经义，胡适之解为胜。

［三］使民重死而远徙："重死"，谓爱惜生命。"远徙"，王本原作"不

远徙"，此据西汉简、帛本正。"远"，疏、离。"远徙"，谓避免迁徙。

高明曰："'远徙'之'远'字，非作远近解的副词，而是作'疏'、'离'解的动词。……'使民重死而远徙'，犹言使民重死而离别迁徙，即使民重视生命而避免流动。"

又，"徙"不仅仅谓迁移，亦有逃避之义。如《广雅·释诂》即将"徙"与"遁""逃"等字并训，曰："遁、逃、……移、徙，避也。"是"使民远徙"也意味着：治者因宗尚无为、无扰于民，故民众得以各遂其生、安土乐生。河上公曰："政令不烦则民安其业，故不远迁徙离其常处也。"

[四] 有舟车无所乘之：王本原作"虽有舟舆无所乘之"，此据西汉简、帛本正。"无所乘"，"不用也"，"无所往，则无用乎舟舆"（吴澄语）。

[五] 有甲兵无所陈之：王本原作"虽有甲兵无所陈之"，此据西汉简、帛本正。"甲"，铠甲。"兵"，兵器。"甲兵"，谓武器。"陈"，陈列。

释德清曰："不尚争，故虽有甲兵无所陈。"河上公亦云："无怨恶于天下。"

[六] 使民复结绳而用之："民"，王本原作"人"，此据帛乙、汉简二本及经义正。"复结绳"，乃是伸张质朴之意。

《易传·系辞下》："上古结绳而治，后世圣人易之以书契。"是"结绳而治"乃"上古"之俗。彼时民性质朴、率然而信，故不待文字之约、书契之信。《道德经》"复结绳"之说，实亦为崇尚质朴之意。河上公曰："弃文反质，信无欺也。"林希逸曰："舍书契而用结绳，复近素朴也。"治者唯行质朴之道，则民众复其质朴之性，方可期也。

［七］甘其食，美其服："甘""美"义同，《说文》："美，甘也。""甘，美也。"

所谓"甘其食"之"食"、"美其服"之"服"者，非曰珍馐美食与锦衣华服。《老子指归》云："疏食藜羹，无味为甘。布衣鹿裘，无文为好。"吴澄曰："以所食之食为甘，以所服之服为美，充然自足。"蒋锡昌亦云："'甘其食'，言食不必五味，苟饱即甘也。'美其服'，言服不必文彩，苟暖即美也。"说皆得。

［八］乐其俗，安其居：王本原作"安其居，乐其俗"，此据西汉简、帛与严遵诸本及经义正。"俗"，习俗。"乐其俗"，谓民"乐其质朴之俗，不转移也"（河上公语）。"安"，定也。"安其居"，谓民众安其所处、气定神闲也。

从内涵上看，此二句与以上二句之间似非为并列关系，而是构成了条件关系。即："甘其食、美其服、乐其俗"乃是言条件，"安其居"则是说结果。王本等世传本句序却混淆了上述关系。由于这一混淆，"安其居"之义遂晦。

"居"，义为居处，此喻生存状态。因世传本有句序颠倒之误，注家多谓此"居"指住所或房屋。说均不确。苏辙曰："内足而外无所慕，故以其所有为美、以其所处为乐，而不复求也。民物繁伙而不相求，则彼此皆足故也。"说方是。

［九］邻国相望，鸡犬之声相闻："相望"，谓望可相见。"闻"，听见。

河上公曰："相去近也。"《老子指归》云："鸡狗之音相闻，民人
薪菜登山相视，涧溪共浴，相去甚近。君臣不相结，男女不相
聚。"说皆可参。

[十]民至老死不相往来：据上下文，本句"民"字非谓一国之"民"，
而是指诸国之"民"。故《老子指归》曰："自生至老，老而至
死，非传主命，莫有来往。"

河上公曰："其无情欲。"焦竑云："相望相闻，近也。至老死，久
也。近而且久，不相往来者，各足故也。道足则无事咨询，财足
则不相乞假。"

【翻译】

邦国应小，人民应少。

即使有十倍、百倍于人力的器械，也弃之不用；使人民爱惜生命
而安土不迁；（尽管）有舟车，也无需用它以乘载；（尽管）有武器，
也无需用它以应敌；使人民复归到结绳记事的状态。（民众）甘美其所
食，称心其所衣，喜乐其习俗，适意其所处。邻国之间望可相见，鸡
犬之声彼此可闻，其人民直至老死也互不往来。

【解义】

学者据本章，或曰《道德经》以伸复古之志，或曰《道德经》以
彰自给自足的乌托邦理想，或曰《道德经》展现了无压迫剥削的原始
公社主张，或曰《道德经》具有反文明的倾向，等等。说皆未安。

本章所论，实为《道德经》有感于文明"发展"之弊而提出的

救治之方。二十八章曰："朴散则为器。"和其他事物一样，人类社会在演进中也会发生疏离与分化。在此过程中，民智日开、思想日富、制度日繁、技艺日巧、器物日盛。本章所谓"什佰人之器""有舟车""有甲兵"云云，即此喻也。然而，疏离与分化也有其负面性，如：道德"坠落"、人心相背、巧诈渐起、豪夺愈滋、制度异化、社会离析等。故《庄子·天地》喻云："有机械者必有机事，有机事者必有机心。机心存于胸中，则纯白不备；纯白不备，则神生不定；神生不定者，道之所不载也。"若放任这种"朴"散，则其利愈大，其弊亦愈深，而社会、人心等种种弃本逐末之行亦将往而不返也。有鉴于此，《道德经》在论无为而治时，便重在从虚静、去知和无欲等方面立说，主张治者尽可能地不去触动或刺激民心，以全其浑然素朴之状。当然，本章"不用""无所乘之""复结绳"等说，确有排斥制度器用、否定文明发展之虞；而"民至老死不相往来"云云，亦有反对人伦往来和思想文化交流之病。然《道德经》此种"偏激"之论盖亦为不得已。释德清曰："老子所言，疾当时之弊皆有为用智、刚强好争、尚利自私、奉己而不恤于民，故国乱民贫而愈难治，所以治推上古、道合无为。全篇所论，不出乎此，盖立言之本旨也。"此言方是善看。

八十一章

信言不美，美言不信[一]；善者不辩，辩者不善；知者不博，博者不知^[二]。

圣人无积^[三]，既以为人，己愈有^[四]；既以与人，己愈多^[五]。

天之道利而不害，人之道为而不争^[六]。

【注释】

[一] 信言不美，美言不信："信"，谓真实不妄。"美言"，华美或浮华
之言。

王《注》："实在质也，本在朴也。"河上公曰："信言者，如其实
也；不美者，朴且质也。美言者，滋美之华辞；不信者，饰伪
多空虚也。"《文心雕龙·情采》则曰："老子疾伪，故曰'美言不
信'。"说皆是。

又，释德清云："'信言不美'者，斯乃释疑之辞，以明道本无
言，因言显道之意也。首章云'道可道，非常道'，以可道之道
乃言说也。老子自谓道若可言，即非真道矣。今上下五千余字，
岂非言邪？既已有言，则道非真矣。因于终篇以自解之，以释
后世之疑耳。然'信'，旧注'实也'，谓真实之言，即由衷之
言也。'美言'，华美之言，乃巧言也。老子自谓道本无言，因
言以显。但我所言者，字字皆从真实理中流出，第借之以彰道
妙，故信实而不美。非若世人夸诞浮辞，虽美而不信也。"说亦
可参。

[二] 善者不辩，辩者不善；知者不博，博者不知："善者"，谓纯德
者。"辩者"，谓好辩者。"博"，博学。

林希逸曰："善，纯也。纯德之人则无所容言，又何辩乎？好辩，则非纯德者矣。知道之知，不以博物为能。以博物为夸，非知道者也。"说可参。又，《道德经》曰"道可道，非常道"（一章）、"大辩若讷"（四十五章）、"知者不言，言者不知"（五十六章），又曰"多闻数穷"（五章）、"明白四达，能无以知乎"（十章）、"为学者日益，为道者日损"（四十八章）等，皆可与本章之文并看。

［三］圣人无积："无积"，王本原作"不积"，此据西汉简、帛与严遵等本正。"无积"谓无有积聚，喻无藏、无滞。

朱谦之曰："又'积'有藏义，《楚语》'无一日之积'，《注》：'积，储也。'《庄子·天道》'运而无所积'，《释文》：'谓积滞不通。'《天下篇》称老聃'以有积为不足……无藏也故有余'，无积即无藏也。"张舜徽亦曰："《庄子·天道篇》云：'天道运而无所积，故万物成；帝道运而无所积，故天下归；圣道运而无所积，故海内服。'足以发明'无积'之旨。"说皆是。王《注》："无私自有，唯善是与，任物而已。"所谓"无私""任物"云云，正是言无藏、无滞之义。

［四］既以为人，己愈有："既"，尽也。"为"，义犹助。"有"，义犹富有。

成《疏》："为，施化也。"林希逸云："为人、与人，言以道化物也。"说皆是。《礼记·中庸》："唯天下至诚，为能尽其性。能尽其性，则能尽人之性。能尽人之性，则能尽物之性。能尽物之性，则可以赞天地之化育。""赞天地之化育"，即曰助天地之化育。《道德经》所谓"既以为人""既以与人"（下文）者，亦是彰圣人虚己化物之心。又，"愈有"之"有"，义犹《易传·系辞上》"富有之谓大业"之"富有"。

关于经义，王《注》："物所尊也。"其谓圣人无藏无滞、任物化生，并因此而为万物所尊贵。林希逸曰："未尝不为人也，而在己者愈有；未尝不与人也，而在己者愈多（引按：此是释经文后句）。其犹天道然，虚而不屈、动而愈出。"说可参。

[五] 既以与人，己愈多："与"，给予。"多"，义犹富余。

王《注》："物所归也。""物所归"，即谓万物归往之。唯有万物归往之，方得为天下所尊贵，"王"亦方为之"王"。此文与上条义贯，当并看。

[六] 人之道为而不争："人"，王本原作"圣人"，此据帛乙、汉简二本与经义正。"人之道"，实即曰"圣人之道"。"为"，谓施化。"为而不争"，谓施化万物而无所争。

王《注》："顺天之利，不相伤也。"河上公曰："圣人法天所施为，化成事就，不与下争功名，故能全其圣功也。"说皆可参。

释德清总结"天之道""人之道"二句之义曰："以天道不积、其体至虚，故四时运而不竭，利尽万物而不伤其体，故曰'天之道利而不害'。害，非害物之害，乃不伤己之意。圣人法天利用，故终日运用、为物作则，而了然无物可当于情，故曰'为而不争'。争，谓与物竞也。斯盖虚心游世、超然独立于万物之上矣。老子学问工夫真实直捷处，尽在于此。故结全书立言之旨，妙尽于是矣。学者勉哉！"

【翻译】

信实之言不华美，华美之言不信实；纯德之人不好辩，好辩之人无纯德；知道之人不博学，博学之人非知道。

圣人虚己无私、无藏无滞。他（越是）尽心以助人，自己便越"富有"；他（越是）尽力以给人，自己便越"富余"。

天道利益万物而无所伤，人道施化万物而无所争。

【解义】

本章亦是发扬虚无之旨。首先，通过排比对应，经文考察了虚己与有我、无为与有为的不同结果，从而引出了"无积"之说。"无积"即无藏无滞，实则是虚无境界的自然呈现。唯能"无积"，圣人方才展现出施化万物的神妙之功。其"盛德大业"（《易传·系辞上》），亦因此而彰。当然，圣人之所以能做到虚己或"无积"，本质上不过是效法自然之天道而已。

参考文献

一、《老子》诸注疏、校释本

［汉］严遵：《老子指归》，北京：中华书局，1994年。

王卡点校：《老子道德经河上公章句》，北京：中华书局，1993年。

饶宗颐：《老子想尔注校证》，上海：上海古籍出版社，1991年。

［魏］王弼：《老子道德经注》，《道藏》第十二册，北京：文物出版社；上海：上海书店；天津：天津古籍出版社，1988年。

［魏］王弼：《老子道德经注》《老子指略》，收于楼宇烈校释：《王弼集校释》，北京：中华书局，1980年。

［南齐］顾欢：《道德真经注疏》，《道藏》第十三册，北京：文物出版社；上海：上海书店；天津：天津古籍出版社，1988年。

［唐］傅奕校订：《道德经古本篇》，《道藏》第十一册，北京：文物出版社；上海：上海书店；天津：天津古籍出版社，1988年。

［唐］陆希声：《道德真经传》，《道藏》第十二册，北京：文物出版社；上海：上海书店；天津：天津古籍出版社，1988年。

［唐］强思齐：《道德真经玄德纂疏》，《道藏》第十三册，北京：文物出版社；上海：上海书店；天津：天津古籍出版社，1988年。

蒙文通辑校：《道书辑校十种》，《蒙文通文集》第六卷，成都：巴蜀书社，2001年。

罗家湘辑校：《王安石老子注辑佚会钞》，上海：华东师范大学出版社，2013年。

［宋］吕惠卿：《道德真经传》，《道藏》第十二册，北京：文物出版社；上海：上海书店；天津：天津古籍出版社，1988年。

［宋］苏辙：《道德真经注》，《道藏》第十二册，北京：文物出版社；上海：上海书店；天津：天津古籍出版社，1988年。

《道德真经集注》（唐明皇、河上公、王弼、王雱四家注），《道藏》第十三册，北京：文物出版社；上海：上海书店；天津：天津古籍出版社，1988年。

［宋］范应元：《老子道德经古本集注》，上海：华东师范大学出版社，2010年。

［宋］林希逸：《老子鬳斋口义》，上海：华东师范大学出版社，2010年。

［宋］邵若愚：《道德真经直解》，《道藏》第十二册，北京：文物出版社；上海：上海书店；天津：天津古籍出版社，1988年。

［宋］李道纯：《道德会元》，《道藏》第十二册，北京：文物出版社；上海：上海书店；天津：天津古籍出版社，1988年。

［宋］彭耜：《道德真经集注》，《道藏》第十三册，北京：文物出版社；上海：上海书店；天津：天津古籍出版社，1988年。

［元］李息斋：《道德真经义解》，《道藏》第十四册，北京：文物出版社；上海：上海书店；天津：天津古籍出版社，1988年。

［元］吴澄：《道德真经吴澄注》，上海：华东师范大学出版社，2010年。

［明］焦竑：《老子翼》，上海：华东师范大学出版社，2011年。

［明］释德清：《道德经解》，上海：华东师范大学出版社，2009年。

［清］王夫之：《老子衍》，北京：中华书局，1962年。

［清］魏源：《老子本义》，上海：华东师范大学出版社，2010年。

［清］姚鼐：《老子章义》，《老子注三种》，合肥：黄山书社，2014年。

［清］马其昶：《老子故》，《老子注三种》，合肥：黄山书社，2014年。

［清］奚侗：《老子集解》，《老子注三种》，合肥：黄山书社，2014年。

［清］俞樾：《老子平议》，《诸子平议》，北京：中华书局，1954年。

［清］孙诒让：《札迻》，北京：中华书局，2009年。

［清］陶鸿庆：《读老子札记附王弼注勘误》，《读诸子札记》，北京：中华书局，1959年。

［清］易顺鼎：《读老札记》，收入严灵峰辑：《无求备斋老子集成续编》，台北：艺文印书馆，"民国六十一年"影印本。

［清］刘师培：《老子斠补》，《刘申叔先生遗书》第二十六册，民国二十三年宁武南氏校印本。

马叙伦：《老子校诂》，北京：中华书局，1974年。

蒋锡昌：《老子校诂》，上海：商务印书馆，1937年。

冯振：《老子通证》，上海：华东师范大学出版社，2012年。

于省吾：《老子新证》，《于省吾著作集·双剑誃诸子新证》，中华书局，2009年。

朱谦之：《老子校释》，北京：中华书局，1984年。

徐梵澄：《老子臆解》，北京：中华书局，1988年。

古棣、周英：《老子校诂》，《老子通》，长春：吉林人民出版社，1991

年版。

　　张松如：《老子说解》，济南：齐鲁书社，1998年。

　　高亨：《老子正诂》《老子注译》，《高亨著作集林》（第五卷），北京：清华大学出版社，2004年。

　　张舜徽：《老子疏证》，《张舜徽集·周秦道论发微》，武汉：华中师范大学出版社，2005年。

　　陈鼓应：《老子今注今译》，北京：商务印书馆，2003年。

　　郑良树：《老子新论》，上海：上海古籍出版社，2011年。

　　罗义俊：《老子译注》，上海：上海古籍出版社，2012年。

二、其他古籍

《诸子集成》，上海：上海书店出版社，1986年。

《十三经注疏》，北京：北京大学出版社，1999年标点本。

［春秋］孙武撰、［三国］曹操注：《孙子兵法》，上海：上海古籍出版社，2006年。

　　陈奇猷校注：《韩非子集释》，上海：上海人民出版社，1974年。

　　王利器撰：《文子疏义》，北京：中华书局，2000年。

　　黎翔凤撰、梁运华整理：《管子校注》，北京：中华书局，2004年。

　　许维遹撰：《吕氏春秋集释》，北京：中华书局，2009年。

　　何宁撰：《淮南子集释》，北京：中华书局，1998年。

　　汪荣宝校注：《法言义疏》，北京：中华书局，1987年。

　　［汉］司马迁：《史记》，北京：中华书局，2014年。

　　［汉］班固：《汉书》，上海：上海古籍出版社，2003年。

［汉］王充：《论衡》，上海：上海人民出版社，1974年。

［吴］韦昭：《国语注》，上海：世纪出版集团、上海古籍出版社，2008年。

王利器撰：《颜氏家训集解》（增补本），北京：中华书局，2013年。

［南朝宋］范晔撰、［唐］李贤等注：《后汉书》，北京：中华书局，1965年。

［南朝梁］萧统编、［唐］李善注：《文选》，西安：陕西出版集团、太白文艺出版社，2010年。

［南朝梁］刘勰著、［清］黄叔琳注：《文心雕龙》，杭州：浙江古籍出版社，2001年。

［唐］杨倞：《荀子注》，上海：上海古籍出版社，1996年。

［宋］洪兴祖：《楚辞补注》，北京：中华书局，1983年。

［宋］王应麟著、［清］翁元圻等注：《困学纪闻》，上海：上海古籍出版社，2008年。

［宋］林希逸：《庄子鬳斋口义校注》，北京：中华书局，1997年。

［明］陆西星：《南华真经副墨》，北京：中华书局，2010年。

［清］胡文英：《庄子独见》，上海：华东师范大学出版社，2011年。

［清］郭庆藩：《庄子集释》，北京：中华书局，2004年。

［清］孙希旦：《礼记集解》，北京：中华书局，1989年。

［清］王念孙：《读书杂志》，北京：中国书店，1985年。

［清］陈寿祺：《五经异义疏证》，上海：上海古籍出版社，2012年。

［清］陈立：《白虎通疏证》，北京：中华书局，1994年。

［清］孙诒让：《周礼正义》，北京：中华书局，2013年。

三、字书

［汉］刘熙：《释名》，北京：中华书局，1985年。

［汉］许慎撰、［清］段玉裁注：《说文解字注》，上海：上海古籍出版社，1981年。

［梁］顾野王：《宋本玉篇》，北京：中国书店，1983年。

［唐］陆德明：《老子音义》，《经典释文》，北京：中华书局，1983年。

［清］王念孙：《广雅疏证》，北京：中华书局，1983年。

［清］王引之：《经传释词》，上海：上海古籍出版社，2014年。

［清］朱骏声：《说文通训定声》，北京：中华书局，1984年。

［清］胡承珙：《小尔雅义证》，合肥：黄山书社，2011年。

《说文新附考》，上海，商务印书馆据咫进斋丛书本影印，民国二十五年。

唐兰：《殷墟文字记》，北京：中华书局，1981年。

容庚编著：《金文编》，北京：中华书局，1985年。

戴家祥主编：《金文大字典》，上海：学林出版社，1995年。

于省吾主编：《甲骨文字诂林》，北京：中华书局，1996年。

王力主编：《王力古汉语字典》，北京：中华书局，2000年。

杨树达：《积微居小学述林》，上海：上海古籍出版社，2007年。

四、简、帛本《老子》和相关研究著述

国家文物局古文献研究室编：《马王堆汉墓帛书［壹］》，北京：文物出版社，1980年。

荆门市博物馆编：《郭店楚墓竹简》，北京：文物出版社，1998年。

北京大学出土文献研究所编：《北京大学藏西汉竹书〔贰〕》，上海：上海古籍出版社，2012年。

许抗生：《帛书老子注译与研究》（增订本），杭州：浙江人民出版社，1985年。

高明：《帛书老子校注》，北京：中华书局，1996年。

徐志钧：《老子帛书校注》，上海：学林出版社，2002年。

尹振环：《老子帛书再疏义》，北京：商务印书馆，2007年。

崔仁义：《荆门郭店楚简〈老子〉研究》，北京：科学出版社，1998年。

刘信芳：《荆门郭店竹简老子解诂》，台北：台湾艺文印书馆，1999年。

丁原植：《郭店竹简〈老子〉释析与研究》（增修版），台北：台湾万卷楼图书有限公司，1999年。

赵建伟：《郭店楚简〈老子〉校释》，《道家文化研究》第十七辑（《郭店楚简》专号），北京：生活·读书·新知三联书店，1999年。

魏启鹏：《楚简〈老子〉柬释》，《道家文化研究》第十七辑（《郭店楚简》专号），北京：生活·读书·新知三联书店，1999年。

彭浩校编：《郭店楚简〈老子〉校读》，武汉：湖北人民出版社，2000年。

陈斯鹏：《郭店楚墓竹简考释补证》，《华学》第四辑，北京：紫禁城出版社，2000年。

邹安华编著：《楚简与帛书老子》，北京：民族出版社，2000年。

裘锡圭：《纠正我在郭店〈老子〉简释读中的一个错误——关于"绝伪弃诈"》，《郭店楚简国际学术研讨会论文集》，武汉：湖北人民出版社，2000年。

郭沂：《郭店竹简与先秦学术思想》，上海：上海教育出版社，2001年。

韩禄伯：《简帛老子研究》，北京：学苑出版社，2002年。

陈伟：《郭店竹书别释》，武汉：湖北教育出版社，2002年。

廖名春：《郭店楚简校释》，北京：清华大学出版社，2003年。

聂中庆：《郭店楚简〈老子〉研究》，北京：中华书局，2004年。

刘钊：《郭店楚简校释》，福州：福建人民出版社，2005年。

陈锡勇：《郭店楚简老子论证》，台北：台湾里仁书局，2005年。

邓谷泉：《郭店楚简〈老子〉释读》，长沙：湖南人民出版社，2005年。

李若晖：《郭店竹书〈老子〉论考》，济南：齐鲁书社，2006年。

裘锡圭：《关于〈老子〉的“绝仁弃义”和“绝圣”》，《出土文献与古文字研究》第一辑，上海：复旦大学出版社，2006年。

李零：《郭店楚简校读记》（增订本），北京：中国人民大学出版社，2007年。

丁四新：《郭店楚竹书〈老子〉校注》，武汉：武汉大学出版社，2010年。

刘笑敢：《老子古今——五种对勘与析评引论》，北京：中国社会科学出版社，2006年。

五、其他论著

裘锡圭：《古代文史研究新探》，南京：江苏古籍出版社，1992年。

刘殿爵、陈方正主编：《老子逐字索引》，香港：商务印书馆（香港）有限公司，1996年。

胡适：《中国哲学史大纲》，上海：上海古籍出版社，1997年。

王庆节：《解释学、海德格尔与儒道今释》，北京：中国人民大学出版社，2004年。

　　来国龙：《避讳字与出土秦汉简帛的研究》，载于卜宪群、杨振红主编《帛书研究二〇〇六》，广西师范大学出版社，2008年。

　　章太炎：《国故论衡》，上海：上海古籍出版社，2011年。

　　郑张尚芳：《中古三等专有声母非、章组、日喻邪等母的来源》，载于《语言研究》2003年第2期。

　　任鹏：《〈老子〉"绝学无忧"句位置浅探》，载于《北京大学学报》2007年第4期。